세상은 고통이다 하지만
당신은 고통보다 강하다

The Tools

Copyright ⓒ 2012 by Phil Stutz and Barry Michels
All rights reserved.

Korean translation copyright ⓒ 2025 by WOONGJIN THINK BIG CO., Ltd.
Korean translation rights arranged with William Morris Endeavor Entertainment, LLC. trough Imprima Korea Agency.

이 책의 한국어판 저작권은 Imprima Korea Agency 를 통해
William Morris Endeavor Entertainment, LLC.와
독점 계약한 주식회사 웅진씽크빅이 소유합니다.
저작권법에 의하여 한국 내에서 보호를 받는 저작물이므로
무단 전재 및 복제를 금합니다.

마음을 다스리는 마스터, 필 스터츠의 내면 강화

세상은 고통이다 하지만 당신은 고통보다 강하다

필 스터츠·배리 마이클스 지음
이수경 옮김

웅진 지식하우스

포기하지 않도록 내게 힘을 준
루시 쿠버스에게 이 책을 바칩니다.

◦ 필 스터츠

기품과 용기와 사랑을 갖고 살도록
나를 이끌어준 최고의 영적 전사,
데브라에게 이 책을 바칩니다.

◦ 배리 마이클스

역경의 효용은 아름답다오.
역경은 두꺼비처럼 흉측하고 독을 품었지만
머리에 귀한 보석을 달고 있으니까.

◦ 윌리엄 셰익스피어, 『좋으실 대로 As You Like It』 중에서

우리에게 고통을 주는 것은 가르침도 준다.

◦ 벤저민 프랭클린

차례

1장 새로운 길에 눈뜨다 · 13

2장 용기의 툴
: 욕구를 뒤집어라 · 45

- 스스로를 가둬놓는 안전지대
- 초월적 힘: 전진의 힘
- 툴: 욕구 뒤집기
- 고통을 정복하는 방법
- '욕구 뒤집기'가 필요한 순간
- 고통에서 에너지로
- 두려움과 용기

당신이 떠올릴 질문들
툴을 경험한 사람들
용기의 툴 요약

3장 포용의 툴
: 능동적으로 사랑하라 · 107

- 상처와 분노로 만들어진 미로
- 세상은 나에게 공정하지 않다
- 초월적 힘: 사랑의 물결
- 툴: 능동적 사랑
- '능동적 사랑'으로 평화로워지기

당신이 떠올릴 질문들
툴을 경험한 사람들
포용의 툴 요약

4장 자유의 툴
: 내면의 권위를 세워라 · 151

- 내면의 불안 때문에 치르는 대가
- 내 안의 어두운 자아, 그림자
- 초월적 힘: 자기표현의 힘
- 툴: 내면의 권위
- '내면의 권위'는 언제 사용해야 할까
- 자기표현이 주는 이로움

당신이 떠올릴 질문들
툴을 경험한 사람들
자유의 툴 요약

5장 평온의 툴
: 끊임없이 감사하라 · 211

- 당신의 머릿속을 뒤덮은 먹구름
- 마음의 평온을 잃어버리면
- 부정적 생각의 힘은 왜 그토록 강력한가?
- 초월적 힘: 감사하는 마음
- 툴: 감사의 흐름
- '생명의 근원'과 연결될 때 얻는 것들

당신이 떠올릴 질문들
툴을 경험한 사람들
평온의 툴 요약

6장 끈기의 툴
: 위험을 자각하라 · 267

- 마법을 원하는 사람들
- 면죄부만 바랐을 때의 결과
- 소비주의에 끌려다니다
- 초월적 힘: 의지력
- 툴: 위험 자각
- '위험 자각'이 특히 중요한 순간
- 의지력은 당신을 창조자로 만든다

당신이 떠올릴 질문들
툴을 경험한 사람들
끈기의 툴 요약

7장 **초월적 힘에 대한 믿음** · 323

- 세계관이 무너지다
- 우리의 내면도 진화할 수 있다

8장 **새로운 삶을 맞이하라** · 355

- 첫 번째 기둥: 초월적 힘은 직접 느끼고 경험해야 한다
- 두 번째 기둥: 우리 각자가 영적 삶의 주인이다
- 세 번째 기둥: 삶의 고통은 우리를 성장시킨다
- 병든 사회를 치유하다
- 조용한 혁명을 위한 무기, 툴
- 이제 남은 것은 당신의 선택뿐

감사의 글 · 388

1장

새로운
길에 눈뜨다

The Tools
: 5 Tools to Help You Find Courage, Creativity, and Willpower
and Inspire You to Live Life in Forward Motion

오래전 어느 날 로버타라는 여성이 심리 치료를 받으러 찾아왔다. 그녀와 대화를 나눈 지 15분도 안 되었을 때 나는 몹시 무능한 심리 치료사가 된 기분에 휩싸였다. 그녀가 나를 찾아온 목표는 분명했다. 애인이 바람을 피우는 것 같다는 강박적 생각에서 벗어나고 싶다는 것이었다. "그 사람 문자 메시지 목록을 뒤지거나 이것저것 꼬치꼬치 캐묻곤 해요. 어떤 날은 그 사람 집 앞에서 몰래 감시도 하고요. 다른 여자를 만난다는 증거를 찾은 적은 한 번도 없어요. 그런데도 제 자신이 제어가 되질 않아요."

로버타에게 그런 심리적 문제가 생긴 원인을 가족사로 쉽게 설명할 수 있다는 판단이 들었다. 어린 시절 그녀의 아버지는 갑자기 가족을 버리고 떠났다. 그 영향으로 그녀는 20대 중반인 지금도 누군가에게 버림받을까 봐 두려워하는 것이다. 나는 그녀의 어린 시절 경험과 현재 상황의 연관성을 더 깊이 파고들 참이었다. 그때, 그녀가 내 눈을 똑바로 보며 말했다. "어떻게 하면 이런 강박적 행동을 멈출 수 있을지 알려주세요. 제 심리 상태가 '왜' 불안정한지 설명을 듣느라 돈과 시간을 낭비하고 싶지 않아요. 그 이유는 저도 이미 아니까요."

만일 로버타가 지금 나를 찾아온다면 어떨까? 나는 그녀가 자신이 원하는 바를 정확히 안다는 사실이 반가울 테고, 그녀를 도울 방법을 분명하게 제시할 수 있을 것이다. 하지만 그때는 25년 전, 그러니까 내가 새내기 심리 치료사인 시절이었다. 강박증을 없앨 방법을 알려달라는 단도직입적인 요청이 마치 화살처럼 내 몸을 관통하는 듯했다. 그녀에게 말해줄 해답이 내게는 없었다.

나는 자신을 책망해야 할 만큼 수준 미달의 전문가는 아니었다. 2년간 심리 치료와 관련한 온갖 최신 이론을 열심히 공부한 상태였다. 하지만 머릿속에 아무리 많은 지식을 집어넣어도 뭔가 빠진 것처럼 만족스럽지 못했다. 그 모든 이론은 정신적 문제로 도움이 필요한 사람들의 실제 경험과 동떨어져 있는 듯 보였다. 로버타 같은 환자의 요청에 명쾌한 답을 제공할 방법을 배우지 못했다는 기분을 떨칠 수 없었다.

차츰 이런 생각이 들었다. '심리 치료 능력은 책을 통해 얻을 수 있는 게 아닐지도 몰라. 풍부한 현장 경험을 갖춘 사람과 이야기를 나눠봐야 배울 수 있는 것 아닐까?' 나와 깊은 친분 관계를 유지해온 지도 교수님 두 분이 떠올랐다. 두 분은 나에 대해 잘 알 뿐만 아니라 수십 년에 걸친 임상 경험도 있었다. 그분들이라면 틀림없이 내가 원하는 답을 알고 있을 것 같았다.

나는 로버타와 진행한 상담 내용과 그녀가 원하는 것을 그들에게 설명했다. 하지만 내가 가장 우려한 상황이 발생했다. 그들도 해결책을 갖고 있지 않았던 것이다. 게다가 나는 로버타의 요청이 타당하고 합리적이라고 느꼈지만 그들은 그것을 로버타가 지닌 문제의 일부라고 생각했다. 그들은 다양한 임상 용어를 써가며 로버타가 "충동적"이고 "반항적"이며 "즉각적인 만족을 갈망한다"고 진단했다. 만일 내가 그녀의 즉각적인 요구를 충족시켜주면 그녀는 점점 더 많은 걸 요구할 것이라는 경고도 덧붙였다.

두 사람은 입을 모아 조언했다. 로버타를 이끌고 어린 시절로 되돌아가 보라고, 그러면 강박증이 생겨난 근본 원인을 찾을 수 있을 것이라고 말이다. 나는 로버타 자신도 강박증이 생긴 이유를 이미 안다고 말했다. 그러자 그들은 어렸을 때 아버지에게 버림받은 경험이 그녀가 심리 문제를 겪는 '진짜' 원인은 아닐지 모른다며 이렇게 말했다. "로버타의 어린 시절로 훨씬 '더 깊이' 들어가 봐야 하네." 나는 그런 식의 알맹이 없는 처방에 신물이 났다. 예전에도 늘 듣던 얘기였다. 내담자가 직접적으로 해법을 요청하면 심리 치료사는 바통을 다시 내담자에게 던지면서 "더 깊이 들어가 보라"라고 말하곤 하지 않던가. 그것은 당장 도움이 되는 해결책을 제시할 수 없다는 진실을 숨기기 위한 눈속임이나 마찬가지였다. 나는 지도 교수님 두 분에게 실망한 것은 물론이고 그들이 현재 이 업계 전문가들의 모습을 대변한다는 생각에 마음이 몹시 무거워졌다. 실제로 그와 다른 이야기를 하는 심리 치료사를 만나본 적이 없었다. 어디에서 답을 찾아야 할지 막막하기만 했다.

그러다 행운을 만났다. 나처럼 기존 치료 모델에 회의를 느끼는 정신과 의사의 이야기를 친구에게 들었다. "그분이라면 네가 궁금해하는 질문에 답해줄 수 있을 거야. 장담하는데 지금까지 한 번도 들어보지 못한 답일걸." 마침 그 의사가 일련의 세미나를 열고 있었고, 나는 다음 세미나에 참석해 그를 만나보기로 했다. 그가 바로 이 책의 공저자인 필 스터츠 박사다.

그날 세미나에 참석한 이후 나의 치료 방식이 그리고 나의 삶이 완전히 바뀌었다. 필의 사고방식과 접근법은 내가 전혀 접해보지 못한 새로운 것이었다. 그리고 그것이 옳다는 직감이 왔다. 그는 이전에 만나본 심리 전문가들과 확연히 달랐다. '문제'가 아니라 '해법'에 초점을 맞췄기 때문이다. 그는 인간이라면 누구나 내면에 아직 사용하지 않은 힘을 갖고 있으며 그 힘을 활용하면 자신이 겪는 문제를 해결할 수 있다고 확신했다. 사실 그가 취하는 관점은 내가 배워온 내용과 반대였다. 전통적 접근법과 달리, 필은 내담자가 겪는 문제가 그 사람을 나약하고 불리하게 만드는 요인이라고 보지 않았다. 아직 발휘하지 못한 내면의 잠재력을 깨우는 기회라고 본 것이다.

처음에는 필의 설명이 미심쩍었다. '문제를 기회로 바꿔라' 하는 식의 얘기는 전에도 자주 들어보지 않았던가. 하지만 정확한 방법을 설명해준 사람은 아무도 없었다. 필은 간단하면서도 효과적인 특정 방법을 이용하면 내면의 숨겨진 힘을 이끌어낼 수 있다고 분명한 어조로 강조했다.

필은 그 방법을 **툴**tool이라고 불렀다.

세미나가 끝나고 건물을 나오면서 나는 흥분을 주체할 수 없었다. 하늘이라도 날아갈 듯했다. 단지 사람들을 도울 현실적인 방법이 존재한다는 사실을 알았기 때문만은 아니었다. 필의 태도에서 느껴지는 어떤 힘 때문이기도 했다. 세미나에서 그는 자신의 이론과 툴에 대해 숨김없이 모든 걸 설명했다. 그러면서도 그것을 받아들이라고 강요하지는 않았다. 다만 툴을 실제로 사용해보고 직접 나름의 결론에 도달하라고 강조했다. 자신의 이론이 틀렸음을 입증할 수 있는 사람이 있으면 어디 한번 해보라는 도전적인 뉘앙스마저 느껴졌다. 그는 대단히 용감하거나 제정신이 아닌 듯한 인상을 주었다. 어쩌면 둘 다인 것도 같았다. 하지만 어느 쪽이든 상관없었다. 그의 세미나가 내게 미친 영향은 강력했다. 전통적인 심리 전문가들의 숨 막히는 도그마에 짓눌려 있다가 갑자기 맑은 공기가 가득한 세계로 불쑥 내던져진 기분이었다. 그제야 나는 분명하게 깨달았다. 기존 전문가들이 난해한 이론으로 구축된 견고한 벽 뒤에 숨어 있다는 사실을 말이다. 그들은 그 이론을 검증하거나 새로운 경험을 할 필요성을 전혀 느끼지 못하고 있었다.

그날 세미나에서는 한 가지 툴만 배웠지만 나는 그것을 충실하게 활용해보기로 했다. 무엇보다 로버타에게 한시라도 빨리 알려주고 싶었다. 어린 시절을 깊이 파고들어가는 것보다 이 툴이 더 유용하리라는 확신이 들었다. 그래서 로버타와 만난 상담 시간에 "강박 행동이 나타나려고 할 때면 이 방법을 써보세요" 하며 툴을 알려주었다(이 툴에 대해서는 나중에 설명하겠다). 놀랍게도 로버타는 권유를 선뜻 받아들이고 툴을 활용하기 시작했다. 그리고 더욱 놀랍게도 그 툴은 효과를 발휘했다. 기존 전문가들의 방식이 틀렸다는 사실이 드러난 것이다. 당장 도움이 되는 방법을 알려줌으로써 로버타의 요구를 충족시키자 그녀는 더 많은 걸 요구하며 까다롭게 굴지 않았다. 오히려 심리 치료 과정에 적극적이고 열정적으로 임했다.

나는 더 이상 무능하다는 기분이 들지 않았다. 대신 짧은 시간에 누군가에게 대단히 긍정적인 영향을 주었다는 뿌듯함이 밀려왔다. 동시에 더 많은 툴에 대해, 툴이 작동하는 원리에 대해 더 깊이 알고 싶은 욕구가 밀려왔다. 이것은 그냥 여러 치료 기법을 한데 섞어놓은 것에 불과할까, 아니면 내가 추측하는 것, 즉 인간을 바라보는 완전히 새로운 방식일까?

나는 그 후에도 필의 세미나에 계속 참여했다. 그리고 매번 세미나가 끝난 후 그에게 다가가 궁금한 것을 물어보며 최대한 많은 정보를 얻어내려 애썼다. 그때마다 필은 기꺼이 대화에 응해주었다. 질문에 답하는 일을 즐기는 듯했다. 그가 답변을 해주면 나는 또 다른 질문을 이어서 던졌다. 파고 또 파도 끝이 없는 정보의 광맥을 만난 기분이었고, 그 광맥에서 최대한 많이 캐내고 싶었다. 알고 싶은 나의 욕구는 채워질 줄을 몰랐다.

필과의 대화를 통해 알게 된 내용이 너무나 인상적이었기에 나는 그 접근법을 내 상담 프로세스의 핵심 요소로 만들고 싶었다. 하지만 그의 방법을 가르치는 교육 프로그램도, 어떤 학술적인 이론 체계도 없었다. 나는 교육 프로그램이나 이론에 익숙하지만 필은 그런 것에 관심이 없는 듯했다. 그래서 약간 불안했다. 어떻게 하면 그에게 제대로 배울 수 있을까? 그가 나를 가르치고 싶어 하기는 할까? 혹시 질문을 너무 많이 해서 그가 나를 귀찮게 여기는 건 아닐까?

○

 세미나를 시작한 지 얼마 안 되었을 때였다. 어느 날부터인가 열심히 참석하는 한 젊은 남자가 눈에 띄었다. 그는 약간 머뭇거리면서 자신을 소개했다. 이름은 배리 마이클스, 심리 치료사라고 했다. 이것저것 세세하게 파고들며 질문하는 모양새가 심리 치료사라기보다는 변호사 같았지만 말이다. 어쨌든 대단히 명민한 스타일이었다.

 하지만 그것 때문에 내가 답변을 해준 것은 아니었다. 나는 똑똑한 머리나 소위 말하는 '스펙' 때문에 사람에게 끌리지는 않는다. 내가 그를 눈여겨본 것은 그에게서 발산되는 열정 때문이었다. 그는 세미나가 끝나고 돌아가서 내가 설명한 툴을 반드시 실천해본다고 했다. 막연한 추측인지 모르겠지만, 뭔가를 오랫동안 찾아다니다가 내 세미나에서 마침내 발견한 사람처럼 보였다.

 그가 내게 물었다. 전에는 한 번도 받아보지 않은 질문이었다.

 "궁금한 게 있습니다. 툴을 비롯한 이 모든 걸 누구에게 배우셨습니까? 제가 경험한 교육 프로그램에서는 그런 걸 전혀 다루지 않았거든요."

 "누가 가르쳐준 게 아닙니다."

 "네? 그럼 직접 만들었다는 말씀입니까?"

나는 잠시 머뭇거리다 대답했다.

"네……. 뭐, 꼭 그렇다고 할 수는 없지만요."

그 방법을 터득한 과정을 이 남자에게 말해줘도 될지 잠깐 망설였다. 하지만 편견 없이 열린 마인드를 가진 사람으로 보였기에 말해주기로 마음먹었다. 그것은 다소 특이한 스토리였다. 그 출발점은 의사 초창기 시절에 만난 환자들 중 한 명으로 거슬러 올라간다.

토니는 내가 정신건강의학과 레지던트로 일했던 병원의 젊은 외과 레지던트였다. 다른 많은 외과의들과 달리 토니는 거만한 스타일이 아니었다. 오히려 그 정반대 인상이었다. 토니를 처음 만났을 때 그는 내 방문 앞에 잔뜩 움츠린 모습으로 서 있었는데, 마치 덫에 걸린 쥐처럼 보였다. 내가 무슨 문제가 있느냐고 묻자 그가 대답했다. "시험이 두려워요." 그는 시험을 10분 앞둔 사람마냥 떨고 있었다. 하지만 실제로 시험 날짜는 6개월도 더 남은 상태였다. 그는 시험이라면 무조건 두려워했다. 게다가 이번 시험은 특히나 중요했다. 외과 전문의 자격 취득 시험이었기 때문이다.

나는 토니의 인생 이야기를 죽 들어보았다. 그리고 그동안 배운 방식대로 그의 인생을 해석했다. 토니의 아버지는 세탁 사업으로 큰돈을 벌었지만 대학 중퇴자라는 사실 때문에 마음속에 열등의식이 강했다. 표면적으로 볼 때 토니의 아버지는 아들이 유명한 외과의가 되어서 자신이 이루지 못한 사회적 성공에 대한 대리만족을 느낄 수 있길 바랐다. 하지만 의식의 이면으로 들어가 보면 그는 아들이 자신보다 훨씬 크게 성공해서 자신이 못난 사람이 될까 봐 불안해했다. 이런 이유 때문에 토니는 성공을 무의식적으로 두려워했다. 아버지가 자신을 라이벌로 여기고 미워하게 될까 봐 두려운 것이었다. 따라서 시험에 떨어지는 것이 토니가 안전해질 수 있는 길이었다. 적어도 내가 배워온 내용에 따르면 이와 같은 심리 분석이 타당했다.

이런 분석을 들려주자 토니는 회의적인 어조로 말했다. "심리 치료 전문 서적에 쓰여 있는 대로 설명하시는군요. 우리 아버지는 자기 자신을 위해서 나한테 뭔가를 강요한 적이 없어요. 제가 지금 겪는 문제는 아버지 탓이 아니에요." 그럼에도 나와의 상담이 처음엔 도움이 되는 것 같았다. 토니의 표정과 기분이 한결 나아진 것이다. 그러나 시험 날짜가 가까이 다가오자 불안함이 다시 고개를 들었다. 그는 이번 시험을 미루고 다음에 치르고 싶어 했다. 나는 아버지에 대한 무의식적 두려움 때문일 뿐이라며 그를 안심시키려 애썼다. 아버지와의 관계에 대한 얘기를 덮어두지 말고 털어놓으면 결국 마음이 가벼워질 것이라고 말이다. 그것은 토니 같은 문제를 지닌 사람에게 으레 적용하는, 오랜 세월에 걸쳐 효과가 검증된 전통적 접근법이었다. 나는 토니가 분명히 시험에 통과할 것이라고 장담했다.

그러나 내 판단은 틀렸다. 토니는 지독히 나쁜 성적으로 시험에 떨어지고 말았다.

그 후에 우리는 딱 한 번 더 만났다. 토니는 여전히 덫에 걸린 쥐 같았다. 하지만 이번에는 분노한 쥐의 모습이었다. 그날 그가 한 말은 오래도록 내 귓가에 맴돌았다. "선생님은 내가 두려움을 극복할 수 있는 방법을 알려주지 못했습니다. 선생님과 만나 아버지에 관한 이야기를 나눌 때마다 마치 물총을 들고 거대한 고릴라와 싸우는 기분이었어요. 선생님은 나를 돕지 못했어요."

토니를 만난 이후 나는 이전에 몰랐던 무언가에 눈을 떴다. 나는 환자가 특정한 정신적 문제를 겪으면서 얼마나 무력감에 빠질 수 있는지를 깨달았다. 그들에게 진짜 필요한 것은 '해결책', 즉 문제와 맞서 싸울 수 있는 힘을 얻을 방법이었다. 심리학 이론은 그런 힘을 주지 못했다. 그들에게는 직접 느끼고 경험할 수 있는 '힘'이 필요했다.

토니와의 상담만큼 강렬한 경험은 아니었지만, 그 후에도 나는 환자에게 별다른 도움을 주지 못하는 경험을 연거푸 했다. 우울증, 공황 발작, 강박적 분노 등 그들이 겪는 정신적 고통은 다양했고 하나같이 고통을 없앨 방법을 알려달라고 간청했다. 하지만 나는 그들을 도울 정확한 방법을 알지 못했다.

나는 실패에 대처하는 데 능숙한 편이었다. 어릴 적 농구에

푹 빠져 있던 나는 나보다 체격도 좋고 실력도 뛰어난 아이들 틈에 섞여 농구를 하곤 했다(사실 나보다 작은 아이는 거의 없었다). 경기를 망치거나 다른 애들보다 실력이 뒤처진다고 느껴질 때면 더 열심히 연습해서 내 실패를 만회했다. 그러나 환자를 치료하는 일은 농구와 달랐다. 여태껏 배운 치료 방법에 대한 신뢰가 무너지자 연습할 내용물도, 연습하는 의미도 없어졌다. 누군가가 내 손에 들린 공을 빼앗아 가버린 기분이었다.

내 지도 교수님들은 일에 대한 열정이 강하고 성실한 분이었다. 하지만 그들은 내가 아직 경험이 부족해서 회의감이 드는 것이라고 말했다. 신참 의사는 대개 자신의 능력을 의심하며 불안해한다, 하지만 시간이 흐르면 치료 요법이 환자에게 해줄 수 있는 것에 한계가 있음을 깨닫는다, 그 한계를 인정하고 나면 자신에 대한 불만도 차츰 잦아든다······. 이런 얘기였다.

하지만 나는 그 한계를 인정하고 받아들일 수 없었다. 환자가 원하는 것, 즉 당장 도움이 되는 방법을 제시하기 전까지는 만족할 수 없을 것 같았다. 어떻게든 그 방법을 찾아내겠다고 마음먹었다. 돌이켜보면 그때 그런 결심을 한 것은 내 어린 시절 경험과 결코 무관하지 않다.

내가 아홉 살 때 세 살짜리 남동생이 희귀암으로 세상을 떠났다. 감정적으로 여린 편이었던 부모님은 슬픔을 이겨내지 못했다. 지독한 우울이 무거운 구름처럼 부모님을 뒤덮었다. 동생의 죽음이라는 비극을 계기로 가족 내에서 내 위치와 역할도 바뀌었다. 부모님은 미래에 대한 희망을 온통 나에게 집중했다. 마치 내가 집 안의 우울한 공기를 말끔히 걷어낼 특별한 능력을 지니기라도 한 것처럼 말이다. 아버지는 저녁이면 퇴근하고 돌아와 수심이 가득한 얼굴로 흔들의자에 앉아 있곤 했다.

아버지는 마음속 두려움을 툭하면 겉으로 표현했다. 내가 흔들의자 옆에 앉아 있는 동안 아버지는 당신이 하시는 일이 잘 안 돼서 언제 파산할지 모른다고 말했다. 그럴 때면 '거덜 나다'라는 표현을 썼다. 그러면서 나한테 이렇게 물었다. "만일 우리 집이 거덜 나면 바지 한 벌로 생활할 수 있겠니?" "우리 가족이 모두 함께 단칸방에서 살아야 한다면 어떨까?" 사실 아버지가 걱정하는 것은 현실에서 일어날 가능성이 거의 없는 일이었다. 누군가가 죽는 일이 우리 집에 또 생길지 모른다는 끔찍한 두려움이 그런 형태의 걱정으로 표출되었다. 그 후 몇 년간 나는 아버지를 안심시키는 역할을 해야 한다는 사실을 깨달았다. 이를테면 내가 아버지를 위한 정신과 의사가 된 셈이었다. 그때 내 나이 열두 살이었다.

당시에 내가 '정신과 의사'라는 단어를 떠올리며 그렇게 행동했다는 의미는 아니다. 단지 본능적인 두려움, 다시 말해 내가 아버지를 위로하고 안심시키지 않으면 우울과 파멸의 분위기가 우리 가족을 통째로 집어삼킬지 모른다는 두려움이 마음속에서 작동한 것이다. 그런 나의 두려움 역시 비현실적이었지만, 당시로서는 몹시 커다란 무게감으로 다가왔다. 어린 시절의 그 경험은 어른이 되어 진짜 환자들을 만날 때 큰 자산이 되었다. 그래서 다른 동료 의사들과 달리 나는 환자의 요구 앞에서 위축되거나 당황하지 않았다. 거의 20년 동안이나 누군가를 위로하는 역할을 해왔기 때문이었다.

하지만 환자의 고통을 해결해주고 싶다고 해서 그 방법까지 안다는 의미는 아니었다. 무엇보다 한 가지는 확실했다. 내가 스스로 그것을 찾아야 한다는 것이었다. 그 방법은 책에 쓰여 있지 않았다. 조언을 구할 전문가도, 도움을 받을 교육 프로그램도 없었다. 의지할 것은 나의 본능과 직관뿐이었다. 본능과 직관을 따르면 새로운 깨달음에 이를 수 있으리라 믿었다.

나는 직관에 따라 '현재'에 초점을 맞추기 시작했다. 바로 환자가 고통을 겪고 있는 시점 말이다. 그들의 과거를 되짚어가는 것은 해결책에서 멀어지는 길일 뿐이었다. 나는 또 다른 토니가 생기는 일을 원치 않았다. 우리의 과거에는 여러 기억과 감정, 통찰력이 담겨 있고 그것들은 모두 나름대로 가치를 지닌다. 그러나 내가 찾는 것은 당장 마음의 안정을 가져다줄 효과적인 방법이었다. 그것을 찾으려면 과거가 아니라 현재에 집중해야 했다.

내가 핵심으로 삼은 원칙은 하나였다. 마음에 상처를 입었든, 자의식이 강하든, 삶의 의욕이 지독하게 저하되었든 정신적 고통에서 벗어나길 원하는 환자를 마주할 때마다 현재 시점에서 문제를 다뤄야 한다는 것이었다. 나는 바로 그 자리에서 뭔가 도움이 될 방안을 내놓으려 노력했다. 어떤 한계나 제한을 정해두지 않은 채, 환자에게 도움이 될지 모른다고 생각되는 것이면 무엇이든 떠오르는 대로 말했다. 프로이트의 자유연상 기법을 반대로 시행하는 것과 비슷했다. 환자가 아니라 의사가 자유롭게 말하는 상황이었기 때문이다. 만일 프로이트가 그런 나를 봤다면 마음에 들어 했을지 어떨지는 모르겠지만 말이다.

그러다가 다음에 무슨 말을 할지 나조차도 모른 채 환자에게 이야기하는 단계에 이르렀다. 마치 내가 아니라 다른 어떤 힘이 내 입을 통해 말하는 느낌이었다. 그리고 차츰 이 책에서 소개하는 툴과 그것의 토대가 되는 사상이 모습을 갖추기 시작했다. 툴이 갖춰야 하는 유일한 요건은 그것이 효과를 발휘해야 한다는 점이었다.

나는 환자에게 제시할 특정한 툴을 확정하기 전까지는 나의 탐색을 완료한 것으로 간주하지 않았다. 따라서 내가 사용하는 '툴'이라는 용어의 의미를 제대로 이해하는 것이 중요하다. 툴은 '마음가짐을 바꾸는 것'보다 훨씬 많은 의미를 내포한다. 그저 마음가짐을 바꿔서 인생을 변화시킬 수 있다면 이 책은 필요 없다. 진정한 변화가 일어나려면 단순히 마음가짐만 바꾸는 것이 아니라 행동을 바꿔야 한다.

당신이 뭔가 불만스럽거나 답답할 때마다 배우자나 자녀, 직원을 향해 고함을 지르는 유형이라고 치자. 누군가의 조언으로 당신은 그것이 부적절한 행동이라는 사실을, 그런 습관이 주변 사람과의 관계를 악화시킨다는 사실을 깨닫는다. 그래서 이제 마음가짐을 새롭게 하고 고함치는 습관을 고치기로 다짐한다. 뭔가 깨달은 기분이 들고 스스로 더 나은 사람이 되었다고 느낄 것이다. 하지만 어느 날 당신 밑에서 일하는 직원이 회사에 손실을 입히는 중대한 실수를 저지른다. 그러면 당신은 반사적으로 또다시 고함을 지르기 시작한다.

마음가짐을 바꿔도 습관은 사라지지 않는다. 왜냐하면 마음가짐은 행동을 통제하지 못하기 때문이다. 다시 말해, 마음가짐은 행동을 다스릴 수 있을 만큼 강력하지는 않다. 행동을 통제하기 위해서는 특정한 순간에 특정한 문제와 싸우기 위해 사용할 특정한 방법이 필요하다. 그것이 바로 이 책에서 소개하는 툴이다.

이와 관련한 툴에 대해서는 3장에서 설명할 것이다(조금 더 기다리는 게 불만스럽더라도 고함을 지르지는 말길 바란다). 아무튼 중요한 점은 이것이다. 마음가짐과 달리 툴은 당신에게 뭔가를 실천하도록 요구한다. 여기에는 노력이, 그것도 지속적인 노력이 필요하다. 행동 변화가 뒤따르지 않는다면 마음가짐을 바꾸는 것은 아무런 의미가 없다. 그리고 행동을 변화시키는 가장 확실한 방법은 툴을 활용하는 것이다.

아울러 툴과 마음가짐 사이에는 더욱 중요한 차이점이 있다. 마음가짐은 머릿속에서 일어나는 생각으로 구성된다. 따라서 설령 마음가짐을 바꾼다 할지라도 그것은 당신이 이미 갖고 있는 제한적인 생각의 범위 내에서 움직이는 것에 불과하다. 그러나 툴은 다르다. 툴의 가장 중요한 가치는 머릿속의 생각을 뛰어넘은 곳으로 당신을 데려간다는 점이다. 툴은 당신이라는 존재보다 훨씬 더 커다란 세계, 무한한 힘의 세계와 당신을 연결한다. 그것을 집단 무의식이라고 하든 영적 세계라고 하든 상관없지만, 나는 **초월적 세계** higher world 라고 부르기로 했다. 그리고 거기에 담긴 힘은 **초월적 힘** higher force 이라고 부른다.

툴이 그런 힘을 지니기를 바랐기 때문에 나는 그것을 개발하는 데 엄청난 노력을 기울였다. 처음에는 어설픈 미완성 형태의 툴이 만들어지곤 했다. 그래서 수도 없이 개조하고 다듬어야 했다. 그럼에도 환자들은 불평하지 않았다. 오히려 새로운 뭔가를 만들어내는 과정에 동참하는 것을 즐거워했다. 그들은 새롭게 수정한 툴을 시험해보는 과정에 늘 기꺼이 참여했으며, 그것을 활용해본 뒤 어떤 것이 효과가 있고 어떤 것이 효과가 없는지 의견을 말해주었다. 그들이 바라는 것은 하나였다.

즉, 툴이 자신의 삶에 실제적인 도움이 되길 원했다.

이런 과정에서 환자들과 정서적으로 더 깊이 교감할 수 있었다. 나는 멀리 떨어진 높은 위치에서 환자에게 지식을 건네주는 전지전능한 권위적 존재로 군림해서는 안 되었다. 우리의 치료 시간은 함께 노력을 기울이는 과정이었다. 나는 전통적 치료 방식이 마음에 들지 않았다. 환자는 '병든' 존재이고 의사는 적당히 거리를 둔 채 그를 '치료해주는' 식의 접근법이 나는 늘 못마땅했다. 내가 결코 환자보다 나은 존재가 아니기 때문이다.

내가 지향한 것은 환자와 거리를 두는 방식이 아니라 환자에게 힘을 되돌려주는 방식이었다. 그들에게 툴을 가르쳐주는 것은 최고의 선물, 즉 인생을 변화시킬 능력을 주는 것과 마찬가지였다. 그래서 툴 하나를 완성할 때마다 말로 다 못할 만족과 보람을 느꼈다.

완성한 툴을 보며 내가 무無에서 느닷없이 그것을 창조했다고 생각하지는 않았다. 그보다는 이미 존재하던 것을 발견한 느낌이었는데, 이는 꽤 독특한 경험이었다. 나는 환자가 어떤 문제를 겪든 그의 고통을 줄여줄 툴을 찾을 수 있다는 믿음을 가졌다. 그 툴을 발견할 때까지 인내심을 갖고 끈질기게 파고들었다. 그런 믿음은 내가 상상하지 못한 방식으로 보상을 가져다주었다.

나는 툴을 일상적으로 활용하는 환자에게 어떤 변화가 생기는지 시간을 두고 꾸준히 관찰했다. 내가 바란 대로 그들은 자신의 문제를 통제할 수 있게 되었다. 그것이 공포든, 부정적 마음이든, 무언가를 회피하려는 습관이든 말이다. 그런데 예상치 못한 다른 변화도 나타났다. 전에 없던 새로운 능력을 갖게 된 것이다. 그들은 자신감이 강해지고, 과거에 없던 창의적 태도를 보였으며, 삶의 주체로서 주도적인 성향을 발휘하기 시작했다. 또 주변에 긍정적 영향을 끼쳤다. 대개는 과거에 그래본 적이 없었음에도 말이다.

이것은 내가 애초에 염두에 둔 목표는 아니었다. 환자를 '정상' 상태로 회복시키는 것이 내 임무라고 생각했을 뿐이다. 하지만 그들은 정상으로 회복하는 데서 그치지 않았다. 자기 자신도 알지 못했던 잠재력을 발휘하기 시작한 것이다. 처음엔 현재의 고통을 없애기 위해 툴을 택했지만, 그것을 꾸준히 활용하자 삶의 모든 측면에 영향을 주었다. 툴은 내가 예상한 것보다 훨씬 강력한 힘이 있었다.

이러한 결과를 이해하기 위해 나는 툴 자체에 집중하는 것을 뛰어넘어 툴이 불러오는 초월적 힘에 좀 더 주목했다. 나는 초월적 힘이 작동하는 것을 과거에도 경험한 적이 있었다. 단지 당시에는 그 사실을 깨닫지 못했을 뿐이다. 당신도 마찬가지다. 인간은 누구나 살면서 초월적 힘을 경험한다. 이 힘은 우리가 평소엔 불가능하다고 여기던 무언가를 해내도록 만든다. 그런데 대부분의 사람은 위급한 상황에서만 그 힘을 발휘한다. 위급한 상황이 닥치면 한층 강력한 용기와 지략을 갖고 행동한다. 하지만 그 상황이 지나가면 힘도 사라진다. 자신에게 그런 힘이 있다는 사실조차 잊어버리고 만다.

나는 환자들을 치료하면서 인간이 지닌 잠재력에 완전히 새롭게 눈떴다. 툴을 활용하는 환자는 날마다 초월적 힘과 연결되는 듯이 보였다. 툴을 이용하면 의지에 따라 마음대로 그 힘을 발휘할 수 있었다. 이런 사실을 발견한 후 심리 치료에 대한 관점이 완전히 바뀌었다. 환자의 문제를 어떤 '질환'이 표출된 결과로 보면서 과거에서 그 원인을 찾는 대신, 내면에 잠자고 있는 힘을 이끌어내는 촉매제이자 기회로 바라보게 되었다.

하지만 심리 치료 전문가는 문제를 기회로 바라보는 것에 그쳐서는 안 된다. 문제를 해결하는 데 필요한 힘에 접근할 수 있는 구체적 방법을 환자에게 알려줘야 한다. 이 힘은 직접 '느끼고 경험해야' 한다. 말로만 설명하는 것은 별 의미가 없다. 이를 위해서는 기존 치료 모델에서 제공하지 못한 것, 바로 일련의 툴이 필요했다.

나는 한 시간에 걸쳐 이런 내용을 배리에게 설명했다. 배리는 간간이 고개를 끄덕이며 열심히 들었다. 다만 한 가지가 해결되지 않는 듯했다. 내가 '초월적 힘'을 언급할 때마다 그의 얼굴에 미심쩍은 표정이 스친 것이다. 그는 마음을 잘 숨기지 못하는 타입이었다. 그것에 대해 질문을 쏟아낼 것이 분명했다.

○

필의 이야기는 내 앞에 새로운 세계를 열어주었다. 나는 스펀지처럼 그의 이야기를 빨아들였고 내 환자들에게도 적용해보리라 마음먹었다. 하지만 받아들이기 힘든 부분이 하나 있었다. 필이 계속 언급하는 초월적 힘이었다. 그는 측정할 수도 눈으로 볼 수도 없는 무언가를 믿으라고 말하고 있었다. 나는 마음속 의심이 드러나지 않게 잘 숨겼다고 생각했지만, 어느 순간 그가 내 속을 꿰뚫어본 듯 이렇게 말했다.

"뭔가 신경 쓰이는 부분이 있나 보군요."

"아, 아닙니다······. 그저 놀라울 따름입니다."

그는 나를 가만히 응시했다. 어렸을 때 시리얼에 설탕을 뿌리다가 엄마한테 걸렸을 때와 비슷한 기분이었다. 나는 결국 털어놓았다.

"그렇습니다. 한 가지가 조금 걸려서······. 아니, 실은 조금이 아닙니다. 선생님은 초월적 힘의 존재를 정말로 확신하십니까?"

필은 정말로 확신하는 표정이었다. 그리고 내게 물었다.

"지금껏 살면서 뭔가 커다란 변화를 일으켜본 적이 있나요?

그러니까 당신이 할 수 있다고 생각한 정도를 훨씬 뛰어넘는, 정말 비약적인 변화 말입니다."

그렇다. 내게는 그런 경험이 있었다. 나는 변호사 시절을 떠올렸다. 내가 사회에 나와 처음 가진 직업은 변호사였다. 나는 스물두 살에 유명한 로스쿨에 입학했다. 그리고 스물다섯 살에 수석에 가까운 성적으로 졸업한 후 곧바로 명망 높은 법률회사에 취직했다. 누구나 부러워하는 직장이었다. 그런데 얼마 안 있어 그 일이 싫어졌다. 숨 막히고 보수적이고 따분한 일에 파묻혀 지내야 했기 때문이다. 그만두고 싶은 충동과 매일 싸웠다. 하지만 누구보다 치열하게 노력해서 도달한 곳이었다. 거기서 그만둔다는 것은 말이 안 되었다. 보수도 두둑하고 번듯한 직장을 그만두다니? 특히 아들이 최고의 변호사가 되기를 누구보다 바라셨던 부모님께 어떻게 설명할 것인가?

하지만 결국 사직서를 냈다. 지금도 그날을 선명하게 기억한다. 스물여덟 살이었던 나는 우리 회사의 로비에 서 있었다. 피곤한 얼굴로 거리를 오가는 창밖의 사람들을 무심히 눈으로 좇으면서 말이다. 그 순간 갑자기 유리창에 비친 내 얼굴이 눈에 들어왔다. 흐릿하게 죽은 눈빛을 가진 남자가 나를 쳐다보고 있었다. 불현듯 이런 생각이 머리를 때렸다. 나는 지금 모든 것을 잃어가고 있는 게 아닐까? 회색 양복을 걸친 좀비가 되어가는 건 아닐까? 뒤이어 난생처음 느끼는 감정에 휩싸였다. 절대적 확신이 마음속에 강렬하게 차오른 것이다. 나는 망설이지 않고 상사의 방으로 걸어갔다. 어떤 강력한 힘이 나를 이끌었다. 나는 그 자리에서 사직서를 냈다. 필의 질문을 받고 당시를 되돌아보니, 나 역시 그때 어디선가 나타난 어떤 힘에 의해 움직였다는 사실을 깨달았다. 내 이야기를 듣고 필이 이렇게 말했다.

"내가 말하는 게 바로 '그것'입니다. 당신도 초월적 힘이 작동하는 걸 느낀 거예요. 사람들은 누구나 그런 경험을 합니다. 하지만 자신이 경험하는 것을 제대로 이해하지 못할 뿐이지요."

그는 잠시 멈췄다가 말을 이었다. "당신이 그런 상황을 미리 계획한 것은 아니잖아요. 그렇죠?"

나는 고개를 끄덕였다.

"만일 그 힘을 마음대로 사용할 수 있다면 인생이 어떻게 달라질까요? 툴이 바로 그걸 가능하게 해줍니다."

나는 여전히 초월적 힘을 완전히 이해할 수는 없었다. 하지만 그건 중요하지 않았다. 내 인생을 변화시킨 그 힘을 뭐라고 부르든, 나는 그것이 강력하다는 것을 알고 있었다. 직접 경험했기 때문이다. 만일 툴을 활용해 그 힘에 날마다 접근할 수 있다면 그것을 뭐라고 부르는가는 중요하지 않았다. 이후 내가 환자들에게 툴을 가르쳐주었을 때 그들 역시 이름에는 개의치 않았다. 나는 환자의 삶을 변화시키는 데 진정한 도움을 주는 조력자가 될 수 있다는 생각에 한껏 마음이 들떴고, 그런 기분을 도저히 숨길 수가 없었다. 내가 열정적인 만큼 환자들도 어느 때보다 적극적으로 상담에 임했다.

환자들의 반응과 피드백은 한결같이 긍정적이었다. 많은 이들이 상담을 통해 훨씬 많은 것을 얻고 돌아간다고 말했다. 그들은 말했다. "예전에는 상담을 받고 나서도 안개에 휩싸인 듯 막막했어요. 상담으로 뭘 얻었는지 모르겠더라고요. 그런데 이제는 선생님과 대화를 마치고 헤어질 때면 '나도 할 수 있다'는 기분이 듭니다. 진짜로 나를 변화시킬 구체적인 방법을 안다는 기분 말이에요." 상담을 시작한 길지 않은 경력 동안 처음으로 나는 환자에게 희망을 줄 수 있다는 자신감을 느꼈다. 그리고 모든 것이 달라졌다. "지난 수년간 받은 상담에서보다 선생님과 한 번 상담을 하고선 더 많은 걸 얻었습니다"라는 이야기를 자주 듣기 시작했다. 나의 심리 치료는 빠르게 발전했다. 나는 어느 때보다 강한 성취감과 만족을 느꼈다. 필이 툴을 개발하는 과정에서 목격한 것과 똑같은 변화를 나 역시 내 환자들에게서 목격했다. 그들의 삶은 예상치 못한 방식으로 풍성해지기 시작했다. 더 훌륭한 리더, 더 훌륭한 부모로 변화했다. 또 삶의 모든 측면에서 더 용감한 사람이 되었다.

필을 처음 만난 이후 25년이라는 세월이 흘렀다. 툴은 필이 말한 그대로의 효과를 가져왔다. 툴은 나를 초월적 힘과 매순간 연결해주었고 내 인생을 180도 변화시켰다. 툴을 사용하면

할수록, 초월적 힘이 '나에게서' 나오는 것이 아니라 '나를 통하여' 발휘된다는 것을 분명히 느낄 수 있었다. 어딘가 다른 곳으로부터 전해지는 선물처럼 말이다. 이 힘 덕분에 나는 과거엔 불가능하다고 여기던 일을 해낼 수 있는 특별한 능력을 갖게 되었다. 시간이 흐를수록 그런 능력이 초월적 힘에 의해 내게 전해지는 것임을 절감했다. 나는 25년간 직접 이 힘을 경험했을 뿐만 아니라 환자들이 일상적으로 이 힘을 활용하도록 돕는 기쁨 또한 누렸다.

이 책의 목적은 당신도 그런 경험을 하도록 돕는 것이다. 이 힘은 당신의 삶을, 그리고 당신이 겪는 문제를 바라보는 방식을 혁신적으로 변화시킨다. 당신은 힘든 문제 때문에 움츠러들거나 거기에 압도당할 필요가 없다. 앞으로는 "이 문제를 해결할 방법이 있을까?"라고 묻는 대신 "이 문제를 해결하려면 어떤 툴을 사용해야 하지?"라고 묻게 될 것이다.

필과 내가 사람들을 치료해온 시간을 합치면 60년 정도 된다. 이 경험을 토대로 우리는 사람들이 원하는 인생을 살지 못하게 방해하는 네 가지 근본적 문제를 발견했다. 얼마나 행복하고 만족스러운 삶을 사는가는 이 네 가지 문제에서 얼마나 지혜롭게 벗어나는가에 달려 있다. 이후 네 개의 장章에서 이 문제들을 다룰 것이다. 또 각각의 문제에 가장 효과적으로 적용할 수 있는 툴도 소개한다. 툴을 통해 초월적 힘과 연결되고 교감하는 방법, 그 힘으로 문제를 해결하는 과정도 설명할 것이다.

물론 당신이 지금 겪는 문제는 우리 환자들의 사례와 똑같지 않을지도 모른다. 하지만 염려하지 마라. 그렇다고 해서 당신에게 툴이 무용지물인 것은 결코 아니다. 툴이 다양한 상황에서 도움이 된다는 사실을 곧 알게 될 것이다. 각 장 끝부분에서는 각각의 툴을 경험한 사람들의 실제 이야기를 소개한다. 그중 적어도 한 가지는 당신의 삶과 연관되어 있을 것이다. 툴이 이끌어내는 네 가지 초월적 힘은 만족스러운 삶을 위해 반드시 필요하다. 당신이 어떤 종류의 문제를 겪는가 하는 점보다는 당신이 툴을 활용할 수 있다는 사실이 더 중요하다.

우리는 이 책에 소개한 내용에 강한 확신을 갖고 있다. 실제 경험을 통해 개발하고 검증했기 때문이다. 하지만 무조건 곧이곧대로 받아들이지 않고 비판적 태도로 읽어도 좋다. 그러다 보면 어떤 내용에 대해서는 의심도 들 것이다. 우리는 의심하는 사람의 질문을 많이 받아봤기에, 실제 사례에 이어서 가장 흔히 하는 질문에 대한 답도 실어두었다. 하지만 사실 진정한 답은 툴에 들어 있다. 툴을 활용하면 초월적 힘의 효과를 직접 경험할 수 있기 때문이다. 이를 여러 번 경험하고 나서 의심과 저항감이 사라지는 사람들을 우리는 수없이 목격했다.

이 책의 최종 목표는 당신이 툴을 실제로 사용하도록 이끄는 것이다. 따라서 각 장의 끝에 그 장에서 다룬 문제와 툴, 그 것의 활용법을 간략히 요약해두었다. 진정한 효과를 얻고자 한 다면 이 요약 부분을 반복해서 읽고 실천하기를 권한다.

네 개의 장을 다 읽고 나면 당신은 네 개의 툴을 익히게 될 것이다. 어쩌면 이로써 충분하다고 생각할지 모른다. 하지만 그 렇지 않다. 놀랍게도 대부분의 사람이 툴의 효과를 경험하고도 처음에만 잠깐 활용하다가 그만둔다. 이것은 인간이 지닌 몹시 안타까운 결점이 아닐 수 없다. 자신에게 큰 도움이 되는 뭔가 를 도중에 그만두고 포기하는 경우가 우리는 얼마나 많은가.

우리는 진정으로 당신의 삶이 변하도록 돕고 싶다. 당신 역 시 삶이 변화하길 원한다면 무엇보다 마음속 저항감을 씻어내 야 한다. 이는 당신의 진가가 시험되는 지점이기도 하다. 변화 를 이루는 데 성공하려면 툴을 활용하지 못하게 당신을 막는 요인을 파악하고 그것과 맞서 싸울 방법을 알아야 한다. 이에 대해서는 6장에서 설명한다. 6장에서 소개할 다섯 번째 툴이 어떤 의미에서는 가장 중요하다. 네 개의 툴을 지속적으로 사 용하게 도와주는 툴이기 때문이다.

초월적 힘과 연결되기 위한 툴을 꾸준히 사용하려면 필요한 것이 또 하나 있다. 바로 믿음이다. 초월적 힘은 매우 신비롭 기 때문에 때로 그것의 존재를 의심하지 않을 수가 없다. 어떤 이들은 눈에 보이지도 않고 만질 수도 없는 것을 어떻게 믿느냐고 반문한다. 나의 경우, 무신론자인 부모님 밑에서 컸기 때문에 어릴 때부터 의심과 불신을 자연스럽게 품었다. 우리 부모님이라면 이성적으로나 과학적으로 설명할 수 없는 '초월적 힘'은 고사하고 '믿음'이라는 말에도 비웃음을 보냈을 것이다. 7장에서는 내가 초월적 힘을 믿게 된 힘겨운 과정을 들려주겠다. 당신이 믿음을 향한 장애물을 극복하는 데 도움이 될 것이다. 진심으로 말하건대, 내가 할 수 있었다면 누구나 할 수 있다.

나는 초월적 힘을 진정한 실체로 받아들이고 믿는 것이 마지막 단계이리라 생각했다. 하지만 그렇지 않았다. 필은 내게 알려줄 정말 중요한 것을 하나 더 남겨두고 있었다. 그는 누군가가 툴을 사용할 때마다 그로 인해 발휘된 초월적 힘이 단지 그 개인뿐 아니라 주변의 모두에게 이로움을 준다고 설명했다. 처음엔 믿기지 않았지만 시간이 흐를수록 그 말이 옳다는 것을 절감했다. 나는 초월적 힘이 우리 사회를 이롭게 하는 것 이상의 무언가라는 사실을, 그것이 없으면 우리가 삶을 지속할 수 없다는 사실을 깨달았다. 8장에서는 이에 대한 이야기를 해보겠다.

우리가 사는 사회의 건강함은 각 개인이 기울이는 노력에 달려 있다. 우리 각자가 초월적 힘을 활용하면 결국 모두에게 이로움이 돌아온다. 그러므로 툴의 활용법을 아는 사람들에게는 특별한 책임이 있다. 그들은 나머지 사회 구성원에게 초월적 힘을 알리는 역할을 해야 한다. 새롭고 활기 넘치는 사회를 만들어가는 선구자가 되어야 한다.

나는 매일 아침 눈뜰 때마다 초월적 힘에 감사한다. 그 힘은 항상 새로운 방식으로 자신의 모습을 드러낸다. 이 책을 통해 당신도 그 힘이 가져오는 놀라운 변화를 경험하길 바란다. 당신이 경험할 여정을 생각하면 우리도 마음이 설렌다.

2장

용기의 툴

: 욕구를 뒤집어라

The Tools
*: 5 Tools to Help You Find Courage, Creativity, and Willpower
and Inspire You to Live Life in Forward Motion*

비니는 이상한 능력을 지닌 환자였다. 만난 지 몇 분도 안 되어 상대방이 반감을 느끼게 만드는 재주가 있었다. 누구를 만나든 거의 예외가 없었다. 상담 첫날 대기실에서 내가 인사를 건넸을 때 그는 빈정대는 말투로 대뜸 이렇게 내뱉었다.

"와, 인테리어 한번 끝내주네요. 이건 중고품 가게에서 건지셨나요? 이케아 가구라도 장만하시면 아주 큰 발전이겠어요."

평소 비꼬는 유머나 날카로운 말로 사람들을 등 돌리게 만들곤 했지만, 사실 그는 재능 있는 스탠드업 코미디언이었다. 하지만 이력서에는 그다지 내세울 만한 경력이 없었다. 10년 넘게 스탠드업 코미디를 해온, 서른세 살의 이 청년은 작은 클럽을 여기저기 돌아다니며 공연하는 수준을 벗어나지 못하고 있었다.

기회가 부족했기 때문은 아니었다. 비니의 매니저는 그를 '큰물'로 내보내기 위해 그동안 무던히 애썼다. 대규모 클럽이나 토크쇼, 시트콤에 출연할 기회를 만들려고 말이다. 경쟁이 치열한 업계였지만 비니는 성공 가능성이 있었다. 그는 타고난 끼와 재능이 뛰어난 사람이었다. 단, 문제가 있었다. 매니저가 아무리 노력해도 비니는 협조하기는커녕 자꾸 엇나갔다. 한번은 매니저가 한 클럽 사장과 만날 약속을 잡았다. 공연자의 경력과 성공에 막대한 영향을 미칠 수 있는 거물급 인물이었다. 그런데 비니는 약속 장소에 나타나지 않았을 뿐만 아니라 전화를 걸어 불참 이유를 설명하거나 약속 시간을 다시 잡지도 않았다. 이 일로 매니저는 인내심의 한계에 다다라 폭발하고 말았다. 심리 치료사를 만나서 상담을 받지 않으면 해고하겠다고 비니에게 으름장을 놓은 것이다. "말을 듣는 시늉이라도 하는 게 나을 것 같아서 온 겁니다." 비니는 내게 공모자가 되어달라는 듯이 한쪽 눈을 찡긋했다.

나는 비니에게 왜 약속 장소에 나가지 않았느냐고 물었다. 그는 말도 안 되는 핑계를 댔다. "저는 아침형 인간이 아니라서요." 오히려 억울하다는 말투였다. "제 매니저도 그걸 잘 알아요."

"당신의 경력에 대단히 중요한 영향을 미칠 약속이었잖아요. 그러니 이번만큼은 예외로 생각하고 약속을 지키는 게 낫지 않았을까요?"

비니는 통통하게 살이 붙은 얼굴을 세차게 흔들었다. "아뇨. 저는 '출세하려면 뭐든지 한다'는 식으로 달려드는 건 딱 질색입니다. 그러면 스트레스가 장난 아니에요."

고작 아침 일찍 일어나는 일이 너무 힘들다고 느낀다면 그저 그런 코디미언에 머무는 것은 당연한 일이었다. 클럽 사장과의 약속을 펑크 낸 일은 비니가 자기파괴적 행동을 보인 가장 최근 사례일 뿐이었다. 이런 일도 있었다. 매니저가 대형 극장에서 열리는 자선기금 모금 행사에서 비니가 공연하도록 출연 계약을 따냈다. 초반에 비니는 꽤 괜찮게 공연을 시작했지만 곧 관람객의 야유를 받으며 무대에서 퇴장당하고 말았다. 지나치게 짓궂고 무례한 농담으로 불쾌감을 산 것이다. 그는 사람들의 반감을 사는 것을 오히려 즐기는 듯이 보였다. 한번은 매니저의 갖은 노력 끝에 비니가 할리우드 파티에 참석할 기회를 얻었다. TV 시트콤의 캐스팅 결정권을 가진 사람들도 오는 자리여서, 그들에게 잘만 보이면 좋은 기회를 붙잡을 수도 있었다. 그런데 비니는 지저분한 옷차림에 잔뜩 취한 채 나타났다. 심지어 몸에서는 구토 냄새까지 풍겼다.

"왜 그렇게 일부러 자신의 경력을 망치는지 생각해본 적이 있나요?" 내가 물었다.

"망치는 게 아닙니다. 저만의 신념을 버리지 않으려는 거예요. 그런 파티에 가서 사람들 비위 맞추면서 알랑거린다고 칩

시다. 뭐, 나쁠 거 없겠죠. 그리고 그 사람들이 내가 원하는 부탁을 들어줄 수도 있을 겁니다. 그러면 내가 진짜 원하는 공연은 못하게 되겠죠. 결국 상대방을 배려하는 코미디언이 되기 위해 그저 그렇고 무난한 코미디만 해야 할 겁니다."

시간에 맞춰 약속 장소에 나타나는 것이 '상대방을 배려하는' 행동 아닐까? 비니에게 필요한 것은 바로 그런 행동이었다. 하지만 비니는 그렇게 생각하지 않았다.

"내가 할 일은 사람들을 웃기는 거지 배려하는 게 아닙니다. '배려 깊은 사람'을 원한다면 평범하고 착한 머저리를 무대에 세우면 될 거 아닙니까."

비니는 상담을 받으러 와서 경력을 망치는 방법만 늘어놓고 있었다. 게다가 자신이 나름의 신념을 갖고 행동하는 것이라고 확신했다. 나는 좀 세게 나가기로 했다.

"자신의 상황을 아주 잘 이해하고 계신 것 같군요. 매니저 분께 돌아가서 '당신이 없어도 난 상관없다'고 얘기해도 되겠습니다. 당신은 현재 위치에 만족하니까요. 이제 보니 클럽 공연 스케줄도 충분히 혼자 관리할 수 있는 분이군요." 나는 손에 들고 있던 펜과 노트를 책상에 탁 하고 내려놓은 뒤 의자에서 일어났다. "지금 상담을 마치면 비용도 받지 않겠습니다."

비니는 눈을 동그랗게 뜨고 나를 쳐다보았다. "하지만, 저는······." 그가 더듬거리며 말했다. "저는 그러니까······." 그러고는 눈을 감더니 마음을 가다듬고 입을 열었다. "성공하기 '싫은' 게 아닙니다."

"그렇다면 왜 자꾸 경력을 망치는 행동을 합니까? 좀 솔직하게 이야기해주겠어요?"

조금 시간이 걸렸지만 결국 비니는 속내를 털어놓았다. 그는 자신의 운명이 다른 사람에 의해 좌우되는 상황이 지독하게 싫다고 말했다. 그래서 오디션이 싫고 심지어 코미디언 경력에 도움을 줄 만한 사람에게 전화 거는 일도 싫다는 것이었다. 그런 것들은 그가 상처를 받을 수 있는 상황이었다. 그래서 마치 끔찍한 병균이라도 되는 양 매번 피한 것이다. 나는 타인에게 뭔가를 요청하는 일이 왜 그렇게 싫으냐고 물었다.

"지독하게 싫습니다." 그는 처음엔 이렇게만 답했지만, 몇 가지 질문을 던지며 이야기를 나눠보니 이유를 알 수 있었다.

"저는 엄마 배 속에서 나올 때부터 광대 옷을 입고 있었어요. 선천적으로 끼가 있었죠. 사람들의 관심을 받는 게 좋았어요. 그래서 어렸을 때 아버지의 고객들 앞에서 늘 뭔가 재밌는 공연 같은 걸 보여주곤 했지요. 그런 나를 아버지는 골칫덩어리로 여겼어요."

"왜요?"

"아버지는 집에서 사업을 하셨거든요."

"어떤 사업이었나요?

"장의사였어요."

나는 웃음을 터뜨렸다. "비니, 농담하지 말아요."

"농담 아닙니다. 진짜예요. 저는 날마다 대기실에 몰래 들어가 사람들 앞에서 재미난 공연을 보여주었답니다. 그리고 저녁이면 아버지한테 호되게 맞았어요. 내가 울기 시작하면 아버지는 '계집애 같은 자식'이라고 부르면서 더 세게 때렸죠." 어느새 그의 눈에 눈물이 그렁그렁했다. "정말 끔찍했어요."

비니가 상처받을지 모를 상황을 기를 쓰고 피하는 이유를 그제야 알 것 같았다. 그는 누군가가 자신에게 고통을 안겨주는 상황을 다시는 허락하고 싶지 않았던 것이다. 하지만 대신 커다란 대가를 지불했다. 직업적 성공을 거둘 수많은 기회를 놓쳐버리지 않았는가.

당신은 비니가 치른 것만큼의 대가를 지불하지는 않았을지도 모른다. 그러나 내가 만나본 대부분의 사람은 고통을 피하기 위해 '무언가'를 포기하곤 했다.

스스로를 가둬놓는 안전지대

고통을 피하려 애쓸 일이 일 년에 한두 번 정도라면 별문제가 되지 않을 것이다. 그러나 우리 대부분은 몸에 깊이 밴 습관처럼 그런 행동을 반복한다. 눈에 보이지 않는 벽을 만들어놓고 그 뒤에 숨은 채 바깥으로 나가려 하지 않는다. 그 벽을 넘어가면 고통이 존재하기 때문이다. 이 편안한 공간이 **안전지대**다. 극단적인 경우 어떤 이들은 실제 벽 뒤에 숨는다. 집 안에만 틀어박혀 바깥세상으로 나가길 두려워하는 것이다. 광장공포증 환자의 증상이 그렇다. 하지만 대부분의 경우 안전지대란 물리적 공간이 아니다. 그보다는 고통을 느낄 만한 상황을 피하기 위해 만든 삶의 방식을 말한다.

비니의 안전지대는 자신이 편안하고 안전하게 느끼는 상황들로 이뤄져 있었다. 꾸준히 공연할 수 있는 공간이라고 믿는 작은 클럽, 어떤 농담에도 웃어주는 소수의 고등학교 동창, 어떤 까다로운 요구를 해도 절대 떠나지 않을 여자친구 등이 그의 안전지대를 구성했다. 비니는 자신이 상처받을 가능성이 있어 보이는 상황은 무조건 피했다. 더 큰 무대에 서기 위한 오디션이든, 경력에 도움을 줄 사람과 교류하는 일이든, 삶에 대한 주인의식이 강한 여성과 데이트하는 일이든 말이다.

당신의 안전지대는 비니의 경우처럼 명확히 설명할 수 있는 종류가 아닐지도 모른다. 하지만 분명히 당신에게도 안전지대가 존재한다. 우리 누구나 마찬가지다. 당신의 안전지대가 무엇인지 한번 생각해보자. 아래의 설명처럼 해보라(이 책에 나오는 모든 지시는 눈을 감은 채 실행하는 것이 가장 좋다).

당신이 싫어하는 것을 떠올려라. 여행이든, 낯선 사람을 만나는 일이든, 가족 모임이든 말이다. 그것을 피하기 위해 평소에 어떻게 행동했는가? 그 행동 패턴이 당신이 숨는 공간, 즉 안전지대다. 안전지대 안에 있으면 기분이 어떤가?

분명 당신은 편안하고 친숙한 공간, 세상에서 마주칠 고통을 피할 수 있는 공간에 들어와 있다고 느꼈을 것이다. 이것만으로도 안전지대는 거의 완성된다. 하지만 또 다른 구성요소가 남아 있다. 이상하게도 우리는 그저 고통에서 벗어나는 것에 만족하지 않는다. 고통 대신에 다른 즐거움을 채워 넣길 원하는 것이다. 그래서 온갖 중독 행동이 나타난다. 인터넷 서핑, 약물이나 알코올, 포르노물, 음식 등 중독의 대상도 다양하다. 도박이나 쇼핑에 지나치게 빠지는 것도 마찬가지다. 이런 행동들을 우리는 주변에서 쉽게 목격할 수 있다. 모두가 안전지대를 찾느라 분주한 것이다.

우리는 이런 행동을 일상생활의 일부로 만든다. 예컨대 비니는 매일 저녁 똑같은 친구들과 어울리며 피자를 먹고 술을 마시며 비디오게임을 했다. 그럴 때면 자신이 다른 세계로 이동한 것 같다고 말했다. "보드카 한잔이면 골치 아픈 세상을 말끔히 잊을 수 있어요."

이 '다른 세계'는 편안하게 피로를 풀어주는 따뜻한 욕조처럼 느껴진다. 마치 잠시나마 다시 어머니 자궁 속에 들어간 것처럼 말이다. 하지만 이 '따뜻한 욕조'는 우리의 정신을 더 훼손할 뿐이다. 따뜻한 욕조에 몸을 깊이 담그고 숨을수록 현실 세계의 찬물을 온몸에 끼얹고 싶은 마음은 점점 더 줄어든다.

당신에게 따뜻한 욕조가 되어주는 행동은 무엇인가? 거기에 자주 몸을 담글수록 안전지대는 더욱 견고해진다. 아래와 같이 해보라.

그런 행동을 마음껏 즐기는 자신을 상상하라. 거기서 얻는 만족으로 어머니 자궁 속처럼 편안한 세계로 들어간다고 상상하라. 이 세계가 당신의 목적의식에 어떤 영향을 미칠까?

당신의 안전지대가 무엇으로 구성되어 있든 그 세계를 즐기는 대신 큰 대가를 지불해야 한다. 인생에는 무궁무진한 기회와 가능성이 존재하지만, 그것을 얻는 데에는 고통이 따른다. 고통을 받아들일 줄 모르면 의미 있는 삶도 살 수 없다. 이를 보여주는 예는 무수히 많다. 만일 수줍음 탓에 사람 만나는 것을 피하기만 하면, 사람들과 어울리는 데에서 오는 에너지를 얻을 수 없다. 창의성은 뛰어나지만 비판을 참지 못하는 사람은 자신의 아이디어를 시장에 내놓기를 꺼릴 것이다. 조직을 이끄는 리더가 당당히 의견을 밝히며 사람들과 대면하는 것을 두려워한다면, 아무도 그를 따르지 않을 것이다.

안전지대는 삶을 안전하게 만들어주기는커녕 오히려 삶의 테두리를 자꾸 좁힐 뿐이다. 비니를 보면 잘 알 수 있다. 직업, 친구 관계, 심지어 연애 생활까지 비니 인생의 모든 영역은 실제로 가능한 것보다 훨씬 작은 범위로 줄어들어 있었다.

안전지대와 그 안에서 사는 대신 치러야 하는 대가를 그림으로 나타내면 다음과 같다.

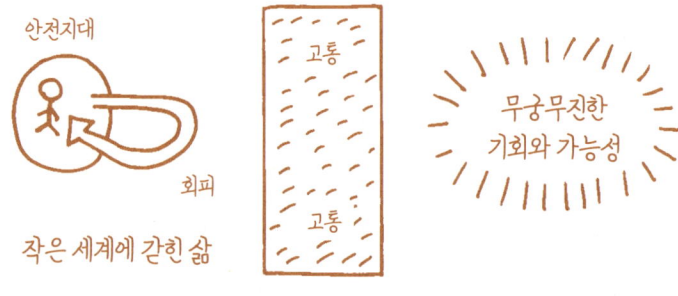

우리 대부분은 이 원 안에 있는 사람처럼 안전지대에 갇혀 살아간다. 삶이 주는 무궁무진한 기회를 붙잡으려면 원 바깥으로 나가야 한다. 그런데 원 밖으로 나갔을 때 제일 먼저 마주치는 것은 고통이다. 이 고통의 벽을 뚫고 나아갈 방법을 모르므로 우리는 황급히 안전지대로 돌아간다. 그림에서 원 밖으로 나와 고통에 가까이 갔다가 원 안으로 들어가는 화살표를 보

라. 결국 우리는 안전지대를 벗어나는 것을 포기해버린다. 그와 동시에 가장 소중한 꿈과 목표를 이룰 길도 영영 없어지고 만다. 19세기 의사이자 교사, 작가였던 올리버 웬들 홈스Oliver Wendell Holmes는 「침묵The Voiceless」이라는 시에서 이렇게 썼다.

"아아, 노래하지 못하는 것들이여
그들의 모든 음악을 품은 채 영영 잠들었으니"

불러야 할 노래를 부르지 못한 채 영원히 잠드는 것만큼 슬픈 일이 또 있을까? 더욱 안타까운 것은 우리가 목소리 내는 것을 막는 범인이 '우리 자신'이라는 사실이다. **우리는 스스로 자신을 잠재운다.** 커다란 대가를 지불해야 함에도 안전지대를 떠나지 않는다. 왜일까? 현대인이 흔하게 지닌 욕구에 발목을 붙잡히기 때문이다. 바로 즉각적인 만족에 대한 욕구다. 우리는 안전지대에 있는 그 순간만큼은 행복하다. 미래에 어떤 대가를 지불해야 하든 알 게 뭐란 말인가? 그러나 그 대가를 치러야 하는 때가 되면 무엇보다 큰 고통과 마주해야 한다. 인생을 낭비했다는 깨달음이 그것이다.

우리는 당장의 만족을 기대하도록, 심지어 강렬히 원하도록 배운다. 게다가 그런 정신적 결점을 합리화하는 특별한 능력도 있다. 고통을 피하려 한다는 사실을 인정하는 대신, 나름의 신념과 소신을 지키는 것이라고 자신을 세뇌시킨다. 비니를 떠올려보라. 비니는 '자신만의 신념을 버리지 않으려는 것'이라고 확신했다. 결국 우리는 고통을 회피하는 것이 옳다고, 심지어 용감하고 이상적인 행동이라고 믿는 비뚤어진 세계관을 갖게 된다. 이처럼 자기 자신에게 거짓말하는 것은 가장 나쁜 죄악이다. 자신을 속이는 사람은 결코 변화할 수 없다.

나는 이 모든 것을 비니에게 설명했다. 그는 자신이 발전하지 못하고 정체되어 있는 이유를 이해하자 한결 안정되어 보였다. 그는 고맙다는 인사를 건네고 서둘러 방을 나가려 했다.

"잠깐만요." 나는 그를 불러 세웠다. 비니는 약간 놀란 표정이었다. "기분이 나아진 것 같아 다행입니다. 그런데 여기서 끝내면 아무것도 바뀌지 않아요. 당신은 계속 안전지대에 머물 테니까요. 그 때문에 대가를 치르길 원하세요?"

"만약에 선생님께서 저를 붙잡지 않으면, 아마 그래야겠죠." 비니는 반쯤 농담조로 말했다. 그러고는 다시 의자에 앉았다. 비니를 만난 후 처음으로 그의 눈에서 삶이 더 낫게 변화할 수 있다는 희망이 엿보였다.

초월적 힘
전진의 힘

드물지만 세상에는 제한된 범위의 인생을 살기를 거부하는 이들이 있다. 그들은 아무리 괴로워도 그것을 기꺼이 뚫고 나아간다. 상대방에게 거절당하거나 실패하는 것, 창피한 순간을 겪는 것도 개의치 않는다. 자기 훈련을 위해 필요한 작은 괴로움과 지루한 과정도 기꺼이 받아들여, 대개 사람들이 해야 한다고 생각하면서도 실천하지 못하는 것을 실천해낸다. 예컨대 규칙적으로 운동하고, 올바른 식습관을 갖고, 정리 정돈하는 생활방식을 유지한다. 그들은 고통을 피하지 않기 때문에 원하는 꿈을 이룰 수 있다. 따라서 진짜 인생을 살 수 있다.

그들에게는 고통을 이겨낼 수 있는 힘을 주는 것이 있다. 바로 목적의식이다. 지향하는 미래의 목표가 있기 때문에 현재 하는 일이 아무리 힘들어도 그 고통은 의미가 있다. 반면 고통을 피하는 사람은 당장 눈앞의 즐거움과 만족에만 신경 쓴다. 자신의 미래에 대해 아무런 책임감도 느끼지 않는다.

목적의식은 그저 생각한다고 해서 생기는 것이 아니다. 당신을 미래로 향하게 하는 어떤 행동을 실천함으로써 생겨난다. 이때 당신은 고통을 피하려는 욕구보다 훨씬 더 강력한 힘을 불러일으키게 된다. 우리는 그 힘을 **전진의 힘**이라고 부른다.

전진의 힘은 이 책에서 소개하는 다섯 가지 초월적 힘 가운데 첫 번째다. '초월적'이라는 표현을 사용하는 이유는 그 힘이 우주의 명령과 창조가 일어나는 공간에 존재하기 때문이다. 우주가 그 힘에 신비로운 능력을 부여한다. 이 힘은 눈에 보이지 않지만 그것이 발휘하는 영향력은 우리 주변의 도처에 존재한다. 전진의 힘의 경우 특히 더 그러하다.

전진의 힘은 생명체 자체가 지닌 힘이기도 하다. 살아 있는 모든 생명체는 모종의 목적의식을 갖고 진화해 나아간다. 미생물이든 특정 종種이든 지구 전체든 말이다. 영국 시인 딜런 토머스Dylan Thomas는 그 힘을 "초록 도화선을 통해 꽃을 피워내는 힘"이라고 노래했다. 수백만 년 넘게 생명체가 계속 존재해왔다는 사실은 전진의 힘이 얼마나 강력한지 보여주는 증거다.

그 힘은 당신의 삶에서도 모습을 드러낸 적이 있다. 삶이 시작될 때 당신은 연약한 아기였다. 하지만 바닥을 기어다니다가 놀랄 만큼 빠른 시간 내에 두 발로 서서 걷는 존재로 변했다. 고통스러운 실패를 수없이 거듭한 뒤에 말이다. 어린아이가 걷는 법을 터득하는 과정을 지켜보라. 아무리 여러 번 넘어져도 곧 다시 벌떡 일어나 걷겠다는 목표를 향해 움직인다. 아이가 지닌 목적의식은 놀랍기만 하다. 아이는 전진의 힘과 연결되어 있는 것이다.

이 힘은 아이가 자라는 데 필요한 기본적인 능력을 계발하게 해준다. 어떤 아이에게나 예외가 없으며 이 힘은 아이 자신이 인식하지 못하는 보편적인 존재로서 작동한다. 그런데 성인이 되면 다르다. 성인은 이 세상에서 자신이 살아가는 목적을 찾아야 한다. 이 목적은 사람마다 다르며 그것을 발견하는 것은 전적으로 각 개인에게 달렸다. 전진의 힘은 개인이 의식적으로 그것을 사용하기로 선택해야만, 그리고 거기에 동반되는 고통을 받아들여야만 개인의 삶에서 작동하기 시작한다.

그러나 사람들 대부분은 그와 반대의 선택을 한다. 즉, 고통을 피하려고 한다. 그 결과 잠재력을 충분히 발휘하지 못하고 진정한 자기 모습도 발견하지 못한다. 비니가 대표적인 예다. 그는 어릴 때부터 청중 앞에서 공연하는 사람이 되고 싶었다. 아버지에게 매 맞는 걸 감수하면서 날마다 아버지의 고객들 앞에서 공연을 했다. 하지만 어른이 된 그는 더 이상 상처받을 수 있는 상황에 놓이고 싶지 않았다. 그래서 결국 자신의 잠재력에 훨씬 못 미치는 제한된 삶을 살게 된 것이다.

나는 상기된 어조로 비니에게 설명했다. "전진의 힘과 연결되면 당신 인생은 멀리 빛을 발산하는 별처럼 변화할 수 있어요. 안전지대에 숨으려고만 하면 인생이 안쪽으로 함몰되는 어두운 블랙홀처럼 될 겁니다."

비니는 그다지 공감하지 않는 표정이었다. "마치 남자랑 한 번도 자본 적이 없는 주일학교 노처녀 선생님이 섹스에 대해 얘기하는 것 같네요. 수많은 멍청이들 앞에서 저 자신을 위태롭게 만드는 일이 어떤 건지, 선생님은 겪어보지 않아서 절대 모릅니다."

비니의 까칠한 태도를 나는 충분히 이해할 수 있었다. 그에게 전진의 힘은 그저 실체 없는 단어이자 막연한 개념일 뿐이었다. 그 힘이 내면으로부터 자신을 변화시키는 것을 '직접 느껴봐야' 믿음을 가질 수 있을 터였다.

내가 보기에 전통적인 심리 치료에서 빠진 요소는 바로 그런 본능적 경험이었다. 기존 치료법은 환자의 생각과 감정을 이끌어낼 수 있었다. 하지만 변화를 위해 필요한 초월적 힘과 환자를 연결하는 직접적 방법은 알려주지 못했다. 필을 처음 만났을 때 나는 그가 그 연결 방법을 안다는 사실을 즉시 깨달았다. 해답은 그가 개발한 툴의 힘에 들어 있었다.

툴은 초월적 힘의 독특한 특성을 활용할 수 있게 고안되었다. 대개 우리는 우리가 통제할 수 있는 힘에 익숙하다. 자동차의 가속 페달을 밟거나, 스위치를 눌러 전등을 켜거나, 수도꼭지를 돌려 뜨거운 물을 틀어서 우리가 원하는 결과를 얻는다. 그런 힘은 우리와 분리되어 존재하며, 우리는 해당 대상의 외부에서 그 힘을 통제한다. 그 힘을 사용할 때 우리가 어떤 상태인가는 중요하지 않다.

그러나 초월적 힘의 경우는 다르다. 초월적 힘은 외부의 통제를 받는 것이 아니다. 초월적 힘을 이용하려면 그것과 하나가 되어야 한다. 당신은 그 힘이 취하는 것과 똑같은 형태를 취해야 하고, 스스로 그것의 축소판이 되어야 한다. 이것은 그저 생각으로 가능한 일이 아니다. 당신의 존재 상태를 변화시켜야 한다.

이것이 바로 툴의 핵심이다. 이 책에 나오는 모든 툴은 당신이 초월적 힘의 작동 원리와 '닮은' 존재가 되도록 해준다. 이로써 초월적 힘과 하나가 되어 그 에너지를 이용할 수 있다. 이 책은 다섯 가지 초월적 힘의 특성을 설명한다. 그리고 각각의 힘과 하나가 되게 해주는 툴을 제시한다. 이 내용을 토대로 꾸준히 연습하면 언제든 마음대로 이 힘을 불러낼 수 있다. 초월적 힘은 당신에게 무엇보다 값진 선물, 즉 미래를 스스로 창조할 수 있는 능력을 건네줄 것이다.

> 툴

욕구 뒤집기

전진의 힘을 가장 먼저 다루는 것은 그 특성이 가장 명백하기 때문이다. 전진의 힘은 목적의식을 갖고 우주를 끊임없이 돌아다닌다. 이 힘을 이용하기 위해서는 당신 역시 끊임없이 앞으로 움직여야 한다. 그래야 그 힘과 같은 형태로 변할 수 있다.

하지만 그것이 쉽지만은 않다. 앞에서도 말했듯 사람들은 전진하는 데 수반되는 고통을 어떻게든 피하고 싶어 한다. 필은 인간이 그런 심각한 결점을 지닌 존재라는 사실 앞에서도 자신의 생각에 전혀 흔들림이 없어 보였다. 그는 누구나 고통에 대한 두려움을 극복할 수 있다고 확신에 찬 어조로 말했다.

나는 어떻게 그렇게 확신하느냐고 물었다. 그러자 필은 **고통을 원하도록** 이끌어주는 툴을 발견했다고 대답했다.

고개가 갸우뚱거려졌다. 그에게 자기학대적 성향이 있는 게 아닌가 하는 생각마저 스쳤다. 그런 내게 필은 다음과 같은 이야기를 들려주었고, 나는 그가 확신하는 이유를 알 수 있었다.

○

열세 살에 고등학교 2학년이었던 나는 비쩍 마른 왜소한 체구였다. 남학교를 다녔는데 거의 전교생이 나보다 키가 컸다. 내가 가장 싫어한 것은 기계 제도 수업이었다. 내가 작성한 제도는 그냥 커다란 얼룩처럼 보였다. 마치 로르샤흐 검사(피험자로 하여금 잉크 얼룩의 무늬를 해석하게 하여 성격과 정서 상태를 분석하는 검사 - 옮긴이)에서 사용하는 얼룩 같았다.

수업 내용보다 더 싫었던 건 내 옆자리에 앉은 남자애였다. 몸이 다부지고 털이 많은 열여덟 살의 그 애는 미식축구 팀의 스타 러닝백(라인 후방에 있다가 공을 받아 달리는 공격 팀 선수 - 옮긴이)이었다. 그 애를 보면 신神과 매우 위험한 동물을 합쳐놓은 존재처럼 느껴졌다. 그런데 다행히 우리 둘은 공통점이 하나 있었다. 반에서 기계 제도를 제일 못하는 두 명이었던 것이다. 이 때문에 우리는 조금씩 친해졌고 그는 내게 마음을 열기 시작했다. 그는 자신에게 가장 중요한 것, 즉 미식축구에 대해 많은 이야기를 했다. 우리 도시 내에서 최고의 미식축구 팀에 속해 있었고 그 지역에서 최고의 러닝백이었다. 무엇 때문인지 그는 자신이 그런 실력자가 되기까지 거쳐온 과정을 내게 들려주고 싶어 했다.

그의 이야기는 몹시 인상적이었다. 40년이 지난 지금도 생생하게 기억이 날 정도다. 그는 자기가 도시 내에서 가장 빨리 달리는 러닝백도 아니고 수비수를 피하는 기술이 가장 뛰어난 것도 아니라고 했다. 그보다 더 힘이 좋은 선수도 많았다. 그럼에도 그는 최고의 러닝백으로 꼽혔고 운동선수 장학금도 여러 차례 받았다. 그는 자신이 최고가 될 수 있었던 이유가 신체적 특성과는 상관이 없다고 말했다. 최고가 된 것은 몸을 부딪히는 것에 대한 그의 태도 때문이었다.

그는 경기가 시작되자마자 공을 받아 가장 가까운 곳에서 태클을 걸려고 하는 상대팀 선수를 향해 돌진했다. 속임수를 쓰거나 경기장 라인을 벗어나 뛰려는 시도는 하지 않았다. 상대방을 향해 곧장 돌진해 일부러 사정없이 몸을 부딪혔다. 아무리 아파도 개의치 않았다. "그렇게 부딪히고 나서 다시 일어나면 기분이 끝내줘. 진짜로 살아 있는 기분이 들지. 그래서 내가 최고가 될 수 있었던 거야. 다른 러닝백들은 마음속에 두려움을 품고 있거든. 눈빛을 보면 알 수 있어." 정말 그랬다. 기꺼이 수비수와 사정없이 충돌하려는 자세가 다른 선수들에겐 없었다.

처음엔 그의 방식이 잘 이해가 가지 않았다. 끊임없는 고통과 위험의 세계 속에 사는 것을 자처하는 것이었으니까. 게다가 그는 그걸 즐겼다. 나는 그런 세계를 가급적 피하며 살았는데 말이다. 그에게 배운 교훈은 좀처럼 내 머릿속에서 잊히지 않았다. 고통을 향해 돌진하면 오히려 엄청난 힘을 갖게 된다는 것. 세월이 흐를수록 나는 그것이 진리임을 깨달았다. 그리고 그것은 비단 스포츠에만 해당하는 이야기가 아니었다.

자신도 모르게 그는 고통을 정복하는 비법을 내게 알려준 셈이다. 또 전진의 힘과 연결될 수 있는 툴을 개발하기 위한 토대도 알려준 것이다.

○

그 미식축구 선수가 탁월한 러닝백이 될 수 있었던 이유는 고통을 피하려는 인간의 보편적인 욕구를 **뒤집었기** 때문이다. 다시 말해 고통을 피하지 않고 '원한' 것이다. 그는 이를 자연스럽게 터득했지만, 대부분의 평범한 사람에게는 불가능한 일처럼 보인다. 하지만 그렇지 않다. 올바른 툴만 활용하면 누구나 고통을 원하도록 자신을 훈련시킬 수 있다.

그 툴을 우리는 **욕구 뒤집기**라고 부른다. 당신이 싫어하는 일이나 피하고 싶은 상황을 떠올려보라. 미식축구 선수처럼 반드시 육체적 고통이 동반되는 상황일 필요는 없다. 오히려 당신이 떠올리는 것은 어떤 감정적 고통과 관련될 가능성이 높다. 미루고 싶은 전화 통화, 압박감을 주는 프로젝트, 해야 하지만 따분하기만 한 과제 등등. 비니는 더 큰 공연의 무대에 올랐을 때 사람들에게 거부당하는 상황을 피하려고 애썼다.

이제 그 상황에서 당신이 느낄 고통을 상상해보라. 그런 다음 그 상황은 마음속에서 지우고 고통 자체에만 집중하라. 그리고 아래의 툴을 실천해보라.

욕구 뒤집기

STEP 1 고통이 당신 앞에 뭉게구름처럼 다가오는 것을 상상하라. 그 구름을 향해 조용히 외쳐라. "자, 덤벼봐!" 고통을 원하는 강렬한 욕구가 당신을 구름 속으로 끌고 들어가는 것을 느껴라.

STEP 2 계속 앞으로 나아가면서 조용히 외쳐라. "나는 고통이 좋아!" 그리고 고통의 한가운데로 들어가 고통과 하나가 되어라.

STEP 3 어느 순간 고통의 구름이 입을 벌려 당신을 뱉어내고 당신 뒤에서 입을 다무는 것이 느껴질 것이다. 그러면 확신을 갖고 마음속으로 말하라. "고통이 나를 놓아준다!" 구름을 뒤로하고 멀어지는 동안 당신은 밝은 빛이 가득한 곳으로 나아가는 것을 느낄 수 있다.

처음 두 단계('자, 덤벼봐!', '나는 고통이 좋아!')에서는 당신의 의지를 발휘해야 한다. 그러나 마지막 단계('고통이 나를 놓아준다!')에서는 당신보다 훨씬 큰 어떤 힘에 이끌리는 것을 느끼게 된다. 그 힘이 바로 전진의 힘이다.

첫 번째 단계에서 고통을 향해 어디 한번 덤벼보라며 도전적으로 맞설 때는 최대한 극단적인 상황을 상상하라. 상상 가능한 최악의 상황을 맞는다면 어떤 기분이 들겠는가? 무대에서 연설하다가 청중의 강렬한 야유를 받는 것, 말다툼 도중 배우자가 당신을 무시하고 나가버리는 것 등등. 최악의 상황을 극복한다면 그보다 덜 나쁜 상황은 더 쉬워진다. 고통이 강렬할수록 그리고 더 적극적으로 거기에 뛰어들수록, 당신은 더 많은 에너지를 만들어낼 수 있다.

이 세 단계를 빨리 진행하되 집중해서 하라. 그리고 한 번 실천하는 데서 그치지 마라. 모든 고통을 에너지로 완전히 전환했다고 느낄 때까지 반복해서 실행하라. 다음 세 문구를 마음속에 각인하라.

1. 자, 덤벼봐.
2. 나는 고통이 좋아.
3. 고통이 나를 놓아준다.

이제 왜 이 툴의 이름이 '욕구 뒤집기'인지 이해가 갈 것이다. 고통을 피하고 싶은 욕구를 뒤집어서 고통을 마주하고 원하려는 욕구로 만드는 것이 포인트다.

고통을 정복하는 방법

이 툴을 꾸준히 사용하면 고통과 관련한 비밀이 하나 드러난다. 바로 고통이 절대적인 것이 아니라는 사실이다. **당신이 고통에 어떻게 반응하는가에 따라 고통을 경험하는 방식이 달라진다.** 고통을 향해 정면으로 다가가면 고통은 움츠러든다. 반면 고통에게서 달아나려고 하면 고통은 더욱 커진다. 고통을 피하려고 하면 그것은 악몽 속의 괴물처럼 당신을 쫓아오게 되어 있다. 당신이 그 괴물과 당당하게 맞서면 괴물은 발길을 돌려 달아난다. 그래서 욕구가 이 툴의 핵심 요소인 것이다. 이 툴은 당신이 고통을 향해 나아가게 한다. 자기학대적이라서 고통을 원하는 것이 아니다. 고통을 원함으로써 그것을 줄어들게 할 수 있다. 그렇게 할 수 있다는 확신을 가져야 고통에 대한 두려움을 정복할 수 있다.

다음의 그림은 이 과정을 보여준다. 앞에 나온 그림과 달리 여기서는 원 안에 있는 사람이 완전히 다른 마음가짐으로 안전지대를 떠난다. 그는 고통을 피하려 애쓰지 않을 뿐 아니라 그것을 '원하고' 있다. 그를 움직이는 것은 고통을 원하는 욕구다. 앞에서도 말했듯이 고통을 향해 돌진하면 그 고통은 움츠러들고 우리를 위협하는 힘이 약해진다. 이제 당신은 고통의 벽을 뚫고 무한한 기회가 존재하는 세계로 들어선다.

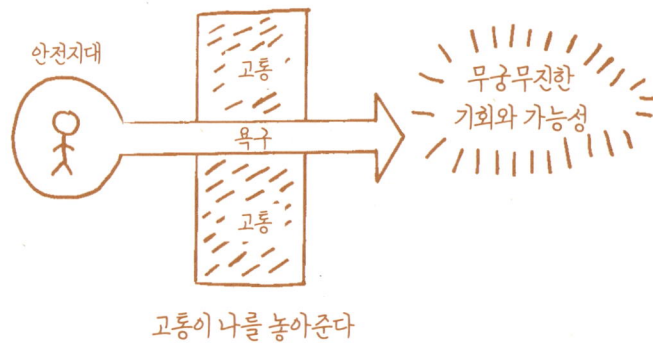

고통이 나를 놓아준다

고통의 한가운데로 들어가는 것이 발휘하는 힘을 내게 처음 가르쳐준 분은 아버지다. 서프보드 없이 맨몸으로 파도를 타는 보디서핑을 배울 때였다. 아버지는 먼저 얼음처럼 차가운 물속으로 들어가는 법을 가르쳤다. 아무 생각도 하지 말고 그냥 한

번에 뛰어들어야 한다고 했다. 아버지와 나는 모래사장을 전속력으로 달려간 뒤 물에 뛰어들어 최대한 깊은 곳까지 헤엄쳐 갔다. 처음엔 아버지의 방식이 의아했다. 하지만 얼마 지나지 않아, 다른 사람들이 바닷물에 들어가는 거리를 조금씩 늘리면서 괴롭게 연습하는 동안 멋지게 보디서핑을 즐기는 우리의 모습을 발견할 수 있었다. 지금 되돌아보면 그것이 고통을 향해 돌진해본 첫 경험인 것 같다.

'욕구 뒤집기'가 필요한 순간

나는 비니에게 욕구 뒤집기를 차근차근 알려주었다. 그리고 어느 시점에 이르자 그 스스로 이 툴을 사용할 수 있으리라는 확신이 들었다. 비니가 말했다. "기분이 좋아지고 의욕이 생기는 것 같아요. 운동하고 난 뒤처럼요. 그런데 언제 이 툴을 사용하면 될까요?"

좋은 질문이었다. 앞으로 소개할 다른 툴들에서도 이 질문을 던져야 한다. 툴을 배우는 일 못지않게 중요한 것은 언제 사용할지 아는 것이다. 툴을 알고 있으면 언젠가는 자연히 쓰겠지 하고 생각하면 안 된다. 툴을 반드시 활용해야 하는 순간들이 있으며 그 순간을 알아채기는 어렵지 않다. 우리는 그 순간을 큐cue라고 부른다. 배우에게 연기하라는 신호를 보내는 큐 사인처럼 말이다. 큐가 감지될 때마다 즉시 툴을 사용하라.

첫 번째 큐는 비교적 알아채기 쉽다. 하기 싫거나 피하고 싶은 일을 앞두고 있는 순간이 첫 번째 큐다. 통화하기 겁나는 누군가에게 전화를 걸어야 한다고, 또는 꼭 해야 하는 일이 있는데 하기가 싫다고 치자. 그 행동을 하면 당신이 느낄 괴로움이나 고통에 집중해보라. 그 고통에 대하여 욕구 뒤집기를 사용하라(필요하다면 여러 번 반복하라). 고통을 에너지로 전환했다고 느낄 때까지 말이다. 도중에 멈춰서 생각하려 들지 말고, 하기 싫었던 그 행동에 이를 때까지 툴을 실행하라.

두 번째 큐는 첫 번째 것만큼 알아보기 쉽지는 않다. 우리 머릿속에 나타나는 큐이기 때문이다. 대부분의 사람은 다음과 같은 나쁜 습관이 있다. 하기 싫은 일이 있을 때 실제로 하지는 않고 계속 생각만 하는 것이다. '내가 그걸 왜 꼭 해야 하지? 지금은 못 하겠어. 그냥 다음 주에 하지 뭐'라고 말이다. 생각은 당신을 행동하게 하지 못한다. 오히려 그 행동을 더욱 미루고 피하게 만들 때가 많다. 그 행동에 동반되는 고통을 극복하려면 욕구 뒤집기 툴을 사용해야 한다. 두 번째 큐를 정리해보면 이렇다. 싫은 일에 대해 생각하는 자신을 발견하는 순간 그 생각을 멈추고 욕구 뒤집기를 실행하라. 이 큐는 툴을 '지금 당장' 사용하게 이끈다. 앞으로 움직이기 위해 필요한 힘은 오직 현재 시점에만 만들 수 있다. 이 두 번째 큐를 통해 툴을 이용할 때마다 당신은 보이지 않는 계좌에 저축을 하게 된다. 이때 계좌에 쌓이는 것은 돈이 아니라 에너지다. 툴을 반복해 실천하면 결국 행동에 필요한 에너지가 충분히 쌓인다.

비니에게 이를 직접 시험해볼 기회가 찾아왔다. 비니의 삶을 재정비하는 데 필요한 것 중 하나는 그가 바람맞힌 클럽 사장에게 전화를 거는 일이었다. 비니로서는 클럽 사장에게 무대에 설 기회를 부탁하는 것만 해도 몹시 하기 싫은 일인데, 이제는 지난번 일에 대한 용서까지 구해야 하는 처지였다. 비니는 늘 '안 돼, 절대 못 하겠어'라고 생각했고, 바로 그 순간이 욕구 뒤집기를 사용하라는 큐였다. 비니는 2주 동안 그런 생각이 들 때마다 욕구 뒤집기를 실행했고, 결국 클럽 사장에게 전화를 걸었다. 스스로도 놀란 변화였다. 비니는 클럽 직원에게 사장 앞으로 메모를 남겼지만 사장은 닷새가 지나도록 회신을 주지 않았다. 그사이 비니는 부정적인 생각이 들 때마다 계속해서 툴을 사용했다.

그러다 마침내 클럽 사장에게 전화가 왔다. 그는 목소리를 높이며 비니를 호되게 꾸짖었다. 비니는 "내 평생 가장 긴 5분이었다"고 내게 말했다. 그런데 비니와 통화하는 도중 사장에게 다른 전화가 걸려 와서, 비니는 수화기를 든 채 "빌어먹을 5분을 더" 기다려야 했다. 비니는 사장에게 더 심한 폭언을 듣는 극단적인 상황까지 예상하면서 마음속으로 욕구 뒤집기를 실행했다. 그런데 알고 보니 다른 곳에서 걸려온 그 전화는 그날 밤 무대에 서기로 했던 코미디언이 공연을 취소하겠다는 내용이었다. 클럽 사장은 비니에게 그 사람 대신 공연을 해달라고 제안했다. 예상치 못한 상황에 비니는 머리라도 한 대 얻어맞은 듯 멍했다. 그의 표현을 빌리자면 "뜻밖의 횡재"였던 것이다.

고통에서 에너지로

사실 그것은 횡재도 행운도 아니었다. 나는 비니 같은 경험을 하는 환자를 숱하게 목격했다. 환자가 스스로 나아가려고 진정으로 노력을 기울이면, 마치 마법이라도 일어난 듯 그를 도와줄 적절한 사람과 놀라운 기회가 눈앞에 나타나곤 했다.

나 역시 그것을 경험했다. 툴에 대해 알기 한참 전에 말이다. 사회적 지위와 높은 연봉이 보장되는 변호사라는 직업은 내게 화려하지만 자유는 없는 황금 우리 같았다. 그것 자체가 일종의 안전지대였다. 나는 삶을 전진시키기 위해 그 일을 그만두었다. 그리고 심리 치료 전문가가 되기로 마음먹었다. 하지만 관련 자격증을 따기 위해서는 4년이라는 시간이 필요했다. 그동안 생활비는 어떻게 번단 말인가? 나는 별반 큰 기대는 하지 않은 채, 아르바이트 자리라도 얻으려고 변호사 수십 명에게 이력서를 보냈다. 대부분 돌아오는 대답은 거절이었다. 그런데 포기해야겠다는 생각이 들기 시작할 무렵 한 변호사에게 전화가 왔다. 나와 같은 로스쿨을 졸업한 사람이었다. 고맙게도 그는 내가 원하는 시간만큼 아르바이트를 하게 해주었다. 게다가 그 변호사 덕분에 이혼법에 관해서도 배울 수 있었다. 그것은 심리 치료를 공부하는 과정에 필요한 지식이었다. 그의 도움이 없었다면 심리 치료사로 직업을 바꾸지 못했을지도 모른다.

상담을 시작한 초기부터 나는 내가 배운 것 중에 뭔가가 빠져 있다고 느꼈다. 환자를 진정으로 돕지 못한다는 기분이 자주 들었다. 그래서 빠진 부분을 가르쳐줄 누군가를 계속 찾아 헤맸다. 아무리 애써도 찾을 수가 없어서 종종 낙담했지만 그래도 포기하지 않고 계속 찾았다. 그러다 결국 필의 세미나에 참석하는 기회를 만났다. 분명히 내게는 그를 만난 일이 행운으로 느껴졌다. 필은 내 질문에 흔쾌히 대답해주었다. 내가 귀찮을 만큼 질문을 쏟아냈지만, 그리고 때로는 그의 대답에 의심을 품었지만, 다른 사람들과 달리 필은 기분 나빠 하지도 않고 나를 피하지도 않았다. 필과 이야기를 나누고 있노라면 백과사전과 마주앉아 대화하는 기분이었다. 내가 지금껏 궁금했던 질문들의 답이 모두 들어 있는 백과사전 말이다.

이렇게 나에게 찾아온 만남과 기회가 행운이 아니라면 과연 무엇일까? 스코틀랜드 탐험가 머리W. H. Murray는 그 답을 이런 식으로 말했다. "인간이 무언가에 온전히 헌신하면 신의 섭리도 함께 움직이기 시작한다. (……) 전에는 꿈조차 꾸지 못했던 뜻밖의 사건과 만남과 물질적 지원이 일어나 그를 돕는다."

'신의 섭리'는 다소 고풍스러운 표현이지만 그보다 적절한 말은 없다. 이 말에는 우리보다 커다란 어떤 존재로부터 오는 조력과 지원이라는 의미가 내포되어 있다. 머리가 한 말은, 당신이 앞으로 나아가려 노력하는 순간 우주의 커다란 움직임과 조화를 이루게 된다는 뜻이다. 이로써 당신은 우주가 제공하는 무수히 많은 기회를 이용할 수 있다. 이와 같은 예상치 못한 지원은 초월적 힘이 주는 많은 이로움 중 하나다. 그리고 앞에서도 말했듯이 초월적 힘은 외부에서 통제할 수 있는 대상이 아니다. 그것이 주는 에너지를 활용하려면 당신이 그 힘과 비슷해져야 한다.

그런데 이 말은 지나치게 단순화해 생각하기 쉽다. 내 환자 한 명은 주말까지 반납하고 며칠씩 잠도 줄여가며 상사에게 제출할 창의적인 기획서를 작성했다. 그리고 용기를 내서 상사에게 내밀었다. 하지만 상사는 형편없다면서 단번에 퇴짜를 놓았다. 그는 볼멘 목소리로 내게 말했다. "내가 앞으로 나아가려 애쓰면 우주가 나를 도와줄 거라고 하셨잖아요."

이 환자의 말은 우리 현대인이 대개 영적 힘에 대해 잘못 이해하고 있음을 여실히 보여준다. 사람들은 영적 힘을 마음대로 통제할 수 있길 원한다. 물론 전진하려고 애쓰는 것은 초월적 힘과 연결되는 강력한 방법이다. 그러나 초월적 힘은 궁극적으로 신비로운 것이다. 그것은 우리가 즉각 이해하기 힘든 방식으로 작동할 때가 많다. 조련사가 물개를 훈련하면서 보상을 해주듯 당신이 전진하려고 노력할 때마다 우주가 당신에게 보상을 해주는 것은 아니다. 사실 매번 보상받으리라고 단순하게 믿는 것 자체가 또 다른 안전지대라고 할 수 있다.

환자들 중에는 초월적 힘과 교감하는 법을 배워가는 동안 갑자기 나쁜 일이 일어나면 분노하는 이들도 많다. 마치 초월적 힘과 연결되면 마법의 보호막이라도 생겨서 불행과 역경은 절대 만나지 않아야 마땅하다는 듯이 말이다.

이런 반응을 보이는 것은 영적으로 미성숙하다는 의미다. 영적으로 성숙한 인간은 우리 자신이 세우는 목표와 우주가 우리를 위해 세워둔 목표가 근본적으로 다르다는 사실을 이해하고 받아들인다. 대개 우리는 자신을 둘러싼 바깥세상에서 성공하고 싶어 한다. 사업에 성공한다든지, 인생의 훌륭한 반려자를 찾는다든지 하는 것 말이다. 하지만 우주는 우리의 외부적 성공에는 별로 관심이 없다. 우주의 목표는 우리의 '내면의 힘'을 키우는 것이다. 우리는 세상에서 무엇을 성취할지 골몰하지만, **우주는 우리의 내면 모습이 어떠한가에 집중한다.**

그렇다면 우리가 앞으로 나아가려 노력해도 때때로 역경과 불행을 겪는 이유를 알 수 있다. 역경은 우주가 우리의 내면의 힘을 키우는 유일한 방법이다. 몸의 근육을 키우고 싶으면 무거운 바벨이나 아령을 들어 올려야 한다. 이와 비슷하게 역경은 내면의 힘을 키우기 위한 바벨인 것이다.

나는 역경에 맞서 싸우면서 놀라운 용기와 의연함을 발휘하는 사람을 수없이 목격했다. 한 여성 환자의 이야기를 소개하겠다. 그녀 집안의 모든 재정 문제는 남편이 도맡아 관리했는데, 어느 날 갑자기 남편이 세상을 떠났다. 이제 그녀가 그 일을 처리해야 했다. 아주 기초적인 회계 지식부터 익혀야 했으므로 대단히 버거운 일이었다. 하지만 남편이 죽고 1년도 지나지 않아 그녀는 회계 지식을 탄탄히 쌓고 사업을 시작해 성공적으로 꾸려갔을 뿐만 아니라 대인관계에서 소극적이던 성격도 크게 바뀌었다. 이런 종류의 변화는 아이들에게서도 목격됐다. 친구한 명하고만 어울리는 10대 소녀가 있었다. 그 친구는 또래들 사이에서 대장 행세를 하며 권력을 즐기는 유형이었는데, 어느 날 느닷없이 "네 친구인 척하는 게 지겨워졌어"라는 문자를 보내며 절교를 선언했다. 소녀의 어머니는 딸이 너무 큰 충격을 받아서 회복하지 못할까 봐 걱정이 이만저만이 아니었다. 하지만 놀랍게도 소녀는 곧 다른 친구들과 어울리며 친해졌다. 오히려 친구들과 더 깊은 우정을 나눴고 자존감도 높아졌다.

당신에게는 숨겨진 내면의 힘이 있다. 그러나 역경을 뚫고 지나가지 않으면 그 힘을 발견할 수 없다. 19세기의 위대한 철학자 프리드리히 니체Friedrich Nietzsche는 이런 유명한 말을 남겼다. "나를 죽이지 못하는 고통은 나를 더 강하게 만든다." 역경이 긍정적 가치를 지닌다는 니체의 생각은 참신한 것이었다.

하지만 비니에게 니체의 말을 들려주자 그는 시큰둥하게 응수했다. "저기요, 하버드 출신 선생님, 제가 보기처럼 그렇게 멍청하진 않습니다. 저도 니체가 누군지는 좀 압니다. 니체가 한 말은 꽤 그럴듯합니다만, 그 사람은 인디아나 존스처럼 험한 풍파를 겪으며 살지는 않았잖아요." 일리 있는 지적이었다. 사실 니체는 은둔자였으니까.

비니가 그런 말을 하는 것도 당연했다. 철학자들이 자신의 사상을 현실 삶에 실제로 적용할 방법을 탐구하는 일은 드물다. 집 지하실이 물에 잠기거나 배우자가 우리를 버리고 떠났을 때 우리는 니체의 책을 들춰보지 않는다. 그런 일이 닥쳤을 때 우리는 보통 이렇게 외친다. "나한테 이런 일이 일어나다니, 말도 안 돼!'

물론 반사적으로 이런 반응이 나오는 건 자연스럽지만 사실은 어리석은 일이다. '이미 일어난 일인데 받아들이길 거부하고 있기' 때문이다. 그보다 더 어리석은 시간 낭비는 없다. 불평히면 할수록 당신은 괴로움에 빠져 옴짝달싹 못하게 된다. 이처럼 괴로움 속에서 허우적대도록 자신을 방치하는 사람은 흔히 피해의식을 가진다. 피해의식을 가진 사람은 자신이 우주가 돌아가는 방식을 잘 안다고 생각한다. 자신은 '충분한 자격'이 있음에도 우주가 자신을 그에 걸맞게 대우하지 않았으므로 우주와 이 세상이 자기편이 아니라고 결론 내린다. 따라서 이것은 포기하고 자신만의 안전지대로 되돌아갈 충분한 이유가 된다. 그런 사람은 발전할 수도, 내면이 강해질 수도 없다.

니체의 말은 고통 자체가 우리를 더 강하게 만든다는 얘기처럼 들린다. 하지만 그렇지 않다. 내면의 힘은 역경에도 불구하고 꿋꿋이 **앞으로 나아가는** 사람만 키울 수 있다. 피해의식이 가득한 사람은 그럴 수가 없다. 그는 '애초에 이런 일이 일어나지 말았어야 해'라고 한탄하느라 에너지를 낭비한다. 이미 일어난 일을 받아들여야 에너지를 되찾을 수 있다. 받아들이기가 아무리 괴롭더라도 말이다. 그런데 **역경과 고통을 받아들이는 일에는 노력이 필요하다.**

이때 욕구 뒤집기가 필요하다. 이 툴은 '이런 일이 생기면 안 돼'라는 생각을 지우고 '이미 일이 일어난 상태'를 받아들이게 해준다. 이는 툴을 이용해 미래에 느낄 고통에 대비하는 경우와는 약간 다르다. 툴의 사용 방법은 동일하지만, 여기서 다루는 것은 과거에 일어난 일이 주는 고통이다(불과 몇 분 전 과거도 해당한다). 당신은 이미 일어난 일을 기꺼이 받아들이도록 자신을 훈련하는 것이다.

    괴롭고 힘든 일을 겪을 때마다 욕구 뒤집기 툴을 사용하면 그것을 극복하는 속도도 빨라진다. 역경에 부딪힐 때마다 자신을 피해자라고 여기던 사람도 그런 피해의식에서 벗어날 수 있다. 욕구 뒤집기를 활용하면 니체의 말이 사실이 된다. 일상에서 겪는 작은 어려움과 스트레스에는 당연히 적용된다. 교통체증으로 도로 한가운데 갇혔다든지, 중요한 순간에 복사기가 고장 났다든지 하는 경우 말이다. 이런 상황에서 툴을 활용하면 생각보다 빨리 극복할 수 있다. 좌절을 끌어안는 당신의 포용력이 커질 것이다. 그런데 정말로 극단적인 고통이나 불행 앞에서는 어떨까? 평생 힘들여 모은 돈을 몽땅 날린다거나, 자녀를 먼저 하늘나라로 떠나보내는 일 같은 것 말이다. 삶을 송두리째 흔들어놓는 그런 사건을 받아들이는 것이 가능할까?

    이 질문의 답을 보여줄 인물을 한 명 소개하겠다. 오스트리아의 유명한 신경정신과 의사 빅터 프랭클Viktor Frankl이다. 그의 말이 진정성과 권위를 갖는 것은 자격증이나 학위 때문이 아니라 상상하기 힘든 극단적 상황을 온몸으로 경험했기 때문이다. 그는 제2차 세계대전 당시 나치의 강제수용소에 끌려가 수년을 보냈다. 수용소에서 부모와 형제, 아내가 모두 목숨을 잃었다. 하지만 그는 포기하지 않고 수용소 내에서 의사로서 다른 이들을 도왔다. 자신과 마찬가지로 모든 것을 잃고 살아갈 이유마저 상실한 다른 유대인들이 삶의 끈을 놓지 않게 도우려 애썼다. 그리고 그 끔찍한 고통의 시간을 이겨낸 과정을 『죽음의 수용소에서 Man's Search for Meaning』라는 책으로 출간했다.

그는 놀라운 결론을 내렸다. 제대로 잠도 못 자고 고통스런 굶주림에 시달리며 끊임없이 죽음의 위협에 직면할 때도, 형용할 수 없을 만큼 끔찍한 상황에서도 내면의 강인한 힘을 키울 수 있는 기회는 존재한다고 말이다. 이 내면의 힘은 나치가 유대인에게서 '빼앗을 수 없는' 유일한 것이었다. 강제수용소에서 나치는 모든 것을 통제했다. 수용자의 소지품, 그의 가족들의 목숨, 그리고 수용자의 목숨까지도. 하지만 내면의 강인함을 갈고닦으려는 의지는 빼앗을 수 없었다.

수용소의 삶은 말할 수 없이 처참했다. 하지만 프랭클은 이렇게 말했다. "그럼에도 수용소 삶은 기회와 도전을 안겨준다. 그곳 생활에서 내면의 승리를 거두는 주인공이 될 수도 있고, 아니면 도전과 기회를 무시한 채 그저 목숨만 연명할 수도 있다. (……) 수용소 생활은 인간에게 자신을 뛰어넘어 영적으로 성장할 수 있는 기회를 주는, 대단히 극단적인 상황이었다." 때때로 이처럼 내면에 영적 강인함을 품은 이들은 허약한 신체조건을 지니고도 훨씬 건강한 사람보다 수용소 생활을 더 잘 이겨냈다.

프랭클은 앞에서 언급한 내용의 진실성을 다시금 확인시켜준다. 우리가 세상을 살아가며 세우는 목표와 삶이 우리를 위해 준비한 목표는 다르다는 사실 말이다. 이 둘이 일치하지 않고 충돌하는 경우, 후자가 이기게 되어 있다. 프랭클은 말했다. "우리가 삶에서 무엇을 기대하는가는 별로 중요하지 않다. 그보다는 삶이 우리에게 무엇을 기대하는가가 더 중요하다." 당신은 삶이 당신에게 원하는 바가 무엇인지 깨달아야 한다. 설령 그것이 현재의 고통을 의연하게 감내하는 것, 타인을 위해 자신을 희생하는 것, 또는 절망에 굴복하지 않고 하루만 더 버티는 것, 고난과 꿋꿋이 맞서는 것이라 할지라도 말이다.

그 과정에서 우리는 모든 시선과 의식을 외부로만 향하려 하는 현대인에게 가장 부족한 것, 즉 '내면의 위대함'을 계발할 수 있다. 흔히 '위대함'이라고 하면 나폴레옹이나 토머스 에디슨처럼 세상에서 높은 권력이나 명성을 얻은 인물을 떠올린다. 각자 처한 삶의 위치와 상관없이 누구나 키울 수 있는 '내면의 위대함'에는 거의 주의를 기울이지 않는다. 그러나 삶을 의미 있게 만드는 것은 바로 내면의 위대함이다. 그것이 없으면 이 사회도 의미 없는 껍데기에 불과해진다.

외부적인 성공을 칭송하는 사회 분위기는 개인의 목표 달성에만 이기적으로 몰두하는 문화를 양산한다. 그러나 내면의 위대함은 삶이 당신의 목표 달성을 가로막을 때, 당신에게 역경을 가져다줄 때만 기를 수 있다. 그럴 때 당신은 당신의 계획과 삶이 당신을 위해 계획해둔 것을 조화시키려는 힘겨운 분투를 할 수밖에 없다. 결국 당신은 이기적 자아를 접고 자신보다 더 고귀하고 중요한 무언가에 헌신하게 된다. 프랭클의 책은 이와 같은 과정을 가장 극단적인 상황에서 경험하고 승리를 거둔 이야기를 담고 있다. 그가 진정 위대한 이유는 훗날 유명한 정신과 의사로 성공을 거뒀기 때문이 아니라 강제수용소라는 가장 처참한 공간에서 삶의 의미를 찾아냈기 때문이다.

두려움과 용기

욕구 뒤집기가 당신에게 가져다줄 것이 하나 더 남았다. 어쩌면 이게 가장 중요할지도 모른다. 그것은 바로 용기다. 나는 기존의 심리 치료 모델에서 용기의 중요성에 주목하지 않는 것이 늘 의아했다. 내가 만난 환자들은 하나같이 용기를 간절히 원했기 때문이다. 하지만 보통 사람과 마찬가지로 심리 치료사들 역시 용기를 일종의 신화적인 힘, 그러니까 평범한 인간의 두려움을 초월한 영웅들이나 갖는 힘으로 여겼다. 용기를 인간 심리학에서 다룰 적절한 주제로 보지 않았다는 얘기다.

그런 영웅은 영화 속에만 존재한다. 그리고 진정한 용기는 평범한 사람들에게서 나온다. 우리 누구나 두려움을 느끼지만 용기를 발휘하는 일은 얼마든지 가능하다. 때때로 사람들이 용감하게 행동하는 모습은 신비로운 수수께끼처럼 보이기도 한다. 심지어 자신도 어떻게 그런 힘을 발휘했는지 알지 못한다.

필은 용기를 어떤 신화적인 힘이나 수수께끼로 바라보지 않았다. 그는 용기를 현실적인 방식으로 정의하면서 누구나 가질 수 있는 힘이라고 강조했다. '용기란 두려움에 직면하여 행동할 줄 아는 능력'이다. 대부분의 사람이 그러기 힘든 이유는 두려움을 경험하는 방식 때문이다. 대개 두려움은 미래에 일어날 나쁜 일이나 끔찍한 결과에 대한 이미지와 연결되어 있다. '용감하게 소신을 말하면 해고당할 거야.' '사업을 시작하면 결국 망할 거야.' 그런 미래 결과에 대한 이미지에 집중할수록 우리는 더욱 움츠러든다. 우려하는 상황이 일어나지 않으리라는 확신이 들기 전까지는 행동할 수가 없다. 그러나 그런 종류의 확신은 불가능한 것이다.

내 말을 받아들이기 힘들지도 모른다. 우리 사회는 미래를 확신할 수 있다는 거짓말을 토대로 돌아가고 있기 때문이다. 좋은 학교에 들어가라, 올바른 음식을 먹어라, 좋은 주식을 사라, 그러면 당신의 미래는 보장된다……. 이런 식의 확신 말이다. 진정한 용기를 발휘하려면, 미래의 확실성에 대한 이런 환상을 버려야 한다. 대신 현재에 집중해야 한다. 현재야말로 행동할 수 있는 용기를 발견할 유일한 공간이기 때문이다. 나는 필을 만나기 전에도 "현재에 집중하라"라는 말을 책에서 수없이 읽었지만 늘 뉴에이지 사상의 상투적 문구라고만 생각했다. 현재의 힘을 이용할 수 있는 구체적이고 단계적인 방법을 필에게 배우고 나서야 그 말의 의미가 새롭게 다가왔다.

가장 먼저 할 일은 미래의 끔찍한 결과에 대한 그림을 머릿속에서 지운 채 두려움을 경험하는 법을 익히는 것이다. 현재 그 두려움이 당신에게 어떤 느낌을 주는지에만 온전히 집중하라. 미래의 그 상황과 두려움을 분리한 뒤, 이제 욕구 뒤집기를 이용해 두려움을 극복하면 된다.

이때도 앞에서 설명한 것과 방식은 똑같다. '고통' 대신에 '두려움'이라는 말로 대체하면 될 뿐이다. 또는 두려움도 고통의 일종이라는 사실을 기억하면 된다. 어느 쪽이든 상관없다. 욕구 뒤집기로 생겨난 에너지가 당신이 행동하도록 이끌 것이다. 반복해서 실천하다 보면 당신이 두려워하던 상황이나 대상이 더는 중요하지 않음을 깨닫게 된다. 이 방법은 어떤 종류의 두려움에든 적용할 수 있다.

두려움을 '원한다'는 것이 얼핏 말이 안 되는 것처럼 느껴지는가? 하지만 당신은 끔찍한 결과를 원하는 것이 아니라 그것이 유발하는 두려움이라는 감정을 원하는 것임을 기억하라. 역설적이지만 두려움을 원해야만 두려움을 마주하고 뚫고 나아가 행동을 취할 수 있다. 그것이 곧 용기다.

그런데 용기를 저장해둘 수는 없다. 두려운 미래 상황의 이미지가 떠오르는 순간 두려움은 금세 다시 차오르기 마련이고, 당신을 현재에 집중하지 못하게 만든다. 진정으로 용기 있는 삶을 원한다면 두려움이 느껴질 때마다 욕구 뒤집기를 실행하라. 미래의 이미지는 머릿속에서 지운 채 마치 반사적 반응처럼 이 툴을 이용하면 당신은 그 어느 때보다 용감하게 행동하는 자신을 발견할 것이다.

필은 이것을 '현재로 되돌아오는 과정'이라고 표현했다. 현재에 집중하는 것은 수동적인 태도가 아니다. 오히려 노력이 필요한 '적극적인' 과정이다. 최종 목표는 두려움을 편안하게 받아들이고 행동할 수 있게 되는 것이다. 두려움 자체를 못 느끼는 초인적인 용맹함을 원한다면 그것은 영화에서 보는 것으로 만족하라.

당신이 떠올릴 질문들

Q1 피하고 싶은 일을 해야 할 때와 그런 일을 생각할 때마다, 그리고 나쁜 일이 일어났을 때마다 욕구 뒤집기를 사용하라는 말이군요. 다른 할 일도 많아 바빠 죽겠는데 어떻게 이 툴까지 매번 실천할 수 있을까요?

....

이 책에서 소개하는 툴들은 모두 많은 노력이 필요합니다. 어느 시점에 당신은 실천하기가 너무 힘겹다고 느낄지도 모릅니다. 사실 우리도 가끔은 힘듭니다.

요즘 사람들은 적은 노력으로 많은 결과물을 얻고 싶어 합니다. 이와 관련해서는 6장에서 다룰 겁니다. 일단 지금은 이것만 강조해두죠. 툴에는 역설적 특징이 있습니다. 처음 사용할 때는 에너지가 필요하지만 장기적으로는 툴이 당신의 에너지를 '높여준다는' 겁니다. 이미 바쁜 삶에서 뭔가를 더 하라고 요구하는 것 같아 부담스러울지 모르지만, 우리가 툴을 권장하는 이유는 그것의 명확한 결과를 알기 때문입니다. 즉, 툴을 사용하면 삶이 더 쉬워집니다.

욕구 뒤집기를 사용하지 않으면 당신은 안전지대에 갇혀 살아갈 겁니다. 그 안에서 사용할 수 있는 에너지는 매우 제한적이죠. 처음엔 툴을 실천하는 게 힘들게 느껴지더라도, 안전지대를 박차고 나오면 열 배가 넘는 보상이 돌아올 것입니다. 게다가 툴을 실천하는 데에는 3초 정도밖에 안 걸립니다. 하루에 20번 사용한다 해도 1분만 투자하면 되는 거죠. 나중에 얻을 놀라운 결과를 감안하면 절대 아까운 투자가 아닙니다.

Q2 이 책의 설명대로 욕구 뒤집기를 실천했지만 아무것도 달라지지 않는 것 같아요.

....

툴의 사용법을 익히는 것은 다른 기술을 익힐 때와 비슷합니다. 완벽히 숙지하려면 시간이 걸리죠. 태어나서 처음 바이올린을 쥐어보고 자유자재로 연주하는 사람은 없겠지요? 툴도 마찬가지입니다.

흔히 사람들은 결과물을 즉시 얻고 싶어 합니다. 당장 결과가 나오지 않으면 쉽게 그만두지요. 포기하고 싶은 바로 그때 포기하지 '않는' 것이 대단히 중요합니다. 사실 가장 강한 회의감이 드는 순간에 욕구 뒤집기를 실천하도록 훈련해야 합니다. 이 툴이 효과를 낸다는 것을 입증하기 위해서가 아니라 올바른 태도를 기르기 위해서 말입니다. "즉시 결과를 얻지 못하면 이 툴을 더욱더 열심히 사용할 거야"라는 태도가 필요합니다. 이렇게 굳게 결심하면 툴을 더 적극적으로 실천하는 데 도움이 됩니다. 하지만 만일 그래도 효과가 없다면 당신은 할 만큼 한 것이므로 툴 사용을 멈춰도 됩니다.

Q3 욕구 뒤집기 때문에 오히려 나한테 나쁜 일이 생기는 건 아닐까요?

....

이것은 이 툴과 관련해 가장 흔히 나타나는 의심입니다. 하지만 잘못된 걱정임을 납득시키기는 대단히 쉽습니다. 생각해보십시오. 욕구 뒤집기를 이용해 고통에 맞서는 사람과 인생을 완전히 바꿔놓을 수도 있는 중요한 약속에 나가지 않는 사람, 둘 중 누구에게 나쁜 일이 생길까요?

그런데도 사람들은 "부정적인 상황을 원하면 '실제로' 그 상황이 벌어질지 몰라" 하고 두려워합니다. 우리는 이걸 '남부 캘리포니아식 저항감'이라고 부릅니다. 그 지역에 흔한 뉴에이지 신비주의에 그 기원을 두기 때문입니다.

이런 저항감과 회의는 툴에 대한 오해에서 비롯됩니다. 욕구 뒤집기 툴은 특정한 상황과 연관된 '고통'을 원하라고 말합니다. 그 상황 자체가 아니라요. 그래서 '해당 상황은 마음속에서 지우고 고통에 집중하라'라고 하는 겁니다. 이렇게 하는 것은 당신을 자유롭게 하기 위해서입니다. 미래에 영향을 미치는 열쇠는 용기 있게 행동하는 것입니다.

생각으로 직접 미래를 통제할 수 있다고 믿으면 편할지도 모릅니다. 하지만 우리의 경험에 따르면, 그렇다고 굳게 믿는 환자들은 대개 행동을 하지 않으려 합니다.

Q4 지금까지 살면서 너무나 많은 고통을 겪었습니다. 언제쯤 제 삶에서 고통이 사라질까요?

....

충분한 고통을 겪었으니 이제 벗어나고 싶다고 느끼는 것은 인간의 자연스러운 본능입니다. 하지만 우리 인생은 그렇게 돌아가지 않습니다. 당신의 미래에는 많은 좋은 일이, 기쁨과 성취감이 기다리고 있을지 모릅니다. **하지만 틀림없이 당신은 앞으로 살면서 또 다른 고통도 만나게 될 겁니다.** 이 진실을 받아들인다면, 고통을 사라지게 만드는 것이 아니라 그것을 극복할 힘을 키우는 것이 당신의 목표여야 합니다. 그래서 욕구 뒤집기가 필요한 겁니다.

이 툴을 활용하면 고통을 훨씬 더 긍정적인 시각으로 바라보게 됩니다. 고통은 당신이 끊임없이 배워야 한다는 우주의 메시지입니다. 더 많은 고통을 이겨낼수록 더 많은 걸 배우게 되지요. 이번 장에서는 역경에 맞서 '전진하는' 방법을 설명했습니다. 모든 괴로운 경험은 그 방법을 체득하기 위한 과정의 일부입니다. 이것을 받아들여야 내면의 숨은 잠재력을 발휘할 수 있습니다. 이런 관점으로 삶을 바라보면 당신은 고통이 사라지기를 원치 않게 됩니다. 그건 값진 것을 배울 기회가 사라지기를 바라는 것과 똑같으니까요.

Q5 고통을 '원한다'는 것은 자기학대적이지 않나요?

그건 고통의 종류에 따라 다릅니다. 고통에는 두 종류가 있습니다. 삶에 필요한 고통과 불필요한 고통이지요. 목표를 달성하기 위해 반드시 겪어야 하는 고통은 삶에 필요한 고통입니다. 세일즈맨이라면 고객에게 거절당하는 것이 그런 고통입니다. 불필요한 고통은 우리의 발전에 기여하지 않습니다. 사실 우리를 가로막을 뿐이지요. 그런 종류의 고통이 자기학대적인 고통입니다. 자기학대를 즐기는 사람은 자신의 통제에 따라 스스로에게 고통을 가합니다. 그것도 반복적으로 말입니다. 자신에게 익숙한 고통을 선택해 즐기면서 사실상 자신을 안전지대에 가두는 셈입니다.

Q6 내가 왜 이 툴을 사용해야 하죠? 나는 어떤 고통이나 두려움도 없는데요.

....

정색을 하고 이렇게 말하는 환자들이 있습니다. 때로 그들은 거짓말을 합니다. 상처를 입었거나 두렵다고 인정하면 나약해 보인다고 생각하는 거죠. 그런 감정을 부인하기보다는 인정하고 극복하는 사람이 더 강인한 것이라고 그들을 설득하려면 대개 시간이 좀 걸립니다.

그런데 거짓말을 하는 게 아니라 진짜로 고통이나 두려움을 느끼지 못하는 경우도 있습니다. 안타깝게도 이들은 안전지대에 너무 깊이 파묻혀 있는 것입니다. 그래서 안전지대 밖에 있는 드넓은 기회의 세계와 차단되지요. 사실 이런 사람은 다른 이들보다 '훨씬 더' 두려움이 강합니다. 다만 '내 삶은 이 정도면 돼. 더 바라는 건 없어'라고 말하며 두려움을 해결하고 자신을 위로하는 겁니다.

우리는 이런 사람을 보면 새로운 목표를 발견하게 이끌어 주려 애씁니다. 때로는 그 과정이 이를 뽑는 것처럼 고통스럽지만 누구나 자신이 원하는 목표를 찾아낼 수 있습니다. 우리는 그 목표를 이루기 위해 거쳐야 하는 구체적 단계들을 생각해보라고 합니다. 그러면 그들은 어김없이 어떤 특정한 단계에서 겁을 먹고 위축됩니다. 따라서 자신이 고통을 피하려 한다는 사실을 인정할 수밖에 없습니다. 이처럼 인정은 진정한 삶으로 돌아오기 위한 출발점입니다.

Q7 내가 아는 어떤 사람은 항상 앞을 향해 달리며 분주하게 삽니다. 하지만 나는 그렇게 살고 싶지 않습니다. 결코 삶의 여유를 즐기지 못할 테니까요.

그런 과다한 활동은 우리가 말하는 '전진'과 다릅니다. 사실 과잉 행동은 또 다른 형태의 회피인 경우가 많습니다. 이들은 지나치게 바쁘게 움직임으로써 자신의 내면 감정을 외면하려는 것입니다. 공포, 실패에 대한 두려움, 상처받을지 모른다는 불안감 같은 것 말입니다. 따라서 그들은 결코 평온함을 얻지 못합니다. 뭔가가 끊임없이 뒤에서 쫓아온다고 느끼는 탓에 앞으로 달리는 걸 멈출 수가 없거든요.

'전진'의 의미는 당신의 상태에 달라집니다. 욕구 뒤집기는 당신이 피하려는 것이 무엇이든 그 대상과 마주할 힘을 줍니다. 그것은 어떤 외부 상황일 수도 있지만, 당신을 불편하게 만드는 내면의 감정일 수도 있습니다.

두려운 것을 피하지 않는 사람이 피하는 사람보다 '더 큰 평온함과 여유'를 누립니다. 두려운 대상이 내면에 있든 외부에 있든 그것을 당당히 마주할 때 비로소 마음에 평온이 찾아올 수 있습니다. 그런 사람은 바깥세상에서 겁을 먹고 위축되지 않으며 더 큰 만족을 느낄 수 있습니다. 따라서 걱정과 불안을 덜 느낍니다. 휴식이 필요할 때 마음의 스위치를 끄고 여유를 즐길 수 있습니다. 피하고 싶은 상황 때문에 괴로움에 빠지지도 않습니다.

틀을 경험한 사람들

1. 인간관계를 넓히고 싶다

누군가와 관계를 맺고 싶지만 선뜻 다가가지 못할 때가 있다. 솔직하게 생각해보라. 당신도 '내가 저 사람의 수준과 맞을까?'라고 걱정한 적이 있을 것이다. 아무런 부담이나 불안감을 느끼지 않아도 되는 사람들만 만나는 편이 더 쉽다. 하지만 그것은 회피의 또 다른 형태다. 이런 태도는 폭넓은 인간관계를 맺으며 풍성한 삶을 살지 못하게 방해한다.

매릴린은 매력적인 30대 여성이었지만 늘 외로웠다. 매릴린이 좋다고 쫓아다니는 남자들은 늘 있었지만 그녀는 그들이 마음에 들지 않았다. 하지만 문제의 진짜 원인은 매릴린이 남자들을 바라보는 시각에 있었다. 그녀는 마음속으로 모든 남자를 A 그룹과 B 그룹, 이렇게 둘로 나눴다. 그런데 A 그룹 남자들과는 한 번도 데이트를 하지 못했다. 그녀가 보기에 그들은 자신보다 더 사회적으로 성공했고 더 매력적인 남자였다. 그들을 소개받으면 매릴린은 쌀쌀한 태도를 보이곤 했다. 하지만 사실 그녀는 그들 앞에서 잔뜩 위축돼서 차라리 그들이 데이트 신청을 하지 않았으면 하고 바랐다. 결국 그녀는 B 그룹 남자하고만 데이트를 했다. 매릴린은 B 그룹 남자들이 불만스러웠지만 결국 그들이 그녀의 안전지대였던 것이다. B 그룹하고만 데이트를 하는 한 그녀가 정말 마음에 드는 상대를 만날 가능성은 없었다. A 그룹 남자와 만날 기회가 있을 때마다 매릴린은 욕구 뒤집기를 이용해 마음속 불안함을 극복했다. 그리고 마침내 그들에게 마음을 열고 자연스럽게 행동할 수 있게 되었다.

2. 좋은 리더가 되고 싶다

리더의 힘든 점 중 하나는 때로 사람들이 싫어하는 결정을 내려야 한다는 것이다. 부서 책임자든, 회사의 사장이든, 집안의 가장이든 마찬가지다. 그래서 "리더는 외로운 법"이라고들 하는 것이다. 훌륭한 리더는 사람들의 불만도 기꺼이 감내할 줄 알아야 한다.

대학 교수인 엘리자베스는 자신의 학과를 이끄는 학과장이 되었다. 그녀는 자기 분야에서 널리 알려진 유명한 학자였지만 사람들이 다가가기 쉬운 겸손하고 편안한 스타일이었다. 천성적으로 모든 사람을 친구처럼 대했다. 학생, 동료 교수, 심지어 청소 직원까지 모두가 그녀를 좋아했다. 하지만 학과장이 되자 상황이 달라졌다. 이제 더는 모두에게 친구 같은 존재여서는 안 되었다. 교수법, 학과 스케줄, 방학, 징계 문제 등과 관련한 승인을 내려야 했고, 그러다 보면 그녀의 결정이 누군가의 불만을 살 수밖에 없었다. 그녀는 마음이 불편한 나머지 이런저런 결정을 뒤로 미루기 시작했고, 이 때문에 학과 업무에 혼란이 생겼다. 그녀는 자신의 직무를 제대로 이행하려면 사람들이 싫어하는 결정도 과감히 내릴 줄 알아야 한다는 사실을 깨달았다. 그래서 욕구 뒤집기를 실천하며 사람들에게 미움 받을지 모른다는 두려움을 극복하기 시작했다. 그러면서 모든 사람에게 친구가 되기보다는 훌륭한 리더가 될 수 있었다.

엘리자베스는 학교에서뿐 아니라 모든 인간관계에서 리더십이 중요하다는 사실을 깨달았다. 주변 사람들은 그녀가 친구 같은 존재가 되어주길 바라는 것만큼이나 리더가 되어주길 바라는 경우도 많았다. 이 점을 깨닫자 그녀의 모든 인간관계가 더 바람직한 방향으로 변화했다. 오래 알고 지낸 친구와 동료 교수들은 전과 달리 결단력 있게 현명한 결정을 내리는 그녀의 모습을 마음에 들어 했다. 주변에서 긍정적인 반응을 보이자 그녀의 자신감도 한층 높아졌다. 또 그녀는 더 훌륭한 부모로 변했다. 필요한 경우 10대 딸에게 엄격한 한계선을 정해주되 서로 솔직하게 대화를 나눔으로써 훨씬 바람직한 모녀 관계가 되었다.

3. 공포에서 벗어나고 싶다

공포증은 무언가에 대해 극심한 비이성적인 두려움을 느끼는 것이다. 그 대상은 거미일 수도, 비좁은 공간일 수도 있다. 공포증은 우리가 삶의 특정 영역에 가지 못하게 차단한다. 경미한 수준의 공포증이라도 직장 생활이나 인간관계를 손상시킬 수 있다. 욕구 뒤집기를 활용하면 두려움 때문에 접근하지 못하던 상황에 뛰어들 용기를 얻을 수 있다. 이로써 당신 앞에는 삶이 주는 기회의 문이 다시 열린다.

마이클은 먼 곳으로 출장을 자주 다니는 엔지니어였다. 그런데 안타깝게도 비행 공포증이 있었고 이 때문에 직장 생활이 위태로워졌다. 비행기 탑승 후 승무원이 문을 닫는 순간부터 그는 호흡이 가빠지면서 뭔가로 꽉 조인 듯 가슴이 답답해지곤 했다. 어떤 때는 심한 공황 발작으로 이어져 마치 죽을 것처럼 느껴졌다. 집에 있을 때도 비행기를 타는 것만 상상하면 공포와 불안이 엄습했다. 그는 온갖 핑계를 대며 비행기를 타는 출장을 피했고, 결국 상사도 이 사실을 알게 되었다. 이후 마이클은 두려움이 밀려올 때마다 욕구 뒤집기를 꾸준히 실천했고 나중에는 결국 비행 공포증을 극복했다. 두려움에 목덜미가 붙잡히는 일은 없어졌다.

4. 장기간 전념해야 하는 능력을 계발하고 싶다

어떤 분야든 성공하는 사람과 실패하는 사람의 가장 큰 차이는 전념과 헌신의 수준에 있다. 우리는 원하는 목표를 이루기 위해 전념할 수 있기를 원한다. 하지만 실제로 그렇게 하려면 작은 실천을 수없이 반복하는 고통스러운 과정이 필요하다. 그 고통을 감내할 방법을 알지 못하는 사람은 목표에 전념할 수 없다.

제프리는 순찰 업무를 주로 하는 경찰이었다. 그것은 원래 원하던 직업이 아니었다. 그는 글쓰기 재능이 뛰어난 영문학도였지만 대학을 중퇴했다. 그는 그 재능을 충분히 발휘해본 적이 없다고 했다. "머릿속에는 늘 좋은 아이디어가 떠올라요. 하지만 그걸 글로 옮길 자신이 없어요." 재능이 부족한 탓은 아니었다. 그는 글을 쓰는 대신 다른 쉬운 방법을 택했다. 퇴근하고 술집에서 동료 경찰들에게 이야기를 들려주기 시작한 것이다. 알코올이 몸에 들어가면 이야기가 더 술술 나왔다. 하지만 그것을 글이라는 형태로 만들기 위해서는 훨씬 더 높은 수준의 노력과 전념이 필요했다. 한 문장 한 문장 써 내려가는 것은 힘든 일이었다. 가장 힘든 점은 높은 집중력을 발휘해야 한다는 사실이었다. 집중한다는 것은 보이지 않는 커튼을 내려 주변 세계를 차단하고 오로지 한 가지에 정신을 쏟는 일이다. 대부분의 사람에게 이는 결코 쉽지 않다. 제프리도 마찬가지였다. 제프리는 욕구 뒤집기를 활용해 그 고통과 직면하기로 했다. 그리고 정말로 원하는 작가의 길에 들어서기 위해 시간과 에너지를 쏟아 몰두하기 시작했다.

5. 가족을 새롭게 보고 싶다

어릴 때 가족과의 관계가 특정한 방식으로 고착되었다면 욕구 뒤집기를 활용해 새로운 관점을 얻을 수 있다. 다음과 같이 해보라. 어렸을 때 습관적으로 피하거나 싫어했던 무언가를 떠올려라. 그때 당신은 구체적으로 어떤 고통을 피하고 싶었는가? 이제 눈을 감고 어린 시절의 당신으로 돌아가 그 고통에 대해 욕구 뒤집기를 사용하라. 어린 당신이 그 툴을 사용하는 것을 상상하라. 피하고 싶은 것을 만날 때마다 수없이 반복해 사용한다고 말이다. 어렸을 때 그렇게 했다면 지금의 삶이 어떻게 달라졌을지, 외부 상황이 아니라 당신의 내면이 어떻게 달라졌을지 생각해보라. 달라진 자신을 상상하면 기분이 어떤가?

주아니타가 어렸을 때부터 그녀의 어머니는 자신이 허락하지 않거나 싫어하는 행동을 딸이 할 때마다 실망스러움을 표현했다. 주아니타는 엄마의 눈 밖에 나는 것이 두려워 차츰 엄마에게 속마음을 감추기 시작했다. 그 결과 엄마는 자기 딸이 어떤 아이인지 제대로 알지 못했다. 위에 설명한 것을 실천해본 뒤, 주아니타는 만일 힘들더라도 용기를 내 엄마에게 솔직한 자기 모습을 보였다면 엄마에게 진정으로 이해받을 수 있었으리라는 사실을 깨달았다. 그랬다면 속마음을 숨기지 않아도 되었을 것이다. 또 엄마도 딸의 모든 모습을 받아들이고 딸에 대한 사랑을 아낌없이 표현할 수 있었을 것이다.

용기의 툴 요약

◦ **이 툴의 목적**

 피하고 싶은 일을 해야 할 때 이 툴을 사용하라. 우리는 정신적 고통이나 괴로움을 주는 일을 피하고 대신 안전지대에 머물려고 한다. 그러나 안전지대에만 머무르면 삶에서 얻을 수 있는 것들이 크게 제한된다. 이 툴은 고통과 당당히 마주하여 행동함으로써 당신의 삶이 다시 앞으로 나아가도록 이끈다.

◦ **극복해야 할 것**

 고통을 피하려는 것은 강력한 습관이다. 고통스러운 무언가를 피하면 당장은 편하다. 그 대가는 한참 후에 치르게 된다. 시간이 흐르면 그동안 인생을 낭비했다는 후회에 괴로워하는 자신을 발견할 것이다. 대부분의 사람은 이런 고통 회피 성향 탓에 앞으로 나아가지 못하고 의미 있는 삶을 살지 못한다.

○ 이 툴의 큐

1. 하기 싫은 일을 앞두고 두렵거나 저항감이 느껴질 때.
2. 하기 싫거나 어려운 일에 대해 '생각'할 때.

그럴 때마다 이 툴을 사용하면, 당신 안에 차츰 에너지가 쌓여 필요한 순간이 되었을 때 행동할 수 있다.

○ 실행 방법

1. 피하고 싶은 고통에 마음을 집중하라. 고통이 당신 앞에 뭉게구름처럼 다가오는 것을 상상하라. 그 구름을 향해 조용히 외쳐라. "자, 덤벼봐!"

   고통을 강렬하게 원하라. 고통이 결국 가치 있는 결과를 가져다준다는 사실을 기억하라.

2. 계속 앞으로 나아가면서 외쳐라. "나는 고통이 좋아!"

   고통의 한가운데로 들어가 고통과 하나가 되어라.

3. 고통의 구름이 입을 벌려 당신을 뱉어내고 당신 뒤에서 입을 다무는 것이 느껴질 것이다. 마음속으로 이렇게 말하라. "고통이 나를 놓아준다!"

구름을 뒤로하고 멀어지는 동안 당신은 밝은 빛이 가득한 곳으로 나아가는 것을 느낄 수 있다.

○ **당신이 사용하는 초월적 힘**

모든 생명체를 이끌어가는 초월적 힘은 끊임없는 전진을 통해 자신을 드러낸다. 이 힘과 연결되는 유일한 방법은 당신 역시 끊임없이 앞으로 나아가는 것이다. 하지만 그 과정에서 필연적으로 고통을 만나야 하며 그것을 극복해야 한다. 욕구 뒤집기는 이를 가능하게 한다. 이 툴을 이용해 전진의 힘과 연결되면, 세상이 덜 두려운 곳으로 변할 뿐 아니라 당신의 에너지는 더욱 커지고 미래는 희망으로 가득찰 것이다.

3장

포용의 틀
: 능동적으로 사랑하라

The Tools
: 5 Tools to Help You Find Courage, Creativity, and Willpower
and Inspire You to Live Life in Forward Motion

20대 여성인 어맨다를 처음 만난 날이었다. 세련된 옷차림의 그녀는 침략군 같은 기세로 상담실에 들어왔다. 그녀는 남자친구와의 관계에 문제가 있다며 해결책을 원했다. "파티에 같이 갔는데, 글쎄 그이가 저녁 내내 나를 쳐다보지도 않고 말도 안 걸더라고요. 분위기 좋은 구석 자리에서 어떤 여자하고만 시시덕거리고 있지 뭐예요. 메이시스 백화점 화장품 코너에서 일하는 여자였어요. 그러고도 자기가 무사할 거라고 생각한 모양이죠?" 어맨다는 경멸스럽다는 듯이 내뱉었다.

그때 갑자기 휴대전화 벨소리가 울렸다. 어맨다는 가방에서 전화를 휙 끄집어내 받더니 신경질적으로 말했다. "지금 통화하기 힘들어. 회의 중이라." 그러고는 곧바로 다시 내 얼굴을 보며 이야기를 계속했다. "제 얘길 좀 들어보세요. 저는 고급 여성 의류를 만드는 회사를 창업하려는 중이에요. 죽기 살기로 뛰어야 하는 상황이죠. 충분한 자금을 확실히 끌어모으지 못하면 저는 다시 웨이트리스 생활로 돌아가야 한다고요." 그녀는 짜증난다는 표정을 지었다. "저녁마다 이런저런 자리에서 잠재 투자자들과 만나고 있어요. 제 남자친구인 블레이크도 함께 참석하죠. 블레이크는 내가 사람들한테 잘 보이도록 도와줘야 하는데, 백치미 흐르는 섹시한 여자랑 노닥거리면서 나한테 굴욕감을 주다니, 말이 되냐고요!"

그런데 놀랍게도 두 사람의 관계에 대한 이야기를 자세히 들어보니 블레이크는 여러모로 어맨다에게 훌륭한 파트너였다. 훤칠하게 잘생긴 외모에 교양까지 겸비해서 사람들 사이에서 돋보이는 인물이었다. 그리고 패션 업계 종사자가 아니라 의학 연구원이었기 때문에 패션 분야에서 잘 보이려고 애쓸 필요가 없었고 과도하게 나서지도 않았다. 그는 어맨다가 변덕스럽거나 거만하게 굴어도 자상하게 받아주었다. 사실 그는 어맨다가 원하는 것을 너무 잘 맞춰주었기 때문에 그녀는 만난 지 얼마 되지 않아 그에게 동거하자고 졸랐다.

"그 정도의 남자친구라면 관계가 틀어질 일이 별로 없을 것 같은데요." 나는 과감하게 말했다.

"물론이에요. 지금까지 만난 남자친구 중에 제일 오래가고 있어요."

"그래요? 사귄 지 얼마나 되었는데요?"

"4개월이요." 나는 그녀가 농담을 던진 줄 알고 웃음을 터뜨렸다. 그런데 보아 하니 아니었다. 그녀는 방어적인 어투로 이렇게 덧붙였다. "패션 업계가 원래 그래요. 사람 사귀기가 쉽지 않죠."

문제는 패션 업계가 아니라 어맨다에게 있었다. 침략군 같은 분위기를 풍기며 내 방에 들어온 이 여성은 스스로 인간관계에 균열을 일으키고 있었다. 그리고 안타깝게도 그녀 자신은 그 사실을 모르고 있었다.

나는 최대한 정중하게 물었다. "남자친구와의 관계에서 반복되는 어떤 패턴이 있는 것 같나요? 매번 오래가지 못하는 원인이 되는 패턴 말입니다."

"패턴 따위는 관심 없어요." 어맨다가 톡 쏘듯이 말했다. "제 친구가 선생님한테 상담을 받은 적이 있는데, 선생님은 과거 얘기를 되짚느라 시간을 낭비하지 않으신다고 하던데요. 선생님은 제가 남자친구를 다시 제 마음대로 통제할 수 있는 방법만 알려주시면 돼요."

나는 웃음기 없는 얼굴로 말했다. "물론 당신을 도와드릴 수 있습니다. 하지만 타인을 통제하는 방법을 알려드리는 건 아니에요……. 잠시 이 얘긴 접어둡시다. 그나저나 그날 파티 이후에 어떻게 되었는지 들려주시겠습니까?"

파티가 끝나고 돌아가는 차 안에서 어맨다는 마치 하인을 혼내듯 블레이크에게 책망과 비난의 말을 쏟아냈다. 그런데 이번에는 블레이크가 받아주지 않고 침착하게 반박했다. "그런 따분한 파티에 가는 것 자체가 나로서는 희생이라고. 그런데도 가는 건 순전히 당신이 원하기 때문이야. 생전 그런 일 없다가 오늘 처음으로 좀 자유롭게 사람들이랑 즐겼는데, 그렇다고 해서 이렇게 난리야?"

어맨다는 예상치 못한 남자친구의 반응에 할 말을 잃었다. 돌아오는 내내 차 안에는 무거운 침묵만 흘렀다. 하지만 어맨다의 마음속에는 불이 활활 타오르고 있었다. 그녀는 블레이크가 자신에게 잘못했던 일을 하나하나 떠올리며 곱씹었다. 고장 난 음반이 계속 똑같은 음률을 재생하듯 마음속으로 혼잣말을 반복했다. '내가 새로 시작하는 일 때문에 얼마나 불안한데, 게다가 긴장과 스트레스가 높기로 유명한 업계라고. 블레이크는 여자 마음을 왜 이렇게 몰라줄까?' 심지어 남자친구에게 복수하는 상상까지 했다. 자신이 아는 남성 잡지 모델과 잠자리를 하는데 절정에 오른 순간 그 장면을 블레이크가 목격하는 상상을. 집에 도착했을 때 어맨다는 녹초가 되었지만 그런 생각들이 머릿속을 떠나지 않았다. 마음이 복잡해 뜬눈으로 밤을 새웠다.

이튿날 블레이크는 어맨다의 기분을 풀어주려고 노력했다.

쟁반에 아침 식사를 담고 마당에서 꺾은 꽃까지 장식해서 그녀가 있는 침대로 들고 왔다. 하지만 어맨다는 식사에 손도 안 댔다. 블레이크와 말을 섞기는커녕 얼굴도 쳐다보려 하지 않았다. 오히려 전날 밤의 불쾌한 감정이 더욱 강해졌다. 게다가 이제는 블레이크의 온갖 단점이 거슬리기 시작했다. 심지어 말하기 전에 '흠, 흠' 하고 목을 가다듬는 소리마저 듣기 싫었다. 이 모든 생각과 감정은 그녀에게 신체적인 영향까지 미쳤다.

"블레이크가 가까이 오면 소름이 돋을 지경이에요. 같은 방에 있는 것도 참을 수가 없어요."

"과거에 다른 남자친구랑 사귈 때도 그런 극단적인 감정을 느낀 적이 있습니까?"

그녀는 내 눈을 쳐다보며 말했다. "그들이 원인을 제공했을 때만요."

"얼마나 자주 그랬는데요?"

어맨다는 울음을 터뜨렸다. 알고 보니 남자친구를 사귈 때마다 매번 그런 식으로 끝난 것이었다. 남자들은 블레이크처럼 어맨다의 감정을 폭발시키곤 했다. 그녀는 어깨를 으쓱하고 말했다. "전 누군가를 사랑할 수가 없나 봐요. 친구 말로는 제가 '돌아갈 수 없는 지경'에 이르렀대요."

상처와 분노로 만들어진 미로

블레이크의 행동은 어맨다의 마음을 상하게 할 만했다. 어쩌면 그는 일부러 그렇게 행동했는지도 모른다. 하지만 이런 일은 연인 사이에 흔하다. 건강한 관계라면 그런 상황이 생겨도 곧 화해하고 원래 상태로 돌아간다. 이 경우 진짜 문제는 어맨다의 태도다. 그녀는 '절대 용서 못 해'라는 태도로 일관했고 이 때문에 두 사람의 화해가 힘들어졌다. 그 순간부터 관계를 망치는 장본인은 블레이크가 아니라 어맨다였다. 그녀는 이런 행동 패턴을 반복했고, 누구보다 마음 넓은 남자친구까지 등을 돌리게 만든 것이다.

어맨다와 같은 심리 상태는 다양한 형태로 나타날 수 있다. 어맨다의 경우 같은 생각을 곱씹으면서 자신만의 마음속 방으로 숨어버렸다. 반면 어떤 사람들은 격하게 감정을 폭발하거나 공격 모드로 돌변한다. 그러나 근본적인 문제는 동일하다. 상처와 분노에 갇혀 벗어나지 못하는 것이다.

우리 누구나 이런 상태에 빠질 수 있다. 심지어 스스로 침착하고 이성적이라 여기는 사람도 말이다. 이런 상태를 촉발하는 것은 특정한 외부 자극이다. 예컨대 가까운 누군가가 어떤 표정이나 부정적인 말투로 당신의 감정을 상하게 할 수 있다. 또는 이웃집에서 틀어놓은 시끄러운 음악이나 친구의 정치적 견해가 그런 자극이 될 수도 있다.

우리는 이런 심리 상태를 **미로**라고 부른다. 깊이 빠질수록 빠져나오기 힘들기 때문이다. 누군가에게 '부당한' 대우를 당했다고 느끼면 당신은 그 사람에 대해 강박적으로 집착한다. 그 일이 머릿속을 온통 점령해서 그 생각을 떨칠 수가 없다. 당신은 상대방을 비난하고, 상대방과 말다툼을 벌이고, 심지어 앙갚음할 계획까지 세운다. 이런 상태에서는 상대방이 당신을 가두는 교도관인 셈이다. 당신이 반복적인 생각의 미로에서 빠져나올 수 없게 만드니까 말이다.

당신을 이런 심리 상태에 빠지게 하는 사람이 있는가? 그렇다면 다음처럼 해보라.

눈을 감고 당신을 화나게 하는 그 사람을 떠올려라. 그 사람이 지금 눈앞에서 당신의 감정을 자극하는 것처럼 그를 향해 격하게 반응하라. 머릿속에 어떤 생각이 드는가? 어떤 감정이 느껴지는가? 그것이 일반적이지 않은 심리 상태라는 사실을 인지하라.

어쩌면 당신에겐 그렇게 반응할 만한 합당한 이유가 있을지 모른다. 그러나 **그것은 중요하지 않다.**

일단 미로에 빠지면 결국 피해를 입는 사람은 자기 자신이다. 어맨다의 경우 그녀가 입는 피해는 명확했다. 파티에서 있었던 사소한 일조차 극복하지 못한다면, 그녀는 남자친구와 앞으로 불가피하게 겪을 더 큰 문제들을 절대로 헤쳐나갈 수 없다. 이런 이유 때문에 매번 남자친구와 오래가지 못한 것이다. 애인과 처음 부딪히는 갈등조차 극복하지 못하는데 어떻게 결혼하고 아이를 낳아 가정을 꾸릴 수 있겠는가?

그런데 이 미로는 비단 남녀 관계뿐 아니라 모든 인간관계에 독이 된다. 타인을 뒤틀린 시각으로 바라보게 하기 때문이다. 미로에 빠져 있으면 상대방이 지닌 장점들은 깡그리 잊어버리고 만다. 그가 잘못한 일, 그의 단점만 자꾸 생각난다. 객관적으로 볼 때 블레이크는 어맨다가 만나본 최고의 남자친구였다. 그러나 어맨다가 심리적 미로에 빠지자 블레이크의 장점들은 하얗게 지워졌다. 심지어 그가 목을 가다듬는 소리조차 듣기 싫어졌다.

어맨다는 이런 심리 문제 때문에 업무상 만나는 사람과의 관계를 망친 적도 있다. 한번은 고급 백화점의 구매 담당자에게 화가 나서 결국 이성을 잃고 성질을 부렸다. 구매 담당자는 원래 그녀 회사의 제품에 관심이 있었는데, 그 일로 꽤씸한 마음이 들어 어맨다의 가장 큰 경쟁 업체의 제품을 주문해버렸다. 그러자 어맨다는 예전처럼 식당에서 팁 한 푼에 전전긍긍하는 생활로 돌아갈까 봐 몹시 불안해졌다. 다시 웨이트리스가 되는 것은 죽기보다 싫었으므로 어떻게든 구매 담당자의 마음을 돌려놓아야 했다. 그래서 몇 달 동안 굴욕을 참아가며 그와의 관계 회복을 위해 온갖 노력을 기울였다. 이 모두 그녀 스스로 자초한 결과였다.

미로와 같은 심리 상태는 단순히 타인과의 관계만 망치는 것이 아니다. 당신과 인생의 관계도 망친다. 미로에 빠져 있으면 인생은 당신을 그냥 스쳐 지나가 버린다. 대개의 경우 사람들이 당신에게 저지른 잘못은 당신 인생에 영구적인 피해를 주지 않는다. 그 순간 받은 상처를 마음에서 지워버리면 곧 별 문제없이 계속 살아갈 수 있다. 하지만 우리는 그러지 않는다. 과거에 자신에게 일어난 일에 강박적으로 집착한다. 그 결과 자신의 미래에게서 등을 돌리게 된다.

부모님이 자기 인생을 망쳤다면서 성인이 되어서도 계속 부모님을 원망하는 경우가 대표적인 예다. 오래전에 미로에 빠져 헤어나오지 못한 채, 뭔가 어려운 일을 포기할 때마다 부모님 핑계를 댄다. '부모님이 내 글쓰기 재능을 인정해준 적이 없어서 내가 책을 쓰지 못하는 거야'라거나 '애정을 표현할 줄 모르는 무뚝뚝한 아버지 탓에 내가 지금 이렇게 수줍은 많은 성격이 돼서 데이트도 못하는 거야'라고 말이다.

이런 미로는 평생에 걸쳐 삶을 갉아먹는다. 한편 좀 더 단기간에 영향을 미치는 미로도 있다. 어맨다는 친구 딸의 대모代母(가톨릭에서 특정한 아이의 세례식에 입회하고 신앙생활을 돕는 여자 후견인-옮긴이)였다. 어느 날 어맨다와 그 친구 사이에 작은 말다툼이 벌어졌고 이후 어맨다는 미로에 깊이 빠졌다. 미로에 빠지면 늘 그랬듯 어맨다는 친구와 연락을 완전히 끊어버렸다. 그런데 몇 개월 후 어맨다는 자신이 대모가 되어준 아이의 첫 번째 생일을 잊고 그냥 지나쳐버렸음을 깨달았다. 어맨다는 말했다. "그 일은 평생 두고두고 후회가 될 것 같아요."

나는 심리 치료사로 일하면서 사람들이 미로에 빠져 대가를 치르는 것을 숱하게 목격했다. 그들은 많은 시간을 낭비했고, 소중한 기회를 놓쳤으며, **삶에서 당연히 누릴 수 있는 많은 것을 누리지 못했다.** 무엇보다 안타까운 점은, 그처럼 대가를 치러야 함을 깨닫는다 할지라도 미로에서 빠져나오기 힘든 경우가 많다는 사실이다. 어맨다도 그랬다. 나와 두세 차례 상담을 한 후 그녀는 타인이 아니라 자기 자신이 가장 끔찍한 적이라는 사실을 깨달았다. 하지만 그것을 깨닫고 나서도 마음을 잘 통제하지 못했다. 분노, 앙갚음하려는 상상, 상처받은 감정은 그녀의 의지와 상관없이 힘을 발휘했다.

"제 생각들이 잘못되었다는 것을 이제는 알겠어요. 그래서 잠시 동안은 그런 생각을 억누를 수 있어요. 하지만 내가 자기를 속박하려 든다면서 블레이크가 비난했던 일이 떠오르는 순간, 다시 감정이 주체할 수 없이 폭발하고 말아요."

세상은 나에게 공정하지 않다

　미로에서 헤어나기가 왜 그토록 힘든 것일까? 세상이 우리를 공정하게 대우해줄 것이라는 기대를 품기 때문이다. 우리는 순진한 아이처럼 이렇게 생각한다. '내가 착하게 행동하면 당연히 세상도 나한테 좋은 것만 줄 거야.' 하지만 그렇지 않다. 세상은 날마다 이런 가정과 기대감을 여지없이 깨트린다. 도로에서 누군가가 당신의 차를 추월하고, 고객이 당신에게 무례한 말을 쏟아낸다. 하지만 이런 분명한 증거에도 불구하고 우리는 위와 같은 순진한 가정에 매달린다.

　'세상이 나를 공정하게 대해야 해'라는 생각에 사로잡혀 있으면, 누군가가 당신에게 잘못했을 때 당신은 정의의 저울에 즉시 균형이 맞춰지길 바란다. 그리고 그렇게 될 때까지 꼼짝도 안 하고 버틴다. 그래서 미로에 빠지면 상대에게 앙갚음을 하는 상상이나 어떤 식으로든 보상받아야 한다는 생각에서 벗어나지 못한다. 그래서 공정함을 회복하려는 헛된 시도를 하는 것이다.

　대개 우리는 자신이 이런 기대감을, 즉 남들이 나를 공정하게 대해주길 바라는 기대감을 갖고 있음을 잘 인식하지 못한다. 그러나 마음속엔 분명히 그런 기대 심리가 존재한다. 이는 곧 우리가 미로의 입구 바로 앞에 서 있음을, 언제라도 그 안으로 빨려 들어갈 수 있음을 의미한다. 부당하게 대우받았다는 느낌을 조금만 받아도 금세 미로로 들어간다. 그리고 생각할 겨를도 없이 거기에 갇혀 빠져나오지 못한다.

초월적 힘
사랑의 물결

공정함을 바라는 순진한 기대감을 마음에서 지우기는 쉽지 않다. 내 경험에 비춰볼 때, 공정함보다 훨씬 더 크고 강력한 어떤 힘을 경험해야만 그런 기대에서 벗어날 수 있다. 나는 어렸을 때 우연히 그 힘을 처음 경험했다.

○

내가 다섯 살 때였다. 부모님은 누나와 나를 데리고 눈이 쌓인 지역으로 여행을 갔다. 눈을 보기 힘든 남부 캘리포니아에 사는 우리에게는 굉장히 설레는 일이었다. 그런데 가는 도중 차 안에서 나는 아빠 때문에 기분이 크게 상했다. 무슨 일 때문이었는지는 기억이 나지 않는다. 다만 확실히 기억나는 건, 내가 미로에 갇혔다는 점이다. 나는 뒷좌석에 앉아 아빠의 뒤통수를 구멍이라도 낼 것처럼 노려보았다. 모든 가능한 고통이 아빠에게 일어나길 빌었다. 만일 미움이라는 감정에 불을 붙일 수 있다면 그날 아빠의 뒤통수는 폭발했을지도 모른다.

목적지에 도착하자 가족들은 자동차에서 내렸지만 나는 차 안에서 꼼짝도 하지 않았다. 팔짱을 끼고 계속 뒷좌석에 앉아 있었다. 엄마는 나를 달래서 내리게 하려고 애썼다. 누나는 언덕에서 썰매를 몇 번 타고 와서는 기분이 끝내준다고 야단이었다. 아빠도 나를 차에서 내리게 하려고 애썼다. 하지만 가족들이 설득하려 애쓸수록 나는 더 고집스럽게 버텼다.

결국 가족들은 포기하고 나를 내버려두었다. 그런데 그때 이상한 일이 벌어졌다. 차창 밖으로 작은 강아지 한 마리가 보였다. 길을 잃었는지 추위에 몸을 떨면서 주차장 여기저기를 킁킁거리고 있었다. 나는 곧바로 차 문을 열고 밖으로 뛰어나가 강아지를 품에 안고 따뜻한 차 안으로 데려왔다. 강아지는 붙임성 있게 내 얼굴을 마구 핥았다. 그때 갑자기 모든 게 변했다. 그 겁먹은 불쌍한 강아지에 대한 사랑이 내 온몸을 감쌌다. 꽉 닫혔던 마음의 빗장이 활짝 풀리는 기분이었다. 주변의 모든 것이 다르게 느껴졌다. 갑자기 우주의 중심축이 바뀐 것 같았다. 그리고 놀랍게도 아빠에 대한 미움이 사라졌다. 오히려 아빠가 좋아지고, 아빠와 닮고 싶은 마음까지 들었다. 아빠는 평소에 내게 늘 동물을 보호해야 한다고 가르치셨다. 그리고 나를 지배했던 고집스럽고 반항적인 마음과 뒤틀린 기분이 거짓말처럼 싹 사라졌다. 조금 더 자란 기분, 옹졸한 철부지를 벗어난 기분이 들었다.

나는 차에서 내려 아빠를 불렀다. 아빠는 내게 다가와 강아지 주인을 찾도록 도와주었다. 그리고 내가 자랑스럽다고 말씀하셨다. 어떻게 갑자기 한순간에 그렇게 모든 게 바뀌었는지, 지금 생각해도 놀랍다. 내가 썰매를 타고 신나게 언덕을 내려오자 가족 모두가 환호성을 지르며 좋아했다. 나는 울면서 웃고 있었다. 감옥에서 빠져나온 기분이었다. 그날 집에 돌아가면서도 내내 웃으면서 노래를 불렀다. 심지어 내가 바보처럼 굴었다는 사실에 대해 누군가에게 속으로 사과하며 용서를 빌고 있었다.

ㅇ

어린아이였음에도 나는 그때 단순히 강아지에 대한 사랑이 아니라 그보다 커다란 어떤 힘이 작용했음을 직감적으로 느꼈다. 초월적 힘을 경험한 것이다. 너무나 강력한 그 힘은 나를 미로에서 빠져나오도록, 옹졸한 마음과 고집스러운 분노에서 탈출하도록 이끌었다. 나는 모든 사람과 사물에 대한 강렬한 사랑의 파도를 느꼈다. 그것이 상처 입은 자존심과 분노를 극복할 힘을 준 것이다.

그때 내가 경험한 힘은 우리가 일상생활에서 흔히 '사랑'이라고 부르는 것과 완전히 달랐다. 대개 우리가 생각하는 사랑은 낮은 수준의 사랑이다. 당신을 좋아하고 당신에게 만족감을 주는 타인에게 느끼는 사랑, 자녀가 당신을 바라보며 활짝 웃을 때 자녀에게 느끼는 사랑, 매력적인 애인을 보며 느끼는 사랑 같은 것 말이다. 이런 종류의 사랑은 그 힘이 약하다. 외부 상황에 대한 반응으로 나오는 것이기 때문이다.

미로에서 빠져나오기 위해서는 외부 상황에 대한 반응과 무관한 종류의 사랑이 힘을 발휘해야 한다. 애초에 미로에 빠진 것도 외부 상황에 대한 당신의 반응 때문이었다는 점을 기억해야 한다.

내가 다섯 살 때 경험한 강력한 힘이 바로 그런 종류의 사랑이었다. 그것은 나의 개인적 반응이나 감정보다 훨씬 커다란 무언가, 나라는 존재보다 훨씬 강력한 무언가였다. 말하자면 그것은 고차원적 사랑이다. 우리는 이것을 '사랑의 물결'이라고 부른다.

사랑의 물결은 '아무런 제한 없이 자신을 헌신적으로 내어주는 무한한 영적 힘'이다. 이것은 지구의 모든 사물과 사람에게 똑같이 비치는 햇빛과 비슷하다. 이 영적 힘을 경험하는 순간 당신은 사소한 마음의 상처를 뛰어넘을 수 있다. 더 이상 당신에게 상처를 준 사람에게서 처방을 찾을 필요가 없다. 사랑의 물결 자체가 당신에게 보상을 주기 때문이다. 공정함과 달리 그것은 진정한 의미와 가치를 지닌 보상이다. 사랑의 물결은 당신이 주저앉지 않고 계속 삶을 살아가게 이끌어준다.

여기서 말해둘 점이 한 가지 있다. 사랑의 물결이라는 영적 힘과 연결된다는 것은 무언가에 굴복한다는 의미도, 나쁜 일을 당하고 수동적인 존재가 된다는 의미도 아니다. 우리는 지금 당신에게 패배자가 되어 사람들의 부당한 대우를 방치하라고 조언하는 것이 아니다. 사랑의 물결은 당신의 '내면' 상태를 변화시킨다. '외부적으로' 볼 때 여전히 당신은 원하는 대로 행동할 수 있다. 사실 이 초월적 힘과 연결되면 누군가와 맞서는 경우에 '더 적극적으로' 행동할 수 있다. 미로에 갇혀 있을 때는 당신을 부당하게 대한 사람에게서 뭔가 해결책을 찾으려고 한다. 그러면 당신보다는 그 상대방이 힘을 가진 존재가 되는 셈이다. 그러나 사랑의 물결과 연결되어 있으면 아무도 두려워할 필요가 없다.

> 툴

능동적 사랑

사랑의 물결은 넘치는 에너지로 이뤄진 거대한 해일과 같으며 그 에너지를 계속해서 세상에 전해준다. 이 힘은 당신 주변에 항상 존재하지만 당신이 베푸는 상태가 되어야 그 힘을 인지할 수 있다. 서퍼가 파도에 몸을 싣고 그것과 조화를 이뤄야 하는 것처럼, 당신은 사랑의 물결과 하나 되어 조화를 이뤄야 한다. 마음에서 우러나 베풀 때, 당신은 사랑의 물결이라는 힘에 자연스럽게 이끌린다. 서퍼가 물을 가르고 헤엄치면서 파도와 한 몸이 되듯이 말이다.

중요한 것은 당신의 선택에 의해 자신을 그런 상태로 만들어야 한다는 점이다. 특히 마음에 상처를 입었거나 화가 차올라서 그렇게 하기가 불가능하다고 느껴질 때 말이다. 이럴 때 어떤 외부 존재가 당신의 마음을 열어주기를 수동적으로 기다려서는 안 된다. 내가 다섯 살 때 만난 강아지가 그런 역할을 했던 것처럼 말이다. 타인이 당신을 부당하게 대하거나 상처를 주었을 때, 당신은 사랑을 이끌어내기 위해 의식적으로 노력해야 한다. 이는 왠지 부자연스럽게 느껴진다. 어린아이처럼 우리는 사랑을 노력 없이도 할 수 있는 것으로 생각하기 때문이다. 영적으로 성숙하기 위해서는 진정한 사랑에는 노력이 필요하다는 사실을 이해해야 한다.

사랑을 위해 노력을 기울인다는 것이 대다수 사람에겐 자연스럽지 않게 느껴진다. 그래서 툴이 필요한 것이다. 이 툴의 이름은 **능동적 사랑**이다. 이 이름에는 '사랑'과 '노력'의 의미가 함께 담겨 있다. 이 툴을 이용하면 내면에서 작은 사랑의 샘물이 흘러나온다. 그리고 이로써 당신은 사랑의 물결이라는 더 커다란 우주의 물결과 하나가 된다.

누군가 때문에 화가 나거나 어떤 자극을 받아 심리적 미로에 빠질 때마다 능동적 사랑을 사용해야 한다. 이는 사랑의 물결과 연결되는 확실한 방법이다. 이제 당신은 어떤 상황에서도 미로를 빠져나올 수 있다. 어느 누구도 당신의 삶이 앞으로 나아가지 못하게 막을 수 없다.

이 툴은 다음과 같은 세 단계로 구성된다.

능동적 사랑

STEP 1 무한한 사랑으로 가득한 따뜻하고 맑은 빛이 당신을 완전히 둘러싸고 있다고 상상하라. 당신의 마음이 당신이라는 존재를 넘어서 넓어지고 또 넓어져 그 사랑의 빛과 하나가 되는 것을 느껴라. 이제 넓게 확장되었던 마음을 원래 크기로 줄이면, 그 무한한 사랑의 에너지가 당신의 가슴에 응축된다. 이 사랑의 힘은 무엇으로도 제지할 수 없으며 자신을 나눠주고 싶어 한다.

STEP 2 당신을 화나게 한 사람에게 마음을 집중하라. 그 사람이 당신 앞에 없다면(대개 그럴 것이다) 실제로 눈앞에 있는 것처럼 상상하라. 당신 가슴에 응축된 사랑을 하나도 남김없이 전부 그 사람에게 보내라.

심호흡을 했다가 공기를 완전히 몸 밖으로 토해내듯이 말이다.

STEP 3 가슴에 있던 사랑이 이동하는 것을 그대로 마음으로 쫓아라. 사랑이 그 사람의 명치로 흘러들어가는 것을 그냥 보고만 있지 마라. 사랑이 들어가는 것을 '느껴라.' 그러면 당신은 그 사람과 하나가 된 기분이 든다. 긴장을 풀고 이제 다시 무한한 사랑이 당신을 둘러싸는 것을 느껴라. 무한한 사랑의 빛이 당신이 써버린 사랑의 에너지를 다시 채워줄 것이다. 당신은 충만함과 평온함을 느낀다.

위의 세 단계에는 각각 이름이 존재한다.

첫 번째 단계는 '응축'이다. 당신을 둘러싼 사랑의 에너지를 최대한 모아 가슴에 응축시킨다. 가슴은 우리 몸에서 사랑을 느끼고 담을 수 있는 유일한 공간이다.

두 번째는 '이동'이다. 이 단계에서 당신의 마음은 일종의 파이프가 되어 높은 곳의 사랑을 이 세상으로 이동시킨다.

가장 중요한 것은 세 번째인 '침투' 단계다. 당신이 보낸 사랑이 상대방에게 들어가는 것을 당신이 '느낄' 때, 상대방을 온전히 받아들이는 기분이 들 것이다. 이러한 포용의 기분은 상대와 하나가 된 느낌을 경험해야 찾아온다. 이제 당신은 불공정하다고 느꼈던 상황을 완전히 끌어안은 뒤 거기서 자유롭게 벗어날 수 있다. 이제 어느 누구도 당신을 미로에 밀어 넣을 수 없다. 누구도 당신의 삶을 방해할 수 없다.

이는 상대방이 누구인지 모를 때도 적용할 수 있다. 대표적 예는 도로에서 누군가가 당신 차를 추월해 진로를 방해하는 경우다. 또 상대가 사람이 아니라 우체국이나 차량관리국 같은 조직인 경우도 마찬가지다. 당신에게 분노를 일으킨 대상을 직접적으로 알지 못해도 '능동적 사랑'을 얼마든지 활용할 수 있다. 설령 상대방이 어떻게 생겼는지 머릿속으로 상상해야 한다 할지라도, 이 툴이 당신에게 주는 힘은 약해지지 않는다. 중요한 것은 실제든 상상한 모습이든 당신의 사랑을 보낼 대상이 존재한다는 사실이다. 당신을 자유롭게 만드는 것은 바로 사랑을 보내는 행위이기 때문이다.

이제 당신은 능동적 사랑이라는 툴을 배웠다. 그러니 앞으로 세상이 당신을 부당하게 대우한다고 느낄 때 둘 중 하나를 선택해야 한다. 아무것도 하지 않고 미로에 빠져 과거에 일어난 사건에 갇혀버릴 수도 있다. 그러면 삶은 당신을 그냥 스쳐 지나갈 것이다. 아니면 능동적 사랑을 이용해 사랑의 물결과 하나가 되어 미래를 향해 나아갈 수도 있다. 부당하게 대우받았다는 기분을 느낀 그 순간에는 이 두 가지 선택지가 존재한다는 사실을 잊기 쉽다. 다음의 그림을 보라.

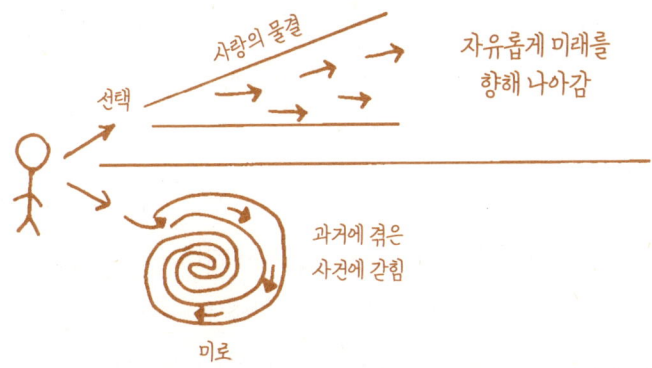

 왼쪽에 있는 사람을 당신이라고 생각하라. 당신은 부당한 사건이나 화나는 일을 겪은 직후다. 아래쪽으로 향하는 화살표는 당신이 아무것도 하지 않음을 나타낸다. 사실상 미로에 들어가기로 선택하는 것이다. 위쪽으로 향하는 화살표는 능동적 사랑의 세 단계를 실천하기로 선택했음을 나타낸다. 후자의 경우 당신은 사랑의 물결과 하나가 될 수 있다. 그리고 자유롭게 미래를 향해 나아갈 수 있다. 나의 많은 환자들은 감정적 상처를 입을 때마다 이 그림을 마음속에 그리면서 자신에게 두 가지 선택의 길이 있음을 떠올린다.

'능동적 사랑'으로 평화로워지기

 응축-이동-침투로 이어지는 이 툴의 세 단계를 당장 연습하기 시작하라. 자꾸 사용해서 나중에는 외워서 자동적으로 꺼내 쓸 수 있도록 하라. 세 단계를 빠르게 실행하면서도 집중력이 흐트러지지 않는 수준에 이르러야 한다.

이 툴에도 역시 큐가 존재한다. 첫 번째는 누군가의 행동이나 말 때문에 화가 났을 때다. 예를 들어 자녀가 쓰레기를 내다 버리라는 말을 듣지 않을 때, 애써 생각해낸 아이디어를 동료가 훔쳐갔을 때 등이다. 이럴 때 보통 우리는 과잉 반응을 보이며 흥분한다. 심하게 화를 내거나 그 일을 좀처럼 잊어버리지 못한다. 또는 둘 모두에 해당한다. 어쨌거나 큐에 해당하는 것은 분노다. 마음속에서 화가 치미는 순간 능동적 사랑을 실행하라. 침착함을 되찾고 그 일에서 벗어날 때까지 반복해서 실천하라.

두 번째 큐는 앞의 경우보다 알아채기 힘든 분노다. 하지만 자주 나타나기는 마찬가지다. 이때의 분노는 현재 일어난 사건 때문이 아니다. 몇 주나 몇 년 전에 일어난 일을 떠올리며 분노를 느끼는 것이다. 오래전 과거의 기억 탓에 심리적 미로에 갇히는 것은 현재의 사건 때문에 그렇게 되는 것 못지않게 삶에 치명적 피해를 입힌다. 우리는 과거에 겪은 부당한 일을 자꾸 생각하며 곱씹는 습관이 있다. 예전에 파티에서 누군가가 당신을 냉대한 일을, 직장 동료가 상사 앞에서 당신을 깎아내린 일을 떠올린다. 그 기억만 소환하지 않았다면 즐거웠을 현재가 괴로워진다. 그럴 때 능동적 사랑을 이용해야 한다.

마지막으로, 까다롭거나 불편한 사람을 상대하는 경우를 염두에 두고 능동적 사랑을 활용할 수 있다. 누구에게나 불쾌하고 싫은 사람이 한두 명쯤 있기 마련이다. 머릿속에 그 사람을 떠올리기만 해도 심리적 미로에 빠진다. 그런 인물로 TV 드라마에 흔히 등장하는 것은 시어머니다. 하지만 그 상대는 배우자나 자녀, 직장 상사일 수도 있다. 그런 사람과의 충돌이 예상되면 우리는 그 사람이 나를 어떻게 대할까, 나는 거기에 어떻게 응수할까 등을 걱정하면서 많은 시간을 낭비한다. 이는 상대방과의 관계에 아무런 도움이 되지 않는다. 오히려 또 다른 형태의 미로에 빠지는 것이나 마찬가지다.

이럴 때 능동적 사랑을 이용해야 한다. 사실 그 사람이 생각날 때마다 사용해야 한다. 그러면 그가 당신 머릿속에서 차지하는 공간이 점차 줄어든다. 당신이 미로에서 빠져나오고 나면 그들은 당신에게 별다른 힘을 발휘하지 못한다. 또 당신은 훨씬 자신감 있는 태도로 그들을 대할 수 있다.

이 세 가지 큐를 반드시 기억하고 능동적 사랑을 이용하라. 상처 입거나 분노를 느끼는 일이 훨씬 줄어들 것이다. 그리고 당신의 화를 돋우곤 했던 사람들에게서 자유로워질 수 있다.

물론 능동적 사랑을 실천하는 일이 항상 쉽지는 않다. 내가 지금 느끼는 분노가 옳다고 생각하면, 나를 화나게 만든 그 사람에게 사랑을 보내서는 '안 될' 것처럼 느껴진다. 보통 우리는 사랑을 윤리적인 또는 종교적인 맥락에서 생각한다. 사랑을 베푸는 것이 '옳은' 일이기 때문에 그렇게 해야 한다고 여기는 것이다. 그러나 '옳은 일을 한다'는 추상적인 개념은 부당함을 겪어 화가 난 사람의 행동을 변화시킬 힘이 없다. 어맨다는 이렇게 말했다. "누가 나를 괴롭히면 나도 그 사람을 괴롭혀줄 거예요. 나는 간디가 아니에요. 패션 업계에서 살아남아야 하는 사람이라고요."

 나는 능동적 사랑을 실천하는 것이 옳은 일이기 때문에 하라고 환자에게 말하지 않는다. 그것이 그들에게 실질적인 이로움을 가져다주기 때문에 활용하라고 한다. 나는 환자들에게 사실 그들도 분노에 휩싸여 살기를 결코 원치 않는다는 사실을 상기시킨다. 그것이 옳지 않은 태도이기 때문이 아니라, 그렇게 살면 결국 그들 자신이 괴롭고 삶이 피폐해지기 때문이다. 윤리는 물론 중요하다. 하지만 윤리는 우리를 행동하게 할 만큼 충분한 동기부여를 하지 못할 때가 많다. 그럴 때는 더 강력한 동기가 되는 것에 의존해야 한다. 그것은 바로 자신에게 돌아오는 이로움이다.

 능동적 사랑을 활용하기가 어려운 또 다른 이유는 분노가 상대에 대한 **즉각적인 반응**으로서 솟구치는 감정이기 때문이다. 그 사람 얼굴을 보기만 해도, 심지어 머릿속에 떠올리기만 해도 화가 끓어올라 사랑을 발휘하기 힘들어진다. 그럴 때는 간단한 방법이 있다. 이 툴을 사용할 때 상대방 얼굴을 머릿속에서 깨끗이 지워라. 얼굴은 특정 인물을 나타내는 가장 대표적인 특징이다. 얼굴 없는 몸통은 그 누구라도 될 수 있는 존재다. 능동적 사랑을 실행할 때 상대방 얼굴을 마음에서 지우고 몸통만 떠올려라. 그리고 그 몸통의 명치로 사랑을 흘려보내라. 이렇게 하면 상대방에 집중하는 대신 당신 자신이 실천하는 툴에 더욱 집중할 수 있다.

당신의 목표는 주변 상황이 어떻든 상관없이 사랑의 물결과 연결되는 것이다. 따라서 그것을 어떤 특정한 물질이라고 생각하면 도움이 된다. 예컨대 물 같은 것 말이다. 만일 당신이 세차장에서 일한다면 당신의 임무는 차가 들어올 때마다 매번 완벽하게 물로 씻어내는 것이다. 자동차 주인이 성인聖人인지 적군인지는 중요하지 않다. 모든 차에 똑같이 물을 뿌려 씻어내는 것이 포인트다.

하지만 물론 이런 고차원적 사랑은 그 어떤 물질과도 다르다. 그 사랑과 연결되는 일은 대단히 커다란 보상을 가져다주기 때문이다. 사랑을 베풀면 결국 당신에게는 처음 가졌던 것보다 더 많은 사랑이 돌아온다. 유리잔에 반쯤 담긴 물은 마시면 없어진다. 그러나 잔에 반쯤 차 있는 사랑을 당신이 싫어하는 사람에게 마시라고 주고 나면, 나중에 그 잔은 가득 차서 당신에게 돌아온다. 그렇기 때문에 능동적 사랑의 세 번째 단계에서 충만함과 평화로움을 느끼게 되는 것이다.

당신이 떠올릴 질문들

가장 많이 듣는 불평은 이 책에서 소개하는 툴들을 실천하려면 적지 않은 노력이 필요하다는 점이다. 이에 대해서는 1장에서도 얘기했지만 한 번 더 짚고 넘어가는 편이 좋겠다. 심리적 스트레스에 짓눌려 있을 때 가장 듣기 싫은 말은 "그렇다면 '이번엔' 이렇게 해보세요"다. 우리도 잘 안다.

하지만 기억하라. 툴을 사용하면 당신이 투자한 에너지보다 훨씬 더 많은 에너지가 보상으로 돌아온다. 그 이유는 툴이 초월적 힘의 무한한 에너지와 당신을 연결해주기 때문이다. 능동적 사랑이라는 툴만 봐도 그렇다. 당신은 자신이 가진 사랑의 에너지를 전부 상대방에게 보내지만 결국 나중에는 처음보다 더 많은 에너지가 당신에게 쌓인다. 앞서 말했듯이 반쯤 차 있던 잔이 언제나 가득 차서 돌아온다는 얘기다. 이것은 무한한 에너지를 직접 경험한 결과다.

이 점을 잊지 마라. **우리 인간에게는 무한한 힘의 원천에 다가갈 수 있는 기회가 있다. 그러나 그러려면 노력이 필요하다. 그것을 거저 얻을 수는 없다.**

능동적 사랑과 관련해 자주 묻는 질문은 다음과 같다.

Q1 능동적 사랑을 사용하라는 건 상대방에게 모욕을 당하고도 그냥 넘어가라는 의미 아닙니까?

모욕감을 느꼈을 때 맞서 따지고 싶은 것은 자연스러운 반응입니다. 하지만 안타깝게도 그러면 미로에 빠지는 겁니다. 화가 난 상태로 상대방과 맞서면 절대 그 사람의 존중을 이끌어낼 수 없습니다. 오히려 분노와 두려움을 자극하게 되죠(믿기지 않는다면, 반대로 누군가가 '당신을 향해' 화를 폭발시킬 때 당신에게 어떤 감정이 일어날지 상상해보세요).

사람들은 당신이 생각하는 것보다 직관적 인지력이 뛰어납니다. 당신이 대결 모드로 돌입하면 그들은 당신의 마음속 감정을 금방 알아챕니다. 마음속에 사랑이 있는지 미움이 있는지 말입니다. 그리고 당신의 태도는 두 사람의 관계를 얼마만큼 중요하게 여기는지도 말해주죠. 당신 마음속의 미움을 감지하면 상대방은 당신이 둘의 관계를 중요하게 생각하지 않는다는 의미로, 관계가 망가져도 상관없다고 여긴다는 의미로 해석합니다. 그렇기 때문에 당신이 미움을 품으면 금세 상대방에게도 미움이 생깁니다. 이것은 직원들을 관리하는 리더일 때도 마찬가지입니다. 직원들에게 위협감을 주거나 그들을 함부로 대하면 결코 그들의 충성을 얻을 수 없습니다.

뛰어난 인간관계 기술을 가진 사람은 사람 사이의 관계에 대부분 선의가 숨겨져 있다고 생각합니다. 비록 당장은 드러나지 않더라도 말입니다. 그렇게 잠재된 선의를 이끌어내 작동시키는 유일한 방법은 사랑의 물결과 연결되는 것입니다. 이 힘과 연결된 상태에 있으면 당신이 상대방과의 관계를 소중히 여긴다는 신호를 보내게 됩니다. 상대방이 이것을 느끼면 당신의 말을 받아들이거나 당신을 존중할 가능성이 훨씬 커집니다. 가끔은 상대방의 내면에 선의가 '전혀' 없는 탓에 능동적 사랑이 효과를 내지 못하는 경우도 있습니다. 하지만 그렇다 해도 당신이 잃을 건 없습니다. 어차피 그 사람과는 서로 존중하는 관계를 맺기 힘들었을 테니까요. 사실 당신은 미로에 갇혔을 때 가졌던 강박적인 감정 대신 차분한 자신감을 느끼게 될 겁니다. 상대방이 어떤 사람인지 전보다 한층 분명히 알게 되기 때문입니다.

대개의 경우 능동적 사랑은 상대방에게 맞서는 새로운 방법을 일깨워줍니다. 상대방에게 무언가를 말하기 '전'에, 또는 만나기 '전'에 이 툴을 사용하세요. 사랑의 물결과 연결되었다고 느낄 때까지 반복해 사용하십시오. 일단 그 상태가 된 후 상대방과 마주하십시오. 분노의 말로 그를 자극하는 대신 단호하고 자신감 있게 말할 수 있을 겁니다.

대결 구도에 대한 준비물로 사랑을 챙기라는 말이 이상하게 들릴지도 모릅니다. 하지만 열린 마음으로 직접 활용해보면 그 결과에 놀랄 겁니다.

Q2 능동적 사랑이라는 툴에 거부감이 듭니다. 미워하는 사람에게 사랑을 보내는 건 거짓된 행동 아닌가요?

흔히 심리학에서는 모든 감정을 솔직하게 표현해야 한다고 말합니다. 감정이 상황에 대한 '진실'을 대변하기 때문이라는 거죠. 하지만 그건 그릇된 관점입니다. 사실 감정은 진실의 일부만을 보여줍니다. 어맨다와 블레이크를 경우를 보세요. 블레이크가 파티에서 다른 여자와 시간을 보내자 어맨다는 블레이크가 미워졌습니다. 하지만 파티에 가기 전에 그녀는 그를 사랑했습니다. 그러니 어맨다의 미움이 두 사람 관계의 진실 전부를 나타낸다고 말하는 것은 지나친 단순화입니다. 두 사람의 관계라는 카펫은 온갖 날실과 씨

실로 복잡하고 미묘하게 얽혀 있는데 말이죠. '진실'은 언제나 다면적입니다.

아마 당신도 옛날에 누군가와 싸운 일을 뒤돌아보면서 '지금 생각해보면 진짜 아무 일도 아닌데 그땐 왜 그렇게 흥분했지?' 하고 의아했던 경험이 있을 겁니다. 화가 난 순간에는 당신이 생각하는 모든 것이 '진실'처럼 느껴집니다. 하지만 그것은 당신 마음이 화로 가득하다는 사실을 반영할 뿐입니다. 그 진실을 상대에게 표현하거나 그 진실에 따라 행동하는 것은 어리석은 일입니다. 그런 융통성 없는 '솔직함'은 상대방과의 관계를 악화시킵니다.

상대방에 대한 모든 진실을 안다고 생각하는 것만큼 어리석은 일은 없습니다. 당신 스스로는 '내가 옳다'는 기분이 들겠지요. 당신이 얻는 건 그 기분뿐입니다. 중요한 것은 둘의 관계를 긍정적인 방향으로 변화시킬 수 있는 힘을 키우는 일입니다. 지금 당장의 감정과 흥분에 휘말려 있는 한, 그런 힘은 키울 수 없습니다. 능동적 사랑은 눈앞의 감정을 초월할 수 있는 힘을 줍니다.

그렇기 때문에 심리적 문제에서 영적 접근법을 취하는 것이 중요합니다. 우리 자신의 감정보다 더 크고 강력한 초월적 힘과 연결되는 방법을 가르쳐주기 때문이지요. 이 영적 힘은 우리의 감정을 없애는 것이 아니라 변화시킵니다. 사소한 분노와 괴로움에 에너지를 낭비하는 것을 멈추면 인생의 중요한 것들이 당신의 내면 깊은 곳을 변화시킬 것입니다.

Q3 이 툴의 1단계에서 말하는 것, 즉 사랑으로 가득한 빛의 공간이 존재한다는 것을 믿을 수가 없습니다. 어떻게 해야 할까요?

당신 자신은 인식하지 못하지만 사실 당신은 그 사랑의 공간을 느끼기를 '거부하고' 있는 것입니다. 거부하는 이유는 그것의 힘이 너무 강력하기 때문입니다. 인간은 본래 자신보다 더 강력한 무언가에 저항감을 느끼기 마련입니다.
이런 저항감은 당신의 마음에 집중함으로써 극복할 수 있습니다. 스스로 취약한 존재가 되었다는 강렬한 기분이 든다고 상상해보십시오. 마음이 간절하게 기댈 곳을 갈구한다고 말입니다. 그런 절실한 마음을 가진 채 사랑이 가득한 빛의 공간으로 향한다고 상상하세요. 그 마음이 절실할수록 사랑의 공간은 더욱 실재적으로 느껴질 겁니다.
이렇게 마음을 열면 능동적 사랑을 활용할 준비가 됩니다. 반복해서 연습하면 마음이 더 부드럽게 열려 초월적 힘이 들어올 수 있는 통로로 변합니다.
처음에는 자신이 취약한 존재가 되었다고 상상하는 일이

어색할 겁니다. 그러니 혼자 있을 때 시도해보는 것이 좋습니다. 다른 기술을 익힐 때와 마찬가지로 이때도 반복적인 연습이 필요합니다. 야구선수를 생각해보세요. 타격 연습장에서 수없이 연습한 후에야 실제 투수가 던지는 공을 치러 경기장에 나가지 않습니까.

이런 연습을 계속하다 보면 당신에게 강한 힘이 차오르는 것을 느낄 수 있습니다. 대부분의 사람은 이런 사실을 잘 받아들이지 못합니다. 진정한 힘이 무엇인지 모르기 때문이지요. 진정한 힘은 당신이라는 개인에게서 나오는 게 아닙니다. 당신보다 더 크고 강력한 무언가와 연결되어야 나오는 것입니다.

내면에 진정한 힘이 생겨나면 타인에게 뭔가를 증명해 보이려고 애쓸 필요가 없습니다. 또 평소의 자신이 아닌 당신의 영적 자아가 힘을 발휘하게 됩니다. 그러면 주변 사람들의 영적 자아에도 영향을 미칩니다. 이는 타인과의 갈등을 해결하는 유일한 길입니다.

툴을 경험한 사람들

당신이 어맨다와 같은 문제를 겪고 있는 게 아니라면 어떨까? 그래도 능동적 사랑이 도움이 될까?

물론이다. 이 책에 소개하는 다른 툴과 마찬가지로 능동적 사랑 역시 매우 다양한 경우에 활용할 수 있다. 아래에 어맨다와 다른 문제를 겪는 세 환자를 소개하겠다. 이들은 또 다른 상황에서 능동적 사랑을 활용했다. 그리고 과거에 가져보지 못한 진정한 힘을 갖게 되었다.

1. 자제력을 키우고 싶다

욱하는 성질을 통제하지 못하는 것만큼 자신과 주변 사람에게 파괴적 영향을 미치는 것은 없다. 이런 습관을 고치기 위해서는 화가 폭발하려는 순간에 툴을 활용하여 마음속 폭탄

이 터지기 전에 뇌관을 제거해야 한다.

레이는 주로 공공장소에서 화를 폭발하곤 했다. 길을 걷다 누군가가 자신의 몸에 부딪힌다거나 운전 중에 다른 차가 자신을 추월하면 여지없이 폭발했다. 그는 상대방에게 무시당한다는 느낌이 들면 앞뒤 생각할 것도 없이 싸움부터 벌였다. 진짜 남자라면 당연히 그래야 한다고 생각했다. 마흔 살이나 되었는데도 툭하면 길거리에서 낯선 사람과 드잡이를 했다. 그러던 어느 날 고속도로에서 자신의 그런 문제를 강하게 자각했다. 그날 사내 두 명이 탄 자동차가 레이 차의 주행을 방해하며 앞을 막아섰다. 사내들은 웃으면서 그냥 가버렸지만 레이는 수 킬로미터나 뒤쫓아 가서는 그 차를 뒤에서 받아버렸다. 그 차가 고속도로 출구로 나가자 레이도 역시 뒤를 따랐다. 그런데 두 사내가 차를 세운 다음 야구 방망이를 쥐고 내리는 것이 아닌가. 이 일은 레이에게 일종의 터닝포인트가 되었다.

"젊은 애들하고 싸워 이겨서 존경을 받아내려는 게 이 나이 먹어서 할 짓은 아니라는 생각이 퍼뜩 들었습니다."

레이의 문제는 생각만으로 해결할 수 있는 종류가 아니었다. 그에게는 폭발하려는 순간에 활용할 수 있는 툴이 필요했다. 그래서 나는 그에게 능동적 사랑의 활용 방법을 가르쳐주었다. 이 툴을 활용한 후 그는 화를 참는 자제력이 생겨났을 뿐 아니라 그보다 더 중요한 성과도 얻었다. 진짜 남자가 무엇인지 깨달은 것이다.

"자제력을 발휘할 줄 아는 게 진짜 남자죠. 그런 제 자신을 볼 때마다 자랑스럽습니다. 남들이 어떻게 생각하느냐는 중요하지 않아요."

2. 내 의견을 적극적으로 표현하고 싶다

상대방에 대한 분노나 불만을 표현하지 못하고 속에 꾹꾹 눌러 담아놓으면 괴롭기가 이루 말할 수 없다. 마음속에 화가 쌓일수록 상대방과 마주하는 것은 더 부담스럽고 위험한 일로 느껴진다. 툴을 이용해 내면의 화를 완화하면 자기 의견을 적극적으로 표현하는 자신감을 키울 수 있다.

마시는 법률회사의 청구서 발송 부서에 수년째 근무하고 있었다. 부서 책임자는 앨이라는 사람으로, 마시보다 스무 살 많은 회계사였다. 마시는 대학을 나오지는 않았지만 머리가 대단히 총명해서 앨에게 가장 믿음직한 부하 직원이었다. 앨은 도움이 필요할 때면 늘 마시를 먼저 찾으면서도, 그녀를 퉁명스럽게 대하거나 무시하기 일쑤였다. 마시는 너무 소극적이라서 자기 의견을 당당히 밝히지 못했다. 하지만 연봉 인상도 받지 못하고 그런 대우를 3년째 견디다 보니 마음속에 부글거리는 분노가 쌓였다. 자신이 앨 앞에서 큰소리로 호통 치는 상상도 수없이 했다. 그럴수록 그녀에게 앨은 더욱 두려운 존재로 느껴질 뿐이었다.

나는 마시에게 앨과 함께 있을 때마다 능동적 사랑을 이용하라고 조언했다. 이 툴을 꾸준히 실천하자 놀랍게도 앨이 두려운 존재라기보다는 인간적인 사람으로 느껴지기 시작했다. 나중에 마시는 앨에게 당당히 자기 소신을 밝힐 수 있는 정도까지 이르렀다. 사랑의 물결과 연결되자 자존감을 잃지 않고 침착하게 의견을 표현할 수 있었다. 그리고 그녀의 능력에 걸맞은 수준으로 연봉도 인상되었다.

3. 타인을 있는 그대로 받아들이고 싶다

과거에 한 행동 때문이든 현재 바꿀 수 없는 어떤 모습 때문이든, 당신이 만나는 모든 인간은 불완전한 존재다. 당신이 상대방의 그런 단점에만 집중하면 그와의 관계는 일그러질 수밖에 없다. 따라서 상대방을 있는 그대로 받아들이게 도와주는 툴이 필요하다.

마크는 사귀고 있는 연인과 결혼을 하고 싶었다. 그런데 그녀의 과거가 마음에 걸렸다. 마크를 만나기 오래전에 그녀는 록그룹 멤버와 사귄 적이 있었다. 당시 그녀는 세상 경험이 별로 없는 스물세 살이었고, 그녀의 눈에는 그 로커가 멋지게만 보였다. 로커는 섹스와 마약을 즐기는 거친 삶으로 그녀를 끌어들였다. 그녀는 6개월쯤 그런 생활을 하다가 로커와 헤어졌다. 하지만 마크는 그녀의 과거를 머릿속에서 떨칠 수가 없었다. 그녀가 지독한 바람둥이와 잠자리를 했다는 사실을 잊을 수가 없었고, 잠시 동안이라고 할지라도 마약까지 했다는 사실은 더더욱 받아들이기 힘들었다. 마크는 그녀가 과거의 경험 때문에 오염된 여자처럼, 절대 지울 수 없는 얼룩을 가진 여자처럼 보였다. 그녀의 전 남자친구인 로커를 아는 누군가로부터 전화가 오거나, 어쩌다 옛날 사진을 보거나, 아니면 특정한 노래만 들려와도 마크는 강박적인 감정에 휩싸였다. 그녀와 로커가 옛날에 함께 시간을 보낸 장면들이 머릿속을 점령했다. 급기야 옛날에 로커와 무슨 일이 있었냐며 그녀를 추궁하기까지 했다. 무엇보다도 괴로운 것은 그 모든 일을 되돌릴 수 없다는 사실이었다. 그녀의 청순함과 순결함을 되돌릴 수는 없었다.

마크에게 가장 필요한 것은 그녀를 있는 그대로 받아들이는 일이었다. 그는 강박적인 생각에 사로잡힐 때마다 능동적 사랑을 실천했다. 그러자 애인의 과거가 그를 사로잡고 있던 힘이 약해지기 시작했다. 그는 애인의 현재 모습을 그대로 받아들이고 신뢰할 수 있는 남자로 변화했다.

포용의 툴 요약

◦ 이 툴의 목적

당신을 화나게 한 사람을 머릿속에서 지울 수 없을 때 이 툴을 사용하라. 그럴 때 당신은 그가 한 행동을 자꾸 떠올리거나 그에게 앙갚음하는 상상을 할지도 모른다. 그것이 바로 미로다. 미로에 빠지면 당신의 삶은 정체되고 세상은 당신 곁을 그냥 스쳐 지나가 버린다.

◦ 극복해야 할 것

세상 사람들이 당연히 당신을 '공정하게' 대우할 것이라는 순진한 믿음을 버려라. 그런 믿음을 고수하는 사람은 과거에 경험한 부당한 대우가 바로잡아지지 않는 한 꼼짝도 하지 않으려 버틴다. 그리고 결국 미로에 갇히고 만다.

◦ 이 툴의 큐

1. 타인의 행동이나 말 때문에 화가 났을 때.
2. 최근의 일이든 먼 과거의 일이든, 부당하게 대우받은 경험을 자꾸 떠올릴 때.
3. 까다롭거나 싫은 사람과 마주해야 할 때.

◦ 실행 방법

1. **응축:** 당신을 둘러싼 무한한 사랑의 공간이 존재한다. 마음이 계속 넓어져서 그 공간과 하나가 되는 것을 느껴라. 넓게 확장된 마음을 원래 크기로 줄이면 무한한 사랑이 당신의 가슴에 응축된다.
2. **이동:** 가슴에 응축된 사랑을 하나도 남김없이 상대방에게 보내라.
3. **침투:** 사랑이 상대방에게 흘러들어가는 것을 그냥 보고만 있지 말고 직접 느껴라. 그 사람과 하나가 된 기분을 경험하라. 이제 당신이 내보낸 사랑의 에너지가 전부 당신에게 되돌아온다.

◦ 당신이 사용하는 초월적 힘

능동적 사랑은 사랑의 물결을 불러일으킨다. 사랑의 물결은 모든 것을 있는 그대로의 모습으로 받아들이는 힘이다. 이 힘과 연결되면 마음속에 있던 부당함에 대한 감정이 사라지고, 당신은 아낌없이 사랑을 베풀 수 있다. 이 상태에 이르면 그 어떤 것도 당신을 제약하지 못한다. 당신은 사랑의 물결로부터 가장 큰 이로움을 얻는 수혜자가 되며 거침없이 미래를 향해 나아갈 수 있다.

4장

자유의 틀
: 내면의 권위를 세워라

The Tools
*: 5 Tools to Help You Find Courage, Creativity, and Willpower
and Inspire You to Live Life in Forward Motion*

내게 상담을 받으러 온 제니퍼는 아들이 일류 축구팀에 합격했다며 무척 기뻐했다. 이것은 그녀가 사는 웨스트 LA에서는 대단한 일이었다. 제니퍼는 아들을 훌륭한 축구선수로 키우기 위해 모든 걸 쏟는 엄마였다. 원래 자신감 없고 소극적인 성격이지만 아들의 진로 문제에 관한 만큼은 그렇지 않았다. 그녀는 아들이 그 축구팀에 들어가게 하기 위해 백방으로 노력했다. 여러 차례 감독을 만나 이야기를 나눴고, 지역 스포츠 기자와 이메일도 주고받았으며, 아들의 입단에 영향을 미칠 만한 사람이면 누구든 만나고 다녔다. 제니퍼가 그렇게 애를 쓴 이유는 아들이 자신과는 다른 인생을 살길 바랐기 때문이다. 아들의 경기가 있는 날 뜨거운 햇볕이 내리쬐는 관람석에 앉아 규칙도 잘 모르는 경기를 관람하는 일이 그녀에게는 고역이 아니라 특권처럼 느껴졌다. 그녀의 아들은 이제 열 살이었다.

제니퍼는 작은 시골 동네에서 어린 시절을 보냈다. 가족 중에 고등학교를 졸업한 사람은 그녀가 처음이었다. 그녀는 고등학교를 졸업하자마자 집에서 도망치듯 나와 대도시로 이사했다. 남달리 외모가 뛰어난 제니퍼는 곧 모델로 일하기 시작했다. 그런데 외면적 삶은 달라졌지만 그녀의 내면은 그렇지 않았다. 모델로 웬만큼 성공을 거두었음에도 그녀는 주변의 상류층 사람들이 자신보다 훨씬 낫다는 느낌을 떨쳐버릴 수 없었다. 그들은 그녀보다 더 똑똑하고 세련되고 안정돼 보였다. 제니퍼가 보기에 그 사람들은 자신이 절대 낄 수 없는 배타적인 '그들만의 집단'의 구성원이었다.

제니퍼는 아들만큼은 자신처럼 소외감을 느끼지 않게 만들어야겠다고 결심했다. 자신은 대학에 못 갔지만 아들은 꼭 보낼 생각이었다. 그냥 아무 대학이 아니라 일류 대학, 가급적이면 아이비리그 중 한 곳에 보내고 싶었다. 축구팀에 들여보낸 것은 '그들만의 세계'에 입성하기 위한 기나긴 여정의 첫 단계였다. 앞으로 좋은 사립 고등학교에 입학하고 일류 대학에도 들어가면 여봐란듯이 그들만의 세계의 일원이 될 터였다.

고향인 시골 동네에 아직 살고 있는 제니퍼의 아버지는 엘리트주의 냄새가 풍긴다면서 그녀의 야심 찬 계획을 못마땅하게 여겼다. "쯧쯧, 그 아이는 결국 버드와이저 대신 화이트와인만 마시게 될 거다." 아버지가 이렇게 말하자 제니퍼는 "그것도 아주 최고급 화이트와인만 마실 거예요"라고 응수했다.

축구팀 입단을 허락한다는 감독의 전화를 받았을 때 제니퍼는 당연히 뛸 듯이 기뻤다. 하지만 기쁨은 그리 오래가지 못했다. 축구 연습이 있던 첫날부터 소외된 아웃사이더가 된 기분을 느꼈다. 다른 아이들의 아버지는 대부분 잘나가는 변호사나 사업가였다. 제니퍼의 남편은 그녀의 임신 사실을 알자마자 그녀를 버리고 떠났다. 다른 아버지들은 자기 아들에게 슬라이드 태클, 페널티킥, 오프사이드 같은 것을 자상하게 설명하며 코치 역할을 자처했다. 하지만 제니퍼는 옐로카드와 레드카드의 의미조차 정확히 알지 못했다.

제니퍼의 불편한 마음은 엄마들 사이에 있을 때 더욱 심했다. 축구장에 도착해보면 엄마들은 삼삼오오 모여 앉아 끊임없이 대화의 꽃을 피웠다. 어떤 때는 제니퍼를 이상한 시선으로 쳐다봤다. 그들은 제니퍼에게 이리 와서 함께 앉자고 한 번도 권유하지 않았다. "그 엄마들은 절대로 나를 받아들이지 않을 거예요. 이미 나를 하찮은 여자라고 생각하고 있으니까요." 제니퍼는 상담 중에 이렇게 말했다.

내가 물었다. "그들이 그렇게 생각하고 있는지 어떻게 압니까? 같이 대화를 나눠본 적이 있나요?" 나는 엄마들에게 먼저 다가가라고 제니퍼에게 조언했다. 마침 그다음 주에 학부모 모임이 있었다. 곧 있을 원정 경기와 관련해 준비할 사항을 의논하는 자리였다. 제니퍼는 마지못해 모임에 참석했다. 하지만 상황이 좋게 풀리지 않았다. "다른 학부모에게 제 소개를 하려고 할 때마다 몸이 얼어붙었어요. 입이 바싹바싹 마르고 목소리도 떨리고요. 제 자신이 어찌나 바보 같던지, 서둘러 그 자리를 빠져나와 버렸어요."

누구나 이런 경험을 한다. 사람들에게 멋진 모습을 보이고 싶지만 머리와 몸이 말을 듣지 않는 것 말이다. 한마디로 '얼어붙어버리는' 것이다. 보통 이럴 때는 입안이 마르고 몸이 떨리고 머릿속이 하얗게 지워진다. 말하려던 내용이 기억나지 않고 심지어 제대로 된 문장도 구성하지 못한다. 제니퍼 역시 그랬다. 어떤 사람은 정확한 신체 감각을 상실해 앞에 있던 물잔을 쏟거나 어딘가에 몸을 부딪히기도 한다. 얼어붙는 순간의 증상은 매우 다양하다. 불편하고 경직된 기분을 느끼는 정도에 그치기도 하지만, 몸을 움직이지 못하거나 한마디도 말하지 못하는 경우도 있다. 밤중에 길을 건너다 헤드라이트에 놀라 도로 한가운데 멈춰선 사슴처럼 말이다.

형태와 강도는 달라도 누구나 이런 순간을 경험한다. 많은 사람을 대할 때만 이런 증상이 나타난다고 생각하기 쉽지만 한 사람 앞에서 얼어붙는 경우도 많다. 예컨대 직장 상사나 시어머니 같은 상대를 마주할 때 그렇다. 이번 장에서 사용하는 '청중'이라는 표현은 꼭 다수의 사람들을 의미하지는 않는다. 단 한 명의 사람에게도 청중이라는 말을 쓸 것이다. 특정 상황에서 상대방이 당신을 어떻게 생각하느냐가 중요한 경우 그 상대방이 청중에 해당한다.

얼어붙는 이유가 우리가 처한 특정한 상황 때문이라고 생각하는 것 역시 흔한 오해다. 무서운 사람을 만나거나 많은 사람 앞에서 말해야 하는 상황 말이다. 그러나 얼어붙는 것은 사실 외부 상황이 아니라 내면의 불안함 때문이다. 평소에는 내면의 불안을 인식하지 못하다가 갑자기 자신을 제대로 표현하지 못하고 경직되는 순간 그것을 인식하기도 한다.

다음과 같이 해보라.

눈을 감아라. 그리고 당신을 불안하고 자신감이 없어지게 하는 어떤 사람이나 집단 앞에 서 있다고 상상하라. 당신 몸의 변화에 집중하라. 앞에서 언급한, 얼어붙을 때의 증상이 나타나는지 살펴보라. 그런 증상을 견디면서 자신을 표현하려고 애쓰는 기분이 어떤가?

대부분의 사람처럼 당신도 몹시 불편하고 어색한 기분일 것이다. 그러나 내면의 불안으로 인해 치러야 하는 대가가 그런 잠깐의 심리적 불편함뿐이라면 큰 문제가 되지 않을 것이다. 안타깝게도 우리는 그보다 훨씬 큰 대가를 치러야 한다.

자유의 톨: 내면의 권위를 세워라

내면의 불안 때문에 치르는 대가

내면이 불안하고 자신감이 없으면 타인과 관계를 맺기 힘들다. 그런 사람은 경직되어 보이고 호감을 주지 못한다. 또 자기 자신을 드러내는 데 인색해지고 뒤로 물러나려고만 한다. 내면이 불안한 사람은 남들이 자신을 어떻게 생각하고 평가하는지에 과도하게 신경 쓰기 때문에 자신의 생각과 감정을 좀처럼 밝히지 않는다. 그 결과 더욱더 소외감을 느낄 수밖에 없다.

제니퍼를 보면 이를 잘 알 수 있다. 학부모 모임 이후 그녀는 모든 사람이 자신을 경멸한다는 확신을 굳혔다. 아이의 축구 연습이 있는 날은 하루 종일 고통스러웠다. 그녀는 자신이 환영받지 못하는 불청객이라고 느꼈다. 사람들이 거의 없는 관람석 제일 끝자리로 걸어갈 때면 마치 전기의자로 끌려가는 사형수가 된 기분이었다. 다른 학부모들이 있는 쪽으로는 일부러 시선을 두지 않았고 가슴은 불안하게 두근거렸다. 결국 그녀는 학부모들과 어떻게 하면 어울릴 수 있을까 하는 생각에 강박적으로 사로잡혔다. 그러더니 하루는 나에게 찾아와 의기양양한 목소리로 말했다. "선생님, 답을 찾았어요. 문제는 제 억양 때문이에요! 말할 때 비음이 조금 섞여 있거든요. 발음 교정 선생님하고 벌써 약속도 잡아놨어요."

다행히도 그녀가 많은 시간과 돈을 낭비하기 전에 운명의 여신이 끼어들어 주었다. 축구팀이 버스를 전세 내어 첫 번째 원정 경기를 떠나는 날이었다. 제니퍼의 아들이 버스 뒤쪽에서 친구들과 신나게 재잘거리는 동안, 그녀는 용기를 내서 앞자리에 앉은 엄마들에게 말을 걸었다. 처음에 그들은 약간 경계하는 눈치였지만 시간이 흐르자 제니퍼에게 호감을 느끼며 다정하게 대해주었다. 그리고 지금까지 자신들에게 제니퍼가 어떻게 보였는지 말해주었다. 축구 연습이 있을 때마다 이 매력적인 몸매의 모델 엄마는 당당한 걸음걸이로 다른 엄마들 곁을 지나가곤 했다. 그들은 입어볼 꿈도 못 꾸는 옷을 입고서 말이다. 이 모델 엄마는 먼저 인사를 건네는 법도 없었다. 엄마들은 말했다. "당신이 얼마나 거만해 보였는데요. 우리한테는 전혀 관심도 없었어요!"

학부모 모임이 있던 날은 상황을 더 악화시켰다. 그녀들은 자기 남편이 모임 시작 후 얼마 되지도 않아 홀연히 사라져버린 이 섹시한 싱글맘에 대한 이야기를 입에 올리지 못하게 하려고 갖은 애를 썼다. 어떤 엄마들은 너무 불안해진 나머지 몸매를 관리하려고 개인 헬스 트레이너를 고용했다. 한편 그들은 제니퍼가 발음 교정 선생님을 구했다는 얘기를 털어놓자 한참을 웃었다.

제니퍼는 그동안 자신의 시각이 얼마나 비뚤어져 있었는지 깨닫자 몹시 창피했다. 그녀는 다른 학부모들을 자신과 동떨어진 세계의 우월한 부류라고 바라보았다. 축구의 세부적인 기술까지 모두 통달하고 있을 뿐만 아니라 경제적으로 안정되고 흠이 없는 가정에서 자녀를 자신감 넘치고 품행이 바른 아이로 양육하는, 그런 학부모라고 말이다. 제니퍼는 말했다. "제 시각이 얼마나 잘못돼 있었는지 이제야 알겠어요. 알고 보니 그 사람들 삶에도 문제나 고민이 많더라고요."

더욱 중요한 것은 제니퍼가 자기 강박이 심해서 안으로만 움츠러들었다는 사실을 깨달았다는 점이다. 그녀는 이렇게 인정했다. "사실 제가 비우호적인 사람이었던 거죠." 그 때문에 다른 학부모들은 그녀를 불편해했다. 그들의 눈에 제니퍼는 원하는 건 뭐든지 손에 넣고 마는 미녀 약탈자처럼, 빼어난 미모로 남자를 홀려 남의 가정을 파괴할 것 같은 여자처럼 보였다.

분별력 있는 성인이었음에도 내면의 불안은 전염병처럼 그들 사이에 번졌다. 제니퍼도 다른 엄마들도 서로를 완전히 오해하고 있었다. 말을 트고 대화를 나누기 전까지는 양쪽 모두 상대의 모습을 정확히 보지 못한 것이다. 만일 제니퍼가 내면의 불안에서 벗어나지 못했다면 학부모들은 제니퍼나 그녀의 아들과 영영 가까워지지 못했을 것이다.

사람들과 연결되고 공감을 불러일으키는 능력은 성공의 필수 요소다. 인생의 중요한 기회는 대개 타인을 통해 찾아온다. 만일 자신이 지닌 장점만으로 그런 기회를 얻을 수 있다면 좋을 것이다. 재능이 뛰어나서 또는 열심히 노력해서 늘 기회를 얻는다면 말이다. 하지만 세상사는 그렇지 않다. **사람들은 당신에게 공감하고 뭔가 통한다고 느낄 때 기회를 준다.** 이를 보여주는 사례가 하나 있다. 내 친구는 세계적으로 인정받는 이론물리학자로, 일류 대학에서 강의도 하고 명망 높은 국립과학아카데미의 회원이기도 하다. 그에게는 그보다 훨씬 더 실력이 뛰어난 동료가 있다. 그런데 이 동료는 국립과학아카데미 회원 후보에 한 번도 오르지 못했다. 이유가 뭘까? 내면에 불안이 가득한 타입이라서 경쟁심과 시기심이 강하고 다른 사람들이 함께 일하기 불편해했기 때문이다. 그 동료는 뛰어난 학문적 능력을 갖췄음에도 직업적 발전에 한계가 있었다.

제니퍼 역시 타인과의 연결 및 공감과 관련해 문제를 갖고 있었다. 나를 만나기 전에 그녀는 모델에서 배우로 직업을 바꾸려고 시도했다. 운 좋게 배우 에이전트는 쉽게 찾았지만 오디션이 문제였다. 어떤 오디션에서든 가장 중요한 점은 방 안에 있는 사람들에게 공감을 불러일으키는 것이다. 그녀는 대사는 완벽하게 암기했지만 연기가 너무 부자연스러워서 보는 사람이 지루할 지경이었다. 오디션에서 수도 없이 떨어진 후 에이전트는 그녀와 고용 계약을 해지해버렸다. 에이전트는 이렇게 말했다. "당신은 노력도 열심히 하고 외모도 출중해요. 하지만 오디션 자리에서는 마치 로봇 같아요. 심리 전문가에게 상담이라도 받아보는 게 좋겠어요."

하지만 제니퍼는 그럴 마음이 없었다. 내면의 불안을 스스로 극복할 수 있다고 믿었기 때문이다. 그녀는 아들을 축구팀에 들여보낼 때와 비슷하게 나름대로 노력을 시작했다. 먼저 연기를 지도해줄 선생님을 고용했다. 또 마음속의 꿈을 종이에 적어 갖고 다니면서 오스카상을 받는 미래 모습을 상상했다. 이렇게 노력을 기울이자 잠시 동안은 기분이 나아졌다. 그러나 얼마 지나지 않아 '아무도 나를 좋아하지 않아'라는 부정적 생각이 다시 강렬하게 밀려왔다.

내면의 불안을 몰아내기는 쉽지 않다. 지식과 이성적 논리는 하나도 도움이 되지 않는다. 내면이 불안한 사람은 종종 특정한 목표를 세우고 그것을 이루려 열심히 달려가면 불안이 사라질 것이라고 믿는다. 그래서 살을 빼거나, 고급 학위를 취득하거나, 휴일 없이 열심히 일해서 승진하겠다는 목표를 세운다. 하지만 결국 자신이 부족하고 무능력하다는 기분이 다시 찾아온다. 내면의 불안은 생명력을 지닌 감정처럼 되살아난다.

마음에서 불안을 없애기가 왜 그렇게 어려울까? 그 답을 들으면 처음엔 고개가 갸우뚱거려질지 모른다. 불안을 없애기 어려운 이유는 우리 내면에 '또 다른 자아'가 존재하기 때문이다. 그것은 우리가 부끄러워서 숨기고 싶은 자아다. 아무리 애써도 당신은 그 또 다른 자아를 절대 없앨 수 없다.

내 안의 어두운 자아, 그림자

내면에 또 다른 자아가 산다는 말을 믿기 어려울지 모른다. 열린 마음을 갖고 제니퍼의 사례를 좀 더 살펴보자.

제니퍼가 자신의 불안이 비합리적이었다는 사실을 깨달은 후, 나는 그녀에게 눈을 감고 다음과 같이 해보라고 요청했다. "당신이 얼어붙었던 학부모 모임 날을 떠올리세요. 그날 느낀 모든 불안한 감정을 마음속에 되살려보세요." 그녀는 고개를 끄덕였다. "자, 이제 그 감정을 밖으로 끄집어내 당신 앞에 세운 다음 거기에 얼굴과 몸통을 부여하세요. 그것은 숨기고 싶은 당신의 모든 모습을 상징하는 이미지입니다." 나는 잠시 멈췄다가 계속했다. "당신 눈에 뭐가 보이는지, 준비가 되면 얘기해주세요."

방 안에 한참 침묵이 흘렀다. 얼마 후 제니퍼는 갑자기 몸을 움찔하면서 눈을 떴다. 그러고는 얼굴을 찡그리며 말했다. "아, 열셋이나 열네 살쯤 된 소녀가 보였어요. 뚱뚱하고 꾀죄죄한 모습이었어요. 창백한 얼굴은 여드름투성이고요. 완전히 찌질이 같아요."

제니퍼는 자신의 그림자를 본 것이다. **그림자**는 우리가 싫어하지만 실제로 갖고 있는 모습이 하나의 이미지로 형상화된 것이다. 이를 그림자라고 부르는 이유는 우리가 어디를 가든 따라다니기 때문이다.

그림자에 대해 처음 설명한 사람은 스위스의 위대한 정신과 의사 카를 융Carl Jung이다. 그는 사회적 성공이나 재능, 외모와 상관없이 누구나 내면에 그림자가 있다고 말했다. 그림자는 우리가 태어날 때부터 갖고 있는 수많은 원형archetype 가운데 하나다. 원형이란 인간이 세계를 인식하는 모종의 보편적인 패턴이다. 예를 들어 우리는 누구나 어머니란 어떤 존재여야 하는가에 대한 보편적 이미지를 갖고 있다. 융의 방식대로 표현하면 이것은 '원형적' 어머니라고 할 수 있다. 이것은 원형일 뿐 우리의 생물학적인 실제 어머니와는 다르다. 그러나 이 원형은 우리가 실제 현실의 어머니에게 기대하는 바에 영향을 미친다. 어머니뿐 아니라 아버지, 신, 악마 등에 대해서도 원형이 존재하며, 이들 원형은 우리가 세계를 경험하는 방식에 중요한 영향을 미친다.

그런데 그림자는 다른 원형들과 차이점이 있다. 다른 원형들은 당신이 세계를 바라보는 방식에 영향을 미치지만, 그림자는 '당신이 당신 자신을 바라보는 방식'을 결정한다. 제니퍼의 경우를 보자. 남들이 보기에 그녀는 완벽한 몸매를 갖추고 헤어스타일과 메이크업도 흠 잡을 데 없는 아름다운 모델이었다. 하지만 제니퍼가 생각하는 자신은 못난 떠돌이 고양이 같은 존재이자 사회에서 거부당한 아웃사이더였다. 그러니 늘 불안하고 자신이 없는 것은 당연했다.

내면의 불안을 없애기가 왜 힘든지 이제 이해가 갈 것이다. 우리는 특정한 결점은 없앨 수 있다. 제니퍼도 이미 오래전에 여드름이 없어졌고 사춘기의 땅딸막한 몸매에서도 벗어났다. 하지만 그림자는 없앨 수 없다. 그것은 우리 자신의 일부이기 때문이다.

다음과 같이 해보라.

앞에서 했던 것처럼 당신을 불안하고 자신감이 없어지게 만드는 사람들 앞에 있다고 상상하며 그때 느끼는 감정을 떠올려라. 이제 그 감정을 밖으로 끄집어낸 후 그것이 얼굴과 몸통을 가진 존재가 되었다고 상상하라.

그 모습이 바로 당신의 그림자다. 그림자가 어떤 모습인지 주의 깊게 살펴보라. 그것이 '올바른' 이미지인지 아닌지는 신경 쓰지 마라. '올바른' 그림자라는 것은 없다. 사람들의 그림자는 저마다 다르다. 하지만 대개 불편하고 불안한 이미지다. 잘생긴 바람둥이 남자의 그림자가 육중한 덩치의 괴물일 수도 있고, 《포춘》지 선정 500대 기업을 이끄는 여성 CEO의 그림자가 울고 있는 여덟 살짜리 외톨이 소녀일 수도 있다. 호감이라곤 눈곱만치도 느껴지지 않거나, 못생겼거나, 바보 같은 모습일 수 있다.

그림자는 인간의 가장 근본적인 심리적 갈등 중 하나를 일으키는 원인이다. 우리는 누구나 자기 자신이 한 개인으로서 가치 있는 존재라고 느끼고 싶어 한다. 하지만 내면을 들여다보고 그림자를 발견하면 부끄럽고 창피하다. 그때 나오는 즉각적인 반응은 거기서 도망치는 것이다. 즉, 우리의 가치를 입증해줄 증거를 찾으러 '바깥'으로 눈을 돌린다. 다른 사람들에게 인정받으려 애쓰는 것이다.

주목받고 인정받으려는 이런 욕구가 얼마나 보편적인가는 사람들이 연예인을 숭배하는 것을 보면 알 수 있다. 흔히 유명 연예인은 세상의 인정과 칭송을 받으므로 틀림없이 행복하고 내면이 안정돼 있을 것이라 생각한다. 그들이 약물 중독 치료를 받거나 인간관계에 실패하거나 대중 앞에서 모욕적인 사건을 겪어도, 우리는 그들이 세상의 주목을 한 몸에 받으므로 스스로 가치 있는 존재라고 느낄 것이라는 믿음을 버리지 않는다. 가치 있는 존재라는 기분, 그것이 바로 우리가 갈망하는 것이기에 그들을 보며 일종의 대리 만족을 느낀다.

광고업계는 매년 엄청난 돈을 쏟아부어 광고를 만들어낸다.

그들은 인정받고 소속감을 느끼고 싶어 하는 우리의 욕구를 이용해 돈을 번다. 모든 광고가 전달하는 메시지는 결국 하나다. "이 제품을 구입하면 당신은 소속감을 느끼고 사랑받을 것이며 '특별한 그룹의 일원'이 될 것입니다." 그걸 구입하지 않으면 당신은 그림자와 함께 고립된다. 광고는 집이나 자동차처럼 자존감도 돈으로 살 수 있다는 믿음을 더욱 강화한다.

그런데 문제는 남들에게 아무리 인정받아도 당신 스스로 자존감을 느끼는 데에는 도움이 되지 않는다는 사실이다. 세상에서 받는 인정이 당신의 그림자는 지울 수 없기 때문이다. 주변에 아무도 없이 혼자 있을 때 내면을 들여다보라. 그러면 당신의 그림자가, 스스로 창피하고 열등하게 느껴지는 그림자가 보일 것이다. 필과 나를 찾아온 환자 중에는 유명 인사들도 있었다. 늘 인정과 찬사를 받으며 언론에서 추켜세우는 미사여구를 달고 사는 사람들이었다. 하지만 이런 종류의 숭배는 그들의 자존감을 높여주지 못했다. 오히려 그들을 나약한 어린애처럼 만들었다. 아기가 고무젖꼭지에 의존하듯이 그들은 세상의 관심과 인정에 의존하게 되었다.

남들에게 인정받으려고 갈망하면 당신은 그들에게 힘을 넘겨주게 된다. 그들이 당신의 가치를 결정하는 권위를 가진 존재가 된다. 그들은 로마 황제처럼 엄지손가락을 위로 세우거나 아래로 떨어트려 당신의 가치에 대한 최종 판단을 내린다. 그런 상황에서 당신이 얼어붙는 것은 당연한 일이다.

다음은 이런 상황을 그림으로 나타낸 것이다.

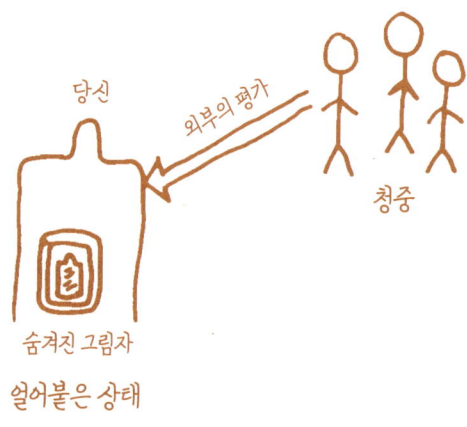

이 그림은 청중 앞에서 쉽게 얼어붙는 사람의 상태를 나타낸다. 사실 우리 누구나 이런 순간을 경험한다. 왼쪽에 있는 사람은 자신의 그림자를 부끄러워하며 어떻게든 숨기려 한다. 오른쪽 위에 있는 청중은 상대적으로 더 크게 그려져 있다. 왼쪽 사람의 가치를 결정하는 힘을 그 청중이 갖고 있기 때문이다. 그 힘은 '외부의 평가'라고 적힌 화살표를 타고 왼쪽 사람에게 작용한다. 왼쪽 사람은 자신의 그림자를 숨기고 있기 때문에 그런 외부의 힘을 만나면 얼어붙고 만다.

그림이 보여주듯 외부에 의존하는 것이나 내면으로 숨는 것 모두 도움이 되지 않는다. 두 경우 모두 진정한 자존감을 얻을 수 없다. 진정한 자존감을 얻는 방법은 따로 있다. 나약하고 못나 보이는 그림자가 사실은 초월적 힘을 얻는 통로가 될 수 있다. 언제까지고 허물어지지 않을 영속적인 자존감을 얻는 길은 이 초월적 힘과 연결되는 것뿐이다.

그렇다면 우리의 나약한 모습을 통해 자신을 드러내려는 초월적 힘은 어떤 것일까? 이 힘의 본질을 가장 잘 이해하는 방법은 당신이 예전에 했던 경험을 떠올리는 것이다. 당신은 그 경험을 잊어버렸거나 무의미하다고 치부했을지도 모른다. 그것은 어린아이 때 했던 경험이다.

초월적 힘
자기표현의 힘

자유롭게 뛰어 노는 어린아이를 보라. 아이는 남의 시선을 의식하지도 불안해하지도 않는다. 활기 넘치는 모습으로 마음껏 자기 자신을 표현한다. **아이는 불안함으로 얼어붙는 일이 거의 없다.**

그 이유는 아이가 **자기표현의 힘**이라는 초월적 힘으로 충만하기 때문이다. 이 힘에는 놀라운 특징이 있다. 우리가 남들의 생각과 반응을 전혀 개의치 않고 진정한 자기 모습을 드러내도록 이끄는 것이다. 이 힘과 연결되면 진정성을 갖고 명료하게 자신을 표현할 수 있다.

어른이 된 후에도 누구나 한 번쯤 이 힘을 경험한다. 예를 들어 자신에게 중요한 뭔가에 대해 열정적으로 의견을 말할 때, 힘든 시련을 겪는 친구를 따뜻한 말로 위로할 때, 또는 자녀의 잠자리에서 재미난 이야기를 만들어서 들려줄 때가 그렇다. 이 경우 당신은 다른 모든 것은 잊은 채 그 상황에만 몰두한다. 그때 자기표현의 힘이 당신을 통해 말하고 있는 것이다. 당신은 평소의 당신보다 더 지혜롭고 표현력이 뛰어난 어떤 힘의 통로가 된다. 이런 순간에는 평온함과 기쁨을 맛본다.

꼭 입으로 내뱉은 말만 자기표현의 힘이 발현되는 통로는 아니다. 거의 모든 인간 활동에 자기표현의 힘이 깃든다. 대표적인 예는 글쓰기다. 한 환자는 이렇게 말했다. "원고 집필을 끝냈는데 그걸 내가 쓴 것이 아닌 듯한 기분이 들었습니다. 난 그렇게 재능이 뛰어나지도 않아요. 어떤 보이지 않는 힘이 그 내용을 불러주고 난 그저 받아쓰기만 한 것 같았어요."

이 힘은 심지어 언어와 상관없이 발휘되기도 한다. 운동선수가 완전히 몰입해 신들린 듯한 경기를 펼칠 때 그는 자기표현의 힘과 연결돼 있는 것이다. 도저히 불가능할 것 같은 플레이를 펼치는 농구선수를 보라. 그는 '어느 쪽이 비었지?' '수비수의 키가 얼마나 되지?' 등을 생각하며 움직이지 않는다. 생각을 멈춘 채 한 발짝 옆으로 비켜서 자기표현의 힘이 작동하도록 놔두는 것이다. 사실 인간의 어떤 활동에서든 자기표현의 힘이 발현될 수 있다.

자기표현의 힘과 연결되면 평소엔 조용하던 당신 자신의 일부가 입을 연다. 내면 깊은 곳의 자아가 말하는 것이다. 이 내면의 자아는 남들의 인정에 의존하지 않는 자주적인 권위를 갖고 있다. 아이들은 자연스럽게 이 내면의 자아와 하나가 되어 말하고 행동한다. 그래서 자유분방하게 자신을 표현할 수 있는 것이다.

그러나 우리는 성인이 되면서 이 내면의 자아와 멀어진다. 모든 주의력과 활동의 초점이 바깥세상에 맞춰진다. 우리는 외부에서 인정을 받으려 애쓴다. 청소년기에는 또래 친구들한테 인정받는 일이 무엇보다 중요해지는 것을 생각해보라. 이는 남들이 싫어할 것 같은 우리의 모습을 감춰야 하는 문제를 발생시킨다. 그리고 안타깝게도 내면의 자아를 그것을 감추는 장소로 사용한다. 마치 쓰레기봉투에 담듯 마음에 들지 않거나 숨기고 싶은 모습을 전부 거기에 쓸어 담는다. 내면의 자아는 여전히 존재하지만 이제 못나고 싫은 특징들로 가득 차버린다.

이렇게 해서 우리는 아름다운 무언가를, 즉 내면의 자아를 스스로 경멸하는 무언가로 바꿔놓는다. 그것이 곧 그림자다. 얼핏 보기에 그림자는 우리의 가장 나쁘고 추한 모습 같지만 사실은 내면의 자아를 되찾는 관문이 될 수 있다. 그 문이 열려 있어야 우리는 자신을 진정으로 표현할 수 있다.

하지만 지금껏 그림자를 숨기려고만 애써왔다면 그것이 쉽지만은 않을 것이다. 따라서 강력한 툴이 필요하다.

> 툴

내면의 권위

앞에서 배운 두 개의 툴과 이 툴 사이에는 큰 차이점이 있다. '욕구 뒤집기'와 '능동적 사랑'이 불러일으키는 초월적 힘은 우리가 극복해야 하는 장애물로부터 독립되어 존재했다. 하지만 이번 툴의 경우에는 초월적 힘이 장애물 그 자체에서 나온다. 다시 말해 이 툴은 그림자를 초월적 힘, 즉 자기표현의 힘이 흘러나오는 통로로 변화시킨다.

이해를 돕기 위해 필이 이 툴을 발견한 과정을 소개하겠다.

○

나는 연구 중인 몇 가지 새로운 주제를 세미나에서 발표할 계획이었다. 그런데 너무 초조하고 긴장이 되었다. 공식적인 무대에서 수많은 낯선 청중을 앞에 두고 이야기하는 것은 상담실에서 커피를 마시며 환자와 일대일로 대화하는 것보다 훨씬 두려운 일이었다. 온몸이 얼어붙어서 준비한 말이 머릿속에서 하얗게 지워질지 모른다는, 어쩌면 입조차 떼지 못할지 모른다는 두려움이 일었다. 그런 상황을 방지하기 위해 발표할 내용을 꼼꼼하게 메모지에 적었다.

하지만 결과는 끔찍했다.

나는 메모지를 필사적으로 손에 쥔 채 뻣뻣하게 경직된 모습으로 청중 앞에 섰다. 그리고 단조로운 목소리로 메모지에 쓴 내용을 읽어 내려갔다. 간간이 시선을 들어 청중을 보면서 그들이 어떤 생각을 하고 있을지 속으로 짐작해보았다. 청중의 반응은 최악이었다. 나를 안쓰러워하는 표정이었다. 쥐구멍에라도 들어가고 싶었지만 세미나장에는 쥐구멍도 없었다.

고통스러운 두 시간이 지난 뒤 휴식시간이 되었다. 청중은 흡사 장례식에 온 문상객처럼 삼삼오오 모여 숨죽인 목소리로 대화를 나눴다. 분위기가 너무 어색해서인지 내게 다가오지도 않았다. 나는 방사선을 내뿜는 물체라도 된 듯 혼자 무대에 앉아 있었다. 세미나의 2부를 어떻게 진행해야 할지 막막했다.

자포자기의 심정으로 앉아 있던 그 순간, 믿기지 않는 이상한 일이 일어났다. 내 마음속에서 어떤 사람이 다가오는 것이 보였다. 실제 눈앞의 사람처럼 생생했다. 그것은 깡마른 어린 소년이었을 때의 내 자신이었다. 순진하고, 뭔가 두려워하고, 몹시 창피함을 느끼는 나였다. 그 모습은 나의 지독한 두려움을 상징하고 있었다. 신뢰가 느껴지고 권위 있는 전문가가 아니라 미숙하게 비틀거리는 어린애처럼 보일지 모른다는 두려움 말이다. 소년의 모습은 좀처럼 사라지지 않았다. 깡마르고 나약한 외모의 그 소년은 나를 뚫어져라 응시했다.

그때 소년이 나를 도와줄 거라는 이상한 기분이 들었다. 이유는 모르겠지만 갑자기 힘이 났다. 그리고 자연스럽게 자리에서 일어나 청중을 향해 힘 있는 발걸음으로 다가갔다. 청중은 내가 연단에 서려는 것을 알아채고 재빨리 좌석에 다시 앉았다. 아마도 돌덩어리처럼 굳은 얼굴을 하고 있던 내가 환한 미소를 띤 것을 보고 의아했을 것이다. 나는 나도 모르게 메모지를 내려놓고 이야기를 시작했다. 그리고 두 시간 동안 전에 경험해본 적이 없는 어떤 힘에 사로잡혀 발표를 진행했다. 메모지를 보지 않고 즉흥적으로 진행하면서 열정적으로 설명했다. 다음 말을 미리 생각하지 않아도 자연스럽게 입에서 술술 흘러나왔다. 발표하는 내내 나는 그림자의 뚜렷한 존재감을 느꼈다. 그림자와 내가 한 몸이 되어 말하는 기분이었다. 발표가 끝나고 나는 기립박수를 받았다.

나는 그림자 안에 중요한 힘이 숨겨져 있을 거라는 직감을 예전에도 늘 갖고 있었다. 하지만 그날에서야 그것을 직접 경험했다. 훌륭한 발표로 청중에게 감동을 주기는 다 틀렸다고 생각한 순간 그림자가 나타났다. 나는 그림자를 더 이상 숨길 필요가 없었다. 놀랍게도 그림자는 내가 자신을 표현하는 능력을 손상시키지 않았다. 오히려 더 강화해주었다. 청중이 나를 어떻게 생각할까 하는 걱정은 사라졌고, 전과 달리 권위를 느끼며 내가 하고 싶은 이야기를 마음껏 할 수 있었다.

놀라운 경험이기는 했지만, 그날은 그림자의 힘을 우연히 체험한 것에 불과했다. 그런 일이 또다시 저절로 일어나길 기대하고만 있어서는 안 된다는 생각이 들었다. 그래서 나와 환자들이 활용할 수 있는 툴을, 그림자를 통해 자기표현의 힘을 발휘할 수 있게 해주는 툴을 개발하는 일에 착수했다.

○

이 툴의 이름은 **내면의 권위**다. 말 그대로 이는 외부의 누군가에게 인정받아서 생기는 권위가 아니라 당신의 내면 자아가 말할 때 생기는 권위를 의미한다.

이 툴을 사용하려면 먼저 당신의 그림자를 바라봐야 한다. 당신은 이미 자신의 그림자를 목격했다. 앞에서 마음속의 불안한 감정을 밖으로 끄집어낸 후 그것이 얼굴과 몸통을 가졌다고 상상했을 때 말이다. 그것을 다시 해보라. '올바른' 이미지를 그리려고 애쓸 필요는 전혀 없다. 어차피 그 이미지는 자꾸 바뀌기 마련이다. 중요한 것은 그 이미지를 당신 앞에 있는 진짜 존재처럼 느끼는 일이다. 그림자를 상상하는 일이 쉬워질 때까지 계속 연습하라.

이때 가상의 청중을 떠올려야 한다. 한 명이든 여러 명으로 이뤄진 집단이든 상관없다. 낯선 사람인지 아는 사람인지도 상관없다. 마주할 때 당신이 불안함을 느끼는 상대라면 누구든 청중에 해당한다. 이 툴을 사용하면 자신을 자유롭게 표현하는 사람으로 변화할 수 있다.

내면의 권위

STEP 1 한 명 또는 여러 명으로 이뤄진 청중 앞에 서 있다고 상상하라. 조금 떨어진 옆에 당신의 그림자가 서서 당신을 바라본다고 상상하라. 청중은 완전히 무시하고 모든 주의력을 그림자에만 집중하라.

STEP 2 당신과 그림자 사이에 끊으려야 끊을 수 없는 유대감이 느껴질 것이다. 그림자와 하나 된 당신은 두려움에서 벗어난다.

STEP 3 당신과 그림자가 함께 청중을 바라보며 "들어라!" 하고 조용히 외쳐라. 당신과 그림자가 한목소리로 말할 때 권위가 생기는 것을 느껴라.

이 툴을 사용하면 자신을 마음껏 표현할 수 있는 공간이 생긴 기분이 들 것이다. 당신은 그림자와 연결되는 것에만 집중하면 된다. 만일 자유로워진 기분이 들지 않는다면 툴을 반복해서 실행하라.

이 툴은 세 단계로 구성된다. ① 그림자 이미지를 만들고, ② 그것과 하나가 된 일체감을 느끼고, ③ 청중을 보며 "들어라!"라고 조용히 명령하는 것이다. 세 단계를 자연스럽고 빠르게 실행할 수 있을 때까지 여러 번 연습하라. 습관처럼 되어서 사람들 앞에서 말하는 동안에도 자연스럽게 실행할 수 있어야 한다.

툴을 실행할 때마다 그림자의 이미지가 바뀔 수도 있다. 이는 잘못된 현상이 아니다. 살아 있는 모든 존재가 그렇듯 그림자 역시 고정된 게 아니라 모습이 바뀐다. 중요한 것은 그림자와 절대 끊을 수 없는 일체감을 느끼는 일이다.

다음 그림은 이 과정을 보여준다.

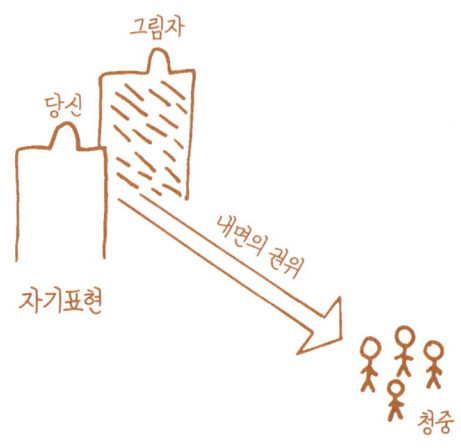

　그림의 왼쪽 사람은 숨기고 있던 그림자를 끌어냈다. 바깥으로 나온 그림자는 이 사람과 강력하게 연결된 상태다. 이 사람과 그림자는 한목소리로 말하면서 자기표현의 힘을 작동시킨다. 이 초월적 힘은 왼쪽 사람에게 내면의 권위를 부여하며, 그것이 발휘되는 방향은 오른쪽의 청중으로 향하는 화살표가 나타낸다. 청중은 아래쪽에 작은 크기로 그려져 있다. 이는 청중이 더는 두려운 존재가 아님을 나타낸다.

　이처럼 그림자와 하나 된 일체감을 느낄 때 비로소 내면의 자아가 자신을 표현할 수 있는 상태가 된다. 이 툴을 숙달하면 당신이 과거에 얼어붙곤 했던 상황에서도 마음껏 자신을 표현할 수 있다.

'내면의 권위'는 언제 사용해야 할까

뭔가를 잘해내야 한다는 압박을 느낄 때 이 툴을 사용하라. 이런 경우는 생각보다 많다. 남들의 평가를 받거나 남들의 반응이 중요한 상황에서는 정신적 압박감을 느낄 수밖에 없다. 예를 들어 구직 면접, 세일즈 미팅, 프레젠테이션, 낯선 사람과 만나는 어색한 자리(소개팅, 중요한 파티) 등이 그렇다. 이럴 때 당신은 청중에게 인정받는 것을 목표로 삼으면 안 된다. 타인에게 인정받으려 애쓰기보다는 툴을 이용해 그런 압박감을 떨쳐내고 자신을 자유롭게 표현해야 한다.

그런데 '부담이 큰' 상황(예컨대 청중 수백 명 앞에서 연설하기)을 만나면 이 툴을 활용해야지 하고 그때까지 기다리는 것은 바람직하지 않다. 그런 상황은 중압감이 너무 크기 때문에 미리 조금씩 단련해두지 않으면 막상 그 순간이 되었을 때 얼어붙기 쉽다. 혼자 있을 때 이 툴을 수시로 연습해 습관처럼 만들어놓으면 많은 사람 앞에서 시도하기가 훨씬 쉬워진다. 먼저 당신에게 '불안감을 주지 않는' 사람과 함께 있을 때 이 툴을 사용하기 시작하라. 이를테면 가족이나 직장 동료, 친구, 배우자와 함께 있을 때 말이다.

그렇게 연습하고 나면 진짜 두려운 상황도 맞이할 준비가 된다. 갈등을 겪는 누군가와 마주해야 하는 것, 또는 불편한 상대방에게 도움을 부탁해야 하는 것 등 말이다. 일부러 이런 상황 한가운데로 들어가 툴을 사용해보라. 자꾸 반복할수록 불안감이 줄어들 것이다.

　이 툴을 일상의 작은 상황들에서 자연스럽게 사용할 수 있게 된 후에, 청중 앞에서 중요한 발표를 하는 것처럼 부담감이 큰 상황에서 활용하라. 그러면 놀라운 경험을 하게 된다. 당신은 점차 그런 상황을 고대하게 될 것이다. 스트레스와 중압감이 없어졌기 때문이 아니라, 자신을 자유롭게 표현하는 경험을 할 수 있다는 사실에 마음이 설레는 것이다.

　이 툴의 사용법을 익히는 것은 헬스클럽에서 바벨의 무게를 늘려가는 것과 비슷하다. 중요도가 낮은 상황에서 사용하기 시작해 점차 중요도가 높은 상황에서 활용하라. 또한 이 툴을 사용해야 하는 큐를 아는 것도 중요하다. 뭔가를 잘해내야 한다는 중압감과 불안을 느끼는 것이 이 툴의 큐다. 제니퍼의 경우 아들의 축구 연습이 있는 날이 큐에 해당했다. 처음에 그녀는 아무한테도 인사를 건네지 않고 관람석으로 걸어가 앉았다. 다만 그러는 동안에도 속으로 반복해서 내면의 권위 툴을 실천했다. 그렇게 시간이 흐르자 차츰 마음이 안정되고 다른 학부모들에게 자연스럽게 말을 건넬 수 있었다.

　또한 그녀는 자신이 사람들 앞에 있지 않을 때도 종종 불안해진다는 사실을 깨달았다. 예를 들어 소개팅을 앞두고 있을 때가 그랬다. 이때도 그녀는 이 툴을 활용해 마음의 안정을 되찾았다. 심지어 아침에 일어나 거울 앞에서도 연습했다. "나야말로 내 자신을 평가하는 가장 중요한 청중이니까요"라고 그녀는 말했다. 이 툴로 그림자와 하나 되는 경험을 하면서, 제니퍼는 평생 마음을 어둡게 물들였던 불안함을 씻어내기 시작했다.

누구도 하루아침에 이런 변화를 맞이할 수는 없다. 어떤 때는 내면의 권위 툴을 사용하는 즉시 마음이 안정되고 스스럼없이 자신을 표현할 수 있지만, 어떤 때는 이 툴이 기계적으로 느껴지거나 효과가 전혀 없는 기분이 들 것이다. 그렇다 해도 낙담하지 마라. 마음을 차분하게 먹고 다음 큐를 기다려라. 즉각적인 결과를 기대하지 않고 당신의 그림자와 연결된 상태를 유지하는 것이 가장 중요하다.

우리에게는 누구나 청중의 마음에 드는 존재가 되고 싶은 욕구가 있다. 이 욕구를 넘어서는 가장 효과적인 길은 기회가 될 때마다 이 툴을 실천하는 것이다. 꾸준히 실천하면 타인의 반응이 아니라 당신의 내면 자아에 의존하는 법을 익히게 된다.

남에게 인정받고 싶은 욕구가 오히려 능력 발휘를 제약하는 경우가 많다. 이는 저자인 우리 두 사람도 마찬가지다. 심리 치료사도 인간이기 때문이다. 우리도 환자가 우리의 뛰어난 처방에 감탄해주었으면 하고 본능적으로 바란다. 하지만 환자가 늘 그런 반응을 보이는 것은 아니다. 사실 어떤 때는 마치 얼간이 보듯 우리를 쳐다보기도 한다. 솔직히 말해 그럴 때는 우리도 자신감이 크게 위축된다. 그러나 그럴 때일수록 마음속에서 스스로 권위를 유지해야 할 필요성을 절감한다.

논리적으로 따져 납득시키려는 태도는 권위를 만들어내지 못한다. 그것은 옳다고 인정받고 싶은 욕구를 드러낼 뿐이다. 환자가 회의감을 표현하더라도 우리의 접근법을 진정성을 갖고 열정적으로 알려주려는 태도가 환자의 마음을 움직인다. 이는 자기표현의 힘과 연결되어야만 가능하다. 따라서 환자뿐 아니라 의사인 우리도 이 툴을 실천해야 한다.

자기표현이 주는 이로움

제니퍼가 약 두 달간 이 툴을 사용한 뒤 놀라운 일이 일어났다. 나는 상담실에 들어오는 그녀의 가벼운 걸음걸이만 보고도 그것을 직감했다. 땅바닥에 시선을 고정하던 예전의 모습은 온데간데없고 나를 똑바로 쳐다보면서 밝은 얼굴로 걸어 들어왔다. "어떤 일이 있었는지 들려드릴게요. 믿기지 않으실 걸요?" 그녀는 내면의 불안이 또다시 고개를 드는 순간을 경험했다고 했다. 이번에는 아들의 축구 연습이 아니라 배우 오디션 때문이었다. 몇 년 만에 보는 오디션이었다. 그녀는 작은 대기실에서 다른 지원자들 틈에 섞여 긴장된 마음으로 차례를 기다렸다. 그리고 드디어 오디션 장에 들어갔다.

"대사를 읽기 시작하는데 또 온 심신이 얼어붙을 것 같았어요. 하지만 재빨리 내면의 권위 툴을 사용했죠. 두 번 연속으로요. 그러자 차츰 안정되더라고요. 마치 자동차 기어를 바꾼 것처럼 내면이 전혀 다른 상태로 변했어요." 갑자기 제니퍼가 의자에서 일어나더니 무대를 누비듯이 방 안을 왔다 갔다 했다. 목소리에는 뮤지컬 배우 같은 느낌까지 섞여 있었다. "남들이 저를 어떻게 생각하는지에 대해 제가 굉장히 걱정하는 스타일이었던 것, 선생님도 잘 아시죠? 그런데 '걱정하는 방법' 자체를 잊어버린 것 같았어요. 대사, 캐릭터 소화, 의욕적인 마인드……. 별로 노력하지 않는데도 그 모든 게 제 것이 되어 있더라고요." 그 경험이 너무 강렬하고 믿기지 않았던지 그녀는 조용히 눈물을 흘렸다. 그런 그녀가 더욱 아름다워 보였다.

이뿐만이 아니었다. 오디션이 있고 얼마 후, 제니퍼는 아들이 다니는 학교의 모금위원회에서 활동하는 친구에게 부탁을 하나 받았다. 중요한 기부자와 미팅이 잡혀 있는데 자신이 급한 일이 생겨 갈 수가 없으니 제니퍼가 대신 참석해달라는 것이었다. "너무 부담스럽더라고요. 하지만 거절할 수가 없었죠. 예전에 내가 곤란할 때 굉장히 도움을 많이 받은 친구였거든요."

친구는 제니퍼에게 모금위원회 일과 관련한 자료들을 미리 숙지하도록 알려주었다. 하지만 기부자 앞에 서자 그 모든 게 하나도 기억나지 않았다. 그 순간 그녀는 내면의 권위 툴을 속으로 여러 번 실행했다. "아마도 제가 그림자의 신뢰를 확실하게 얻은 모양이에요. 오디션 때보다 훨씬 수월하던 걸요? 설득력 있는 말투와 내용으로 기부자에게 한참 설명했어요. 진심을 담아서 이야기했지요. 아들이 축구팀에 들어갔을 때 제가 얼마나 기뻤는지, 아들이 얼마나 쉽게 친구들을 사귀었는지, 녀석이 축구 배우는 걸 얼마나 좋아하는지 등등 제 이야기도 친근하게 들려주고요. 그리고 친구가 미리 알려준 통계 자료를 설명해야 할 시점이 되었을 때 그것들도 또렷하게 떠올랐어요." 제니퍼는 미소를 지었다. "기부자는 예정했던 것의 두 배나 되는 기부금을 약속했답니다. 게다가 학교 측에서는 저한테 모금위원회에 들어와 활동해달라는 권유까지 했어요."

제니퍼는 평생 처음으로 진정한 자존감을 느꼈다. "진짜 내 자신을 되찾은 기분이었어요." 또 이런 이상한 기분도 느꼈다고 했다. "분명히 제 입으로 말했지만, 한편으론 어떤 다른 목소리가 제 몸을 통해 말하는 기분도 들었어요. 어떻게 그럴 수가 있죠?"

앞에서도 말했듯이, 자기표현의 힘은 그림자를 통해 발현된다. 그런데 이 힘에는 놀라운 점이 있다. '각 개인에게 맞는 독특한 방식으로 발현된다'라는 사실이다. 이 힘은 우리 각자에게 독특한 목소리를 부여한다. 그럼에도 그 각각의 목소리들이 나오는 궁극적인 원천은 동일하다. 그래서 자기표현의 힘과 연결되었을 때 다른 곳에서 오는 어떤 힘을 통해 말하는 기분이 드는 것이다.

과거에 제니퍼는 남들 앞에서 말하는 것이 늘 불편했다. 가장 부끄럽고 숨기고 싶은 자아, 즉 그녀의 그림자가 드러날까 봐 두려웠던 것이다. 하지만 이제 상황이 완전히 바뀌었다. 남들 앞에서 자신을 스스럼없이 표현하는 것이 오히려 진정한 자아를 찾는 방법이 되었다. 그녀는 말했다. "내 자신을 표현하지 않는 한 절대 진정한 자아를 찾을 수 없는 것 같아요." 백 번 옳은 말이다.

사실 오래전부터 사람들은 자기표현을 우주의 근원적 특성으로 여겼다. 성경의 창세기를 보면 신은 자기표현적인 존재로 묘사된다. 신이 빛이 있으라고 '말하자' 빛이 창조되었고 땅은 풀과 나무를 내라고 '말하자' 또한 그것들이 창조되었다.

따라서 우리는 자신을 온전히 밖으로 표현할 때 우주와 가장 조화를 이룬 상태가 된다. 우주에 속한 존재라는 느낌을 경험한다. 제니퍼의 경우 이것을 경험함으로써 자신의 가치에 의심을 품는 것을 그만둘 수 있었다. 그녀는 더는 자신을 못난 아웃사이더로 느끼지 않았다.

또 제니퍼는 자신이 지역사회의 구성원이라고 느끼기 시작했다. 사람들은 그녀를 존중하고 그녀의 조언을 구했다. 그녀가 이처럼 주변에 영향을 미치는 사람으로 변화할 수 있었던 것은 결국 내면의 그림자 덕분이었다.

그림자로 인해 우리는 타인과 진정으로 연결될 수 있다. 인간은 누구나 내면에 그림자가 있기 때문이다. 그림자가 없으면 타인과의 차이를 과장되게 인식하고 그들과 단절된 기분을 느끼게 된다. 개인들 사이에서든 서로 다른 종교나 국가 사이에서든, 우리가 그림자를 통해 보편적 유대감을 창출해야 바람직한 관계가 이루어진다. 그렇게 되면 서로 반목하고 갈등하는 이들조차도 서로의 내면에 있는 인간다움을 인정할 수 있다. 그래야만 서로 다른 존재임을 인정하면서도 조화롭게 공존할 수 있다.

이러한 동지 의식이 가능해지는 이유는 그림자가 모든 인간이 공통적으로 구사할 수 있는 언어로 말하기 때문이다. 말로 된 언어가 아닌 마음의 언어 말이다. 누구나 그림자를 갖고 있으므로 누구나 이 언어를 알고 있다. 친구 두 명이 똑같은 말을 사용해 당신을 도와주겠다는 의사를 표현한다고 치자. 하지만 당신은 어떤 친구가 당신에게 공감하며 진심으로 말하는지, 어떤 친구가 가식적으로 말하는지 금세 알아챌 수 있다.

성경의 바벨탑 이야기는 이런 마음의 언어의 중요성을 간접적으로 암시한다. 이것은 같은 언어를 사용하던 사람들이 신의 노여움을 사서 언어의 혼란을 겪는 이야기다. 공통의 언어를 사용하는 것은 그들에게 축복이었다. 그러나 그들은 이를 오용해 하늘까지 닿는 탑을 쌓으려 시도했다. 결국 신은 "그들의 언어를 혼잡하게 하여 그들이 서로 알아듣지 못하게 하고 (……) 그들을 온 지면에 흩어버리는" 벌을 내렸다. 흔히 이 이야기는 인류가 여러 언어를 말하게 된 이유를 담고 있다고 해석된다. 하지만 여기에는 다음과 같은 더 깊은 비유적 의미가 담겨 있다. **같은 언어를 사용하는 사람들도 서로를 이해하지 못할 수 있으며 이는 공통된 마음의 언어를 잃어버렸기 때문이다.**

그 마음의 언어를 잃어버린 결과물이 현재 우리의 모습이다. 우리는 모두에게 보편적인 마음의 언어를 잃어버렸고, 그에 따라 모든 개인이 소속된 공동체에 대한 의식도 희미해졌다. 우리 모두 같은 팀에 속해 있다는 사실, 우리 자신보다 더 고귀하고 중요한 무언가에 대한 책무를 지닌다는 사실을 망각한 채 살아간다. 정부 관리는 국민의 이익보다 자신의 이익을 챙기기 바쁘다. 이혼 전문 변호사는 부부의 갈등을 해결하는 일보다 높은 수임료에만 관심을 둔다. 의사는 수익을 높이려고 환자에게 불필요한 검사들을 시행한다. 우리 사회의 공공담론 테이블은 모든 수단을 동원해 상대를 공격하는 공간으로 타락했다. 상대의 애국심, 겉으로 드러나는 모습, 사생활 등 그 공격 대상에는 한계가 없다.

하지만 우리에게는 이 모든 상황을 치유할 방법이 있다. 서로에게 다가갈 수 있는 공통의 언어가 여전히 그림자 속에 존재하기 때문이다. 제니퍼 역시 이 사실을 깨닫고 기쁨을 감추지 못했다. 그녀는 평생 처음으로 자신이 타인에게 영향을 끼칠 수 있다는 사실을 경험했다. 흔히 우리는 높은 지위와 권력을 가진 사람만 영향력을 행사할 수 있다고 믿는다. 제니퍼도 말했다. "유명한 사람이어야만 남에게 영향을 줄 수 있는 줄 알았어요." 그렇게 생각하기 쉽지만 사실 그것은 커다란 오판이다. 우리는 평범한 일상에서도 얼마든지 타인을 격려하고, 타인과 연결되고, 서로에게 힘을 불어넣을 수 있기 때문이다. 내면의 권위를 활용해 주변 이들에게 긍정적 영향을 미치는 사람이 될 수 있다. 자녀에게 자제력을 길러주는 것, 외로운 노인에게 도움을 주는 것, 낯선 사람과의 만남을 즐거운 경험으로 변화시키는 것 등이 모두 그런 경험에 해당한다.

또 다른 흔한 오해는 강한 힘으로 상대를 제압해야만 영향을 미칠 수 있다고 믿는 것이다. 타인의 감정에 공감하는 것을 마음이 나약하고 여리다는 신호로 해석하곤 한다. 제니퍼는 옛날을 떠올리며 끔찍하다는 듯이 말했다. "우리 아버지가 권위를 나타내는 방법은 한 가지였어요. 늘 몽둥이를 휘둘렀죠." 그런 리더십은 상대의 두려움과 분노만 자극하고 결국 이는 리더십을 가진 사람의 권위를 약화시킨다.

두려움과 분노를 유발하지 않고 훌륭한 리더가 되는 방법이 있다. 당신의 권위가 내면의 그림자에 토대를 두고 있으면 당신은 상대방과 교감할 수 있다. 사람들은 자신이 진정으로 이해받는다고 느끼면 상대방의 요청을 기꺼이 수락한다. 설령 100퍼센트 마음에 들지는 않는 요청이라 할지라도 말이다. 결국 공감이 권위를 강화해주는 셈이다. 이는 친구 사이에서든 가족이나 지역사회 구성원과의 관계에서든 마찬가지다. 심지어 대기업 같은 조직에서도 타인의 관점을 존중하는 태도의 중요성을 깨닫곤 한다. 그것이 오래가는 진정한 팀워크를 가능하게 하기 때문이다.

제니퍼가 경험하기 시작한 지역사회는 '사회적 그물망'이라고 부를 수 있다. 수많은 개인이 거미줄처럼 긴밀하게 연결된 이 그물망은 다른 방식으로는 만들어낼 수 없는 치유의 에너지를 발휘한다. 서로 더 깊이 연결될수록 삶에서 느끼는 행복도 높아진다. 공동체 의식을 경험하는 사람이 그렇지 않은 사람보다 더 오래 살고 신체적, 정신적으로 더 건강한 삶을 산다는 연구 결과도 있다.

하지만 여기에는 더 중요한 이로움이 존재한다. 사회적 그물망의 역동적 원리에는 인간이 직면하는 근본적 문제에 대한 해법이 숨겨져 있다. '우리 각자의 자유를 희생하지 않으면서 공동체적 일체감을 느끼려면 어떻게 해야 하는가?'라는 문제 말이다. 그 답은 그림자에 있다. 그림자는 각 개인의 내면 자아의 독특한 개성을 갖고 있다. 그러면서 동시에 모든 타인의 그림자와 연결된 공간에서 살아간다. 하지만 만일 우리 각자가 자신의 그림자를 불러내 활용하려는 노력을 기울이지 않으면, 그것이 지닌 힘은 바깥으로 나오지 못한다. 올바른 선택을 하지 않으면 우리는 서서히 원시적이고 폭력적인 상태로, 토머스 홉스Thomas Hobbes가 말한 "만인에 대한 만인의 투쟁"이 만연하는 상태로 퇴보할 것이다.

당신이 떠올릴 질문들

Q1 내 그림자의 존재는 느껴지는데 모습이 보이지 않아요.
....

이것은 특이한 현상이 아닙니다. 시각화하는 능력이 상대적으로 떨어지는 사람도 있으니까요. 그림자의 모습이 보이지 않는다면 일단 존재감을 느끼는 연습만이라도 꾸준히 하세요. 그리고 내면의 권위 툴을 실행할 때 그 존재감에 모든 주의력을 집중하세요. 시간이 흐르면 그림자의 존재감이 서서히 시각적 형태를 띨 것입니다.

어떤 사람은 그와 반대의 문제를 겪습니다. 그림자 이미지는 보면서도 진짜라는 존재감은 못 느끼는 거죠. 그림자가 그냥 막대 그림 인물이나 만화 캐릭터처럼 보이기도 합니다.

우리의 경험에 비춰볼 때 이 문제는 반복적 연습을 통해 해결할 수 있습니다. 마음속 이미지를 '실제 존재'처럼 생각하도록 자꾸 연습하세요. 당장은 아니라도 결국엔 진짜처럼 느껴질 겁니다.

Q2 눈을 감고 있으면 그림자가 보이지만, 눈을 뜨고 사람들 앞에 있을 때는 그림자가 사라져 버립니다.

....

이 역시 흔한 문제입니다. 눈으로 청중을 바라보면서 동시에 마음속에서 자신의 그림자를 보는 것에 익숙해지려면 시간이 좀 걸립니다. 하지만 사실 그리 어려운 일은 아닙니다. 이건 다음과 같은 상황에서 발휘하는 능력과 비슷하거든요. 재미있는 소설을 읽을 때 당신의 눈은 종이 위의 글자들을 쫓고 있지만 마음속에서는 등장인물과 그의 주변 상황이 생생하게 펼쳐지죠? 이 툴을 실행할 때도 그와 똑같은 능력을 키울 수 있습니다. 반복해서 연습하면 눈을 뜬 상태에서도 자연스럽게 그림자가 보일 겁니다.

Q3 내 그림자에 집중하면 청중과 멀어지고 나만의 세계에 갇히지 않을까요?

....

오히려 반대입니다. 그림자와 단단히 연결되면 내면의 자신감이 커지고 이는 청중에 대한 두려움을 사라지게 합니다. 즉, 당신은 결국 청중과 연결됩니다. 그림자를 숨기려 애쓸 때 오히려 청중에 대한 두려움이 커집니다. 그러면 당신만의 세계에 갇혀버리고요.

환자를 치료하면서 필과 나는 수시로 우리 자신의 그림자를 봅니다. 상담을 진행하는 도중에도 말입니다. 그럼에도 우리는 환자에게 집중하지 않는다거나 딴 생각을 하는 것 같다는 말을 들어본 적이 없습니다.

Q4 이 툴을 자꾸 연습하면 이중인격이 되는 것 아닐까요?

정신건강 전문가들에게 '이중인격'은 특정한 함의를 지닌 용어입니다. 다시 말해 이 책에서 다루는 범위를 뛰어넘는 심각한 심리적 문제들을 내포하는 표현입니다.

하지만 심리 전문가가 아닌 평범한 사람이 "이 툴을 사용하면 이중인격이 되느냐?"라고 묻는 경우는 좀 다릅니다. 질문자는 내면에 또 다른 자아가 있는 것이 뭔가 잘못된 일일까 봐 불안해하고 그것에 말을 거는 것을 불편하게 느끼는 겁니다. 정신 나간 사람처럼 보일까 봐 걱정하죠.

그러나 그 반대입니다. 인간은 누구나 그림자를 갖고 있습니다. 정말 정신 나간 짓은 그것의 존재를 부인하는 겁니다.

자신의 내면 자아를 부정하는 것이니까요. 그림자를 받아들이면 실제로는 엄청난 이로움을 얻습니다. 게다가 과거에 경험해보지 못한 엄청난 힘을 기를 수 있습니다.

이 툴을 연습하기 시작할 때 자신이 이상해지는 것 아닌가 하는 두려움에 굴복하지 마십시오. 단 몇 주만 실천해도 그 반대라는 사실을, 즉 '정신 나간 사람이 아니라 분별력 있는 사람으로' 변하는 것을 느낄 수 있습니다.

Q5 그림자와 연결되는 것이 나에게 나쁜 영향을 끼치지 않을까요? 과거에 그림자의 모습으로 살아가던 시절이 있었는데, 정말 끔찍했습니다. 못난 성향과 나쁜 습관으로 가득했거든요.

....

그런 이유로 이 툴에 저항감을 느끼는 사람이 많습니다. 그림자는 지독히 싫고 혐오스러운 자신의 모습입니다. 따라서 그것과 자꾸 연결될수록 그것과 비슷한 모습으로 변하지 않을까 하고 두려워집니다.

이런 두려움은 당연합니다. 대부분의 사람은 그림자가 자기 모습의 전부였던 괴로운 시절을 기억합니다. 대개 그런 시기에는 세상과 담을 쌓고 자신을 숨기려 하지요. 삶에 의욕도 없이 무기력하고, 열등감에 빠지고, 목적의식도 없어집니다. 완전히 길을 잃은 사람처럼요. 음식에 과도하게 탐

닉하거나 알코올에 중독되기도 합니다. 누군가에게 거절당했든 실패를 겪었든, 그런 상태에 빠지는 계기는 굉장히 다양합니다. 흔히 청소년기에 그런 경험을 처음 하지만 꼭 청소년기가 아니라 인생의 어느 시점에건 그런 상태를 겪을 수 있습니다.

그런 시기에 당신은 당신의 그림자와 똑같은 모습이 됩니다. 그림자가 당신의 삶을 낚아채 가버립니다. 이럴 때 대부분의 사람은 해결책이 존재한다는 사실을 알지 못합니다. 필은 융이 그림자의 긍정적 잠재력을 인식했지만 그것을 끌어낼 구체적 방법은 개발하지 못했다고 말합니다. 그림자의 잠재력을 이끌어내려면 그림자와 협력할 방법이 필요합니다. 당신이 그림자와 같은 존재가 되는 게 아니라요. 바로 이 지점에서 '내면의 권위'가 필요합니다. 이 툴은 그림자를 당신의 파트너로 만들어주기 때문입니다. **그림자가 당신의 파트너가 되면 그림자의 특성도 변합니다.** 그리고 그림자는 자연스러운 자기표현을 위한 힘의 원천이 됩니다. 이 툴을 사용하지 않으면 그림자는 우리의 가장 싫고 혐오스러운 모습들의 총합에 불과할 뿐입니다.

이 툴을 활용하면 그림자와 지속적인 '관계'를 유지할 수 있습니다. 말하자면 당신과 그림자의 관계는 양측이 서로 상대방에게 없는 것을 제공해주는 관계입니다. 그림자는 적극적으로 자신을 표현할 수 있는 능력을 가져다줍니다. 이것은 당신 혼자서 발휘하기 힘든 능력이지요. 한편 당신은 그림자에게 그림자 스스로는 얻을 수 없는 뭔가를 가져다줍니다. 그것은 그림자의 힘을 인식하는 능력입니다. 당신이 툴을 실천할 때마다 이와 같은 일이 일어납니다.

이렇게 양측이 힘을 합치면 결국 각각이 지닌 힘을 단순히 합친 것을 훨씬 뛰어넘는 힘이 창출됩니다. 이상하게 들릴지도 모르지만, 그림자와 지속적으로 파트너 관계를 유지해야만 잠재력을 최대치로 발휘하는 '최고의 당신'이 실현됩니다. '고차원적 자아'로 변화하는 거죠. 고차원적 자아는 당신과 그림자, 이 두 존재의 통합으로 실현됩니다.

만일 이 파트너 관계가 깨지거나 애초에 형성되지 않으면 당신은 균형을 잃은 상태에 빠집니다. 한편으로는 그림자가 우위를 점하면서 당신을 열등하고 나약하고 우울한 존재로 만듭니다. 이것을 '주도권을 빼앗긴 상태'라고 부릅니다. 또 다른 한편으로 당신은 그림자를 저만치 멀리 밀쳐둔 채 피상적인 삶을 살면서, 타인에게 인정받기를 갈구하고 자기 자신을 제대로 표현하지 못합니다. 그림자와 협력하지 못한 채 이렇게 극단적인 상태를 오가는 사람이 매우 많습니다. 안타깝게도 대다수는 그것 외에 다른 길이 있다는 사실을 깨닫지 못합니다.

그림자와의 균형 있는 관계를 만드는 것은 이쪽 아니면 저쪽을 선택하는 것이 아니라 그 자체가 하나의 과정입니다. 그림자와의 파트너 관계를 위해 지속적으로 노력해야 합니다. 내면의 권위는 그 관계를 실현하는 열쇠입니다.

Q6 내 그림자는 분노에 휩싸였거나 파괴적이거나 혐오스러운 모습인데 어떻게 그것과 파트너가 되어 협력할 수 있나요?

그림자는 당신이 되고 싶지 않은 이미지입니다. 이번 장에서는 가장 흔한 종류의 그림자, 즉 '열등감을 느끼는 그림자'를 다뤘습니다. 열등감과 내면의 불안은 사람들 앞에 섰을 때 가장 흔하게 느끼는 감정이거든요.

하지만 우리가 싫어하는 모습은 그것뿐이 아닙니다. '나쁜' 또는 '못된' 자신의 모습도 우리는 싫어하죠. 이것은 상대방이나 주변 상황은 전혀 고려하지 않은 채 순전히 자기 이익을 위해서만 행동하려는 자아입니다. 이기적이고 탐욕스러운 자아, 또는 원하는 목표가 좌절될 때 증오나 파괴적 분노를 표출하는 자아죠. 이런 자아의 모습은 '못된 그림자'라고 부를 수 있습니다. 당신이 열등감을 느끼는 그림자를 가졌다고 해서 열등한 존재가 아니듯이, '못된 그림자'를 가졌다고 해서 당신이 못된 사람인 것은 아닙니다. 하지만 그것은 우리가 갖고 있는 자아의 일부입니다. 그런 모습이 사회적으로 받아들여지기 힘들기 때문에 우리는 그런 자아를 인정하지 않으려 하지요.

못된 그림자가 파괴적으로 행동하는 것을 막는 방법에 대해서는 다음 기회에 설명할 생각입니다. 만일 당신이 못된 그림자를 갖고 있다면, 일단은 열등감을 느끼는 그림자와 관련해 설명한 방법을 똑같이 적용해보길 바랍니다. 분명히 효과가 있을 겁니다. 못된 그림자를 건설적인 방향으로 활용할 수 있음을 깨달을 겁니다.

Q7 카를 융의 저서를 읽고 대단히 큰 인상을 받았습니다. 그런데 이 책에서 설명하는 그림자 활용 방식은 전통적인 융의 치료법과 매우 다릅니다. 왜 그런가요?

융의 이론은 심리학계에 획기적인 혁신을 몰고 왔습니다. 융은 인간 무의식에 담긴 비밀을 폭넓게 밝혔을 뿐만 아니라 그것을 활용하는 새롭고 과감한 접근법을 수립했지요. 그는 무의식에서 떠오르는 이미지를 이성적 도구로 분석하기보다는 환자로 하여금 그 이미지와 상호작용하도록 이끌었습니다. 그리고 이를 '적극적 상상 Active Imagination'이라고 불렀지요. 융의 목표는 환자가 자신을 인식할 때 그림자를 포함한 무의식적 이미지들을 통합해 전체적인 모습을 실현하도록 만드는 것이었습니다. 그는 이것을 '자기Self'라고 불렀습니다.

이것은 당시의 심리 치료법을 훨씬 뛰어넘는, 대단히 효과적인 접근법이었습니다. 다만 제가 융의 이론에서 아쉬웠던 점은 방법론적 측면이 미흡하다는 사실이었습니다. 특히 그림자를 통합하는 문제와 관련해서요. 환자에게는 그림자의 거대한 잠재력을 실제 현실의 삶으로 끌고 올 방법이 필요합니다. 막연히 그 잠재력과 연결되기를 바라기엔, 그것은 너무 중요한 문제입니다. 필은 일련의 툴을 통해 그림자와 연결되는 확실한 방법을 개발했습니다. 툴을 이용해 가장 필요한 순간에 그림자의 힘을 활용할 수 있지요.

툴은 그림자가 고유의 감정과 세계관을 가진 독립적 존재라는 사실을 토대로 합니다. 우리는 타인과의 관계에서처럼 그림자와의 관계에도 주의력을 쏟아야 합니다. 융은 '적극적 상상'을 이용해 그림자와의 관계를 진전시키는 놀라운 성과를 이루었습니다. 하지만 여전히 문제는 남았지요. 실제 삶에서는 우리가 겪는 이런저런 상황 때문에 내면세계에서 멀어지고 그림자와 관계도 단절되기 일쑤니까요. 필은 오히려 그런 상황을 이용해 그림자와 관계를 강화할 수 있다고 생각했습니다. 청중 앞에서 얼어붙는 상황이 대표적

예입니다. 내면의 권위 툴을 실천하면 그림자가 당신이 겪는 문제의 해결책으로 변모합니다. 또 그 과정에서 당신과 그림자의 관계가 더 강화되지요. 그림자의 힘을 깨닫는 가장 효과적인 방법은 삶의 모든 순간에 그림자를 인식하는 것입니다.

툴을 경험한 사람들

1. 수줍음을 극복하고 싶다

타인과 좋은 관계를 맺을 충분한 능력을 지녔음에도 그럴 기회조차 만들지 못하는 이들이 많다. 새로운 사람을 만나는 것이 너무 두렵기 때문이다. 호감 가는 상대와 연애할 기회를 많이 얻는 비결은 완벽한 파트너가 되는 것이 아니라 자신을 스스럼없이 표현할 줄 아는 능력에 있다.

짐은 심하게 수줍을 타는 성격 탓에 항상 괴로웠다. 새로운 사람을 만나는 일이 늘 두려웠고 많은 사람이 모이는 자리도 지독하게 불편했다. 하지만 가장 심하게 수줍음을 타는 것은 이성을 만날 때였다. 훤칠하고 잘생긴 외모에 자상한 성격이라서 여자들이 먼저 그에게 호감을 보일 때가 많았다. 하지만 여성 앞에서 그는 늘 얼어붙곤 했다. 타인의 시선을 의식하느라 긴장한 나머지 상대를 보고 웃으려 해도 그만 반쯤 일그러진 미소를 짓곤 했다. 그런 그의 표정을 보고 여자들은 거만하다고 느끼거나 자신에게 관심이 없다는 의미로 해석해 방어적 태도로 변했다. 그러면 짐은 더욱 상대의 시선을 의식하며 수줍어했다. 그는 그림자와 관계 맺는 연습을 시작했다. 처음에 그림자는 흉측한 괴물의 모습이었지만 그것과 자꾸 마주하면서 오히려 내적 안정감이 찾아왔다. 그는 혼자 있을 때 내면의 권위를 연습하기 시작했고 나중에는 거울 앞에서 해보는 단계까지 이르렀다. 처음으로 자신의 눈을 똑바로 쳐다보는 기분이었다고 했다. 나중에는 혹시 관계가 틀어지면 어쩌나 걱정할 필요가 없는 가게 점원이나 지나가는 행인 앞에서 마음속으로 툴을 실천했다. 몇 개월 후 그는 여자 앞에서도 얼지 않고 자연스럽게 대화를 나누는 남자로 변했다. 그리고 다른 사람들과도 적극적으로 관계를 맺기 시작했다.

2. 필요할 때 도움을 청할 줄 아는 사람이 되고 싶다

많은 이들, 특히 남자들은 자기 인생을 주도적으로 통제하며 살고 남의 도움 같은 것은 필요 없는 사람으로 비치고 싶어 한다. 하지만 살다 보면 이런 허울이 여지없이 무너지고 타인의 도움을 요청해야 하는 순간이 오기 마련이다. 도움을 청할 줄 모르는 사람은 자칫 모든 걸 잃을 수도 있다.

성공한 부동산 개발업자 해럴드는 자존심이 무척 셌다. 그는 리스크가 큰 대규모 프로젝트에 자주 손을 댔다. 부동산 경기가 좋을 때는 그런 방식으로 짭짤한 수익을 올렸다. 그는 풍족하고 화려한 생활을 누렸고, 거만한 태도로 사람들을 대하면서 남의 주목을 받을 때 심리적 안정감을 느꼈다. 그런데 부동산 경기가 나빠지고 은행에서 대출금을 갚으라는 독촉이 들어오기 시작했다. 돈이 없어지자 친구도 거의 떠나갔다. 그는 어떻게든 파산을 막기 위해 아버지에게 연락해야 했다. 역시 부동산 개발업자인 아버지는 조심성 있고 보수적인 스타일이라 상당한 자금을 저축해놓은 상태였다. 해럴드는 자신이 아버지를 뛰어넘는 성공을 거뒀다는 자부심이 대단했었다. 아버지에게 손을 벌린다는 것은 곧 성공한 사업가라는 이미지와 자신의 자존심을 무너뜨리는 일이었다. 그는 내면의 권위 툴을 활용하면서 진정한 내면 자아와 교감하기 시작했으며, 자존심 센 허울을 버리고 인생을 사는 법을 깨달았다. 수차례 이 툴을 연습한 끝에 그는 아버지에게 도움을 청했다. "어린 시절 이후 처음으로 가장 솔직해진 순간"이었다고 한다. 그의 태도에 아버지도 격려와 존중을 보냈다. 해럴드는 아버지와 이야기할 때마다 툴을 실행함으로써 진실한 부자 관계를 만들어나갈 수 있었다.

3. 감정을 제대로 전달하고 싶다

인간관계에서는 대화하는 방식, 특히 대화를 통해 전달되는 감정이 말의 내용보다 더 중요하다. 말에 진심 어린 감정이 실리지 않으면 상대방과 의미 있는 교감을 나눌 수 없다.

조는 유능한 방사선 전문의였다. 병원 내의 의사들은 환자의 병을 진단할 때 가급적이면 조를 찾아왔다. 조가 굉장히 꼼꼼해서 남들이 미처 못 보고 지나친 것을 잘 잡아냈기 때문이다. 그런데 그는 실제 사람보다 컴퓨터 이미지를 대하는 일이 더 편하고 능숙했다. 이는 방사선 전문의로서는 아무 문제가 되지 않았지만 부모로서는 바람직하지 않았다. 열세 살인 조의 딸은 아빠와 함께 있기를 싫어했다. 조는 그런 딸 때문에 속상했다. 하지만 딸에게 왜 그러냐고 물으면 딸은 방에서 휙 나가버리기 일쑤였다. 딸은 엄마에게 아빠가 자기를 싫어하는 것 같다고, 아빠가 아무것도 모르는 바보 같다고 불만을 토로했다. 딸이 처음으로 제대로 된 드레스를 입었을 때도 조는 무덤덤한 표정으로 쳐다보기만 했던 것이다. 그는 딸의 마음을 달래주기 위해 "사랑해"라고 기계적으로 말했지만 딸은 닫은 마음을 열지 않았다. 조의 아내는 그에게 말하는 내용이 아니라 말할 때 감정이 부족한 게 문제라고 조언했다. 조는 자신의 그림자를 만나고 나서야 감정을 표현할 줄 아는 사람으로 변했다. 조의 그림자에는 지금껏 그가 담을 쌓고 있던 모든 감정이 담겨 있었다. 그는 딸과 대화를 나눌 때마다 내면의 권위를 실천하기 시작했다. 그리고 부녀 관계가 달라지는 것을 목격하며 놀라워했다. 조와 딸은 점차 친밀해졌고, 딸은 아빠가 진심으로 자기를 사랑한다는 사실을 느끼며 자신감도 커졌다.

4. 창작의 슬럼프를 극복하고 싶다

작가는 글 쓰는 과정이 아니라 그 결과에 집착할 때 슬럼프에 빠진다. 완벽한 결과물을 만들어내려 애쓰지만 거듭 좌절감만 느끼고, 만족스러운 글이 나오지 않으면 가혹한 자기비판의 늪에 빠진다.

줄리는 시나리오 작업이 좋아서 그것을 직업으로 삼고 싶었다. 그런데 놀랍게도 영화사에 처음 제출한 시나리오가 채택되어 영화로 만들어졌다. 영화는 큰 호평을 받았다. 이후 거액을 받고 유명한 감독이 만드는 작품의 시나리오를 쓰게 되었다. 그녀는 첫 시나리오 못지않게 훌륭한 작품을 써내야 한다는 중압감에 시달렸다. 그러자 글쓰기가 더 이상 즐겁지 않았다. 자신의 직감을 믿기보다는 남들이 좋아할 만한 내용을 짜내려고 애썼다. 써놓은 글을 읽어보면 안 좋은 점만 눈에 띄었다. 자기비판적 태도가 너무 심해진 나머지 나중에는 컴퓨터 앞에 앉기조차 싫어졌다. 그녀에게 필요한 유일한 해법은 글쓰기 자체를 사랑했던 모습을 되찾는 일이었다. 그녀는 글을 쓰려고 앉을 때마다 내면의 권위를 실천했다. 자신의 원고를 읽을 사람들을 청중으로 상상하며 이 툴을 실행했고, 특히 스스로 자신을 비판하려는 마음이 들 때 신경 써서 실천했다. 그러자 글을 쓸 때 자기표현의 힘과 연결될 수 있었다. 자신의 작품에 대해 남들이 뭐라고 말할지 두려워하는 마음이 없어졌고 글쓰기의 즐거움을 되찾았다.

자 유 의 툴 요 약

○ 이 툴의 목적

두려움에 사로잡혀 자신을 표현하기 힘들거나 타인과 관계를 맺기가 힘들다고 느낄 때 이 툴을 사용하라. 이럴 때 당신은 '얼어붙어서' 태도가 경직되고 자연스럽게 말하기가 힘들 것이다. 이런 증상 뒤에는 불합리한 불안감이 깔려 있다. 이 툴을 활용하면 내면의 불안을 극복하고 진정한 자기 모습을 표현할 수 있다.

○ 극복해야 할 것

내면의 불안은 많은 사람에게 나타나는 보편적인 특성이다. 그런데 대개 그것에 대해 잘못 이해하고 있다. 우리는 불안의 원인을 안다고 생각한다. 외모, 교육 수준, 사회경제적 지위 같은 요인 때문에 불안해진다고 믿는다. 그러나 사실 그 원인은 우리 내면 깊은 곳에 존재한다. 자신의 부정적인 모습이 형상화된 이미지인 그림자가 바로 불안의 원인이다. 우리는 타인이 그림자를 알아챌까 봐 전전긍긍한다. 그래서 그것을 꼭꼭 숨기려 갖은 애를 쓰고, 그러면 진정한 자아를 표현하는 일은 불가능해진다. 이 툴은 그림자와 관련한 문제를 지혜롭게 다루는 새로운 방법을 알려준다.

○ 이 툴의 큐

1. 무언가를 잘해내야 한다는 중압감이 들 때. 예를 들어 많은 사람이 모인 자리, 누군가와 맞서는 상황, 많은 사람 앞에서 이야기하는 경우.
2. 그 상황이 진행되는 동안뿐 아니라 그 상황을 맞이하기 직전에도 툴을 사용하라.
3. 미래에 그런 상황을 겪을 예정이라 걱정되고 불안할 때.

○ 실행 방법

1. 청중 앞에 서 있다고 상상하라. 조금 떨어진 옆에 당신의 그림자가 서서 당신을 바라본다고 상상하라. 청중의 존재는 완전히 무시하고 모든 주의력을 그림자에만 집중하라. 당신과 그림자 사이에 끊으려야 끊을 수 없는 유대감이

느껴질 것이다. 그림자와 하나 된 당신은 두려움에서 벗어난다.
2. 당신과 그림자가 함께 청중을 바라보며 "들어라!" 하고 조용히 외친다. 당신과 그림자가 한목소리로 말할 때 권위가 생기는 것을 느껴라.

○ 당신이 사용하는 초월적 힘

자기표현의 힘은 우리가 타인에게 인정받으려 애쓰지 않고 자신의 모습을 진정성 있게 드러내도록 이끈다. 이 힘은 명료한 권위를 갖고 우리를 통해 목소리를 낸다. 또 이 힘은 언어가 아닌 다른 방식으로도 자신을 드러낸다. 운동선수가 완전히 몰입해 신들린 듯한 경기를 펼칠 때가 대표적인 예다. 성인이 되면서 이 힘은 그림자 속에 묻혀버린다. 그러나 툴이 당신을 그림자와 연결해주므로, 당신은 그 힘을 되찾아 자신을 통해 발현시킬 수 있다.

5장

평온의 툴
: 끊임없이 감사하라

The Tools
: 5 Tools to Help You Find Courage, Creativity, and Willpower
and Inspire You to Live Life in Forward Motion

나를 찾아온 엘리자베스는 밤새 걱정하느라 한숨도 못 잤다면서 말했다. "내일이 추수감사절이라 가족들이 우리 집에 모일 거예요. 그런데 칠면조 요리를 망칠 게 틀림없어요." 그렇게 말하면서 양손을 맞잡고 어찌나 세게 쥐어틀던지, 저러다 살갗이 벗겨지면 어쩌나 싶었다.

"벌써 요리를 시작했나요?" 내가 물었다.

"아뇨. 하지만 지난번에 내가 요리한 칠면조를 먹고 사촌이 식중독에 걸렸거든요. 그래서 걱정이 돼서 죽을 지경이에요."

그녀는 애원하는 눈길로 잠시 나를 쳐다보았다. 하지만 내가 뭐라고 말을 꺼내기도 전에, 온갖 걱정으로 들끓는 그녀의 마음은 또 다른 문제로 달려가고 있었다. 그녀가 털어놓은 걱정들은 이랬다. 엊그제 갑자기 먼 친척이 지인을 한 명 데려오겠다고 알려왔으니 내가 할 일도 늘어나겠지. 글루텐 과민증이 있는 조카는 와서 식사도 제대로 하지 못할 텐데. 좌파 성향 아버지와 우파 성향 오빠를 멀찌감치 떨어트려 놓으려면 자리 배치를 어떻게 해야 하지? 그리고 사촌이 감정이 여려서 아버지의 거친 말에 늘 기분이 상하는데, 아버지랑 멀리 앉게 하려면 어떻게 해야 하지?

그녀의 걱정들은 짧고 날카롭게 터지는 포격처럼 끊임없이 튀어나왔다. 마치 아마겟돈이라도 임박한 듯했다. 나는 그녀가 늘어놓는 걱정을 잠시 한 귀로 흘려듣고 그녀의 내면을 언뜻 들여다보았다. 그곳은 끊임없는 부정적 생각이 그녀를 꽁꽁 묶어놓은 암울한 세계였다. 참으로 딱해 보였다. 나는 그녀를 안심시키고 싶어서 말했다.

"정말 스트레스가 많으신 것 같군요. 하지만 당신이 생각하는 것만큼 심각한 문제들은 아닌 듯한데요."

"제 남편이랑 똑같은 얘길 하시네요." 그녀가 맞받아쳤다. "남편이야 그렇게 말해버리면 그만이죠. 가족 모이는 날이면 그이는 옆 사람 술잔이나 채워주고 축구 경기 시간에 맞춰 TV나 켜면 되니까요."

상담 내내 나는 딱히 도움을 못 주는 의사가 된 기분이었다. 하지만 놀랍게도 엘리자베스는 고맙다고 말하며 다음 주에 다시 오겠다고 약속했다. 다시 만난 자리에서 나는 먼저 추수감사절은 무사히 보냈느냐고 물었다. 하지만 그녀는 그 얘긴 할 필요도 없다는 듯이 손을 내저었다. 새로운 걱정거리가 머릿속을 점령하고 있었기 때문이다. 그녀는 다리에 난 뾰루지가 틀림없이 낭창狼瘡일 거라고 확신하고 있었다.

엘리자베스의 머릿속에서는 걱정이 떠날 날이 없었다. 시동을 걸 때 자동차에서 조금만 이상한 소음이 나도 걱정했고, 두통이 생기면 뇌종양 때문일 거라고 짐작하며 걱정했다. 걱정은 그녀 삶의 중심이었다.

엘리자베스에게도 걱정에서 비교적 자유로웠던 시절이 있었다. 학교를 다닐 때가 그랬다. 공부를 잘했던 그녀는 거의 완벽에 가까운 성적으로 심리학 석사 학위를 취득했다. 하지만 학교를 졸업할 무렵에는 이미 결혼도 하고 아이까지 있는 상태였다. 그래서 곧장 직업 전선에 뛰어들어 돈을 벌어야 했다. 오랜 구직 노력 끝에 그녀는 한 대학의 생활지도 상담 교사로 취직했다. 급여는 별로 많지 않았지만 적성에 딱 맞는 일이었다. 심리학을 전공해서 관련 지식까지 갖춘 그녀는 학생들에게 진심으로 관심을 기울이며 조언을 해주었다. 그런데 어쩌면 너무 과도하게 관심을 기울였는지도 모른다.

담당해야 하는 학생 수가 꽤 많아서, 그녀가 느끼기에는 각 학생에게 충분한 관심을 기울일 시간이 턱없이 부족했다. 하지만 그들을 걱정할 시간은 있었다. 이 학생은 과목을 제대로 선택해서 듣고 있는 걸까? 그 학생은 우울증에 빠졌는데 내가 알아채지 못한 건 아닐까? 한편 자기 걱정도 태산이었다. 남은 업무를 처리하려면 토요일에도 일해야 할까? 그러면 딸아이는 어떡하지? 그럼에도 그녀는 학생들 사이에서 인기 많은 상담교사였다. 그 덕분에 해고당할지 모른다는 걱정에서는 자유로울 수 있었고 그 일을 14년이나 했다.

나는 그렇게 늘 걱정하는 모습을 보고 남편의 반응이 어떠냐고 물었다. "어떤 날은 그냥 웃어요. 하지만 대개는 '또 그놈의 걱정이군' 하며 피곤해하는 표정이에요." 최근에는 남편이 더는 참을 수 없다는 반응을 보였다. 딸의 학교에서 학부모 모임이 열리기로 되어 있었는데 엘리자베스와 남편 둘 다 일 때문에 바빠서 참석할 수가 없었다. 저녁 식사 자리에서 엘리자베스는 계속 그 일을 걱정하면서 공황 상태 직전까지 갔다. 그러자 남편이 갑자기 버럭 소리를 질렀다. "이건 별로 큰 문제도 아니라구. 그런데 당신은 우리 가족 삶이 온통 망가질 것처럼 굴고 있잖아!"

"남편 말에 대해 어떻게 생각하세요?" 내가 물었다.

그녀의 눈가가 촉촉해졌다. "저도 알아요. 그이 말이 맞다는 거. 늘 걱정하는 저 때문에 틀림없이 주변 사람들도 힘들 거예요. 하지만 누구보다 힘든 건 '저 자신'이라고요."

당신의 머릿속을 뒤덮은 먹구름

엘리자베스는 삶이 온통 무너지고 있는 사람처럼 늘 얼굴에 수심이 가득했다. 하지만 사실 그녀의 삶은 꽤 안정돼 있었다. 중요한 몇몇 측면에서는 축복받은 삶이라고까지 할 수 있었다. 남편은 훈장을 받은 경찰관이었고 실직할 가능성이 희박할 만큼 안정된 직장 생활을 하고 있었다. 아내와 딸에게 헌신적인 그는 안전하고 화목한 가정을 꾸리기 위해 노력했다. 엘리자베스도 남편도 호화로운 생활에는 별로 관심이 없었기에 물질적 측면에서 볼 때 그들에겐 부족함이 없었다. 그러나 아무리 남편이 자상해도 엘리자베스는 인생에 불행과 재난이 찾아올지 모른다고 늘 걱정했다.

온갖 걱정거리는 그녀에게 '진짜'처럼 느껴졌다. 아무리 터무니없는 것이라도 말이다. 그녀는 자기 스스로 만든 세계에 살고 있었기 때문이다. 어찌 보면 우리 누구나 엘리자베스와 비슷한 면이 있다. 우리는 자신이 실제 세상에 대해 걱정한다고 믿지만, 사실은 우리 마음속에만 존재하는 세상을 걱정할 때가 많다. 이 내면의 세계는 너무나 강력해서 우리는 진짜 현실을 직시하지 못한다. 영국의 시인 존 밀턴 John Milton은 『실낙원 Paradise Lost』에서 이렇게 말했다.

"마음은 그 나름의 독립적인 공간이며 그 안에서 지옥을 천국으로 만들 수도 있고 천국을 지옥으로 만들 수도 있다."

나는 엘리자베스에게 이 내면의 세계를 일깨워주고 싶었다. 그래서 눈을 감고 가장 최근에 걱정한 문제를 얘기해보라고 했다. "얼마 전에 라디오에서 북극이 점점 녹고 있다는 뉴스를 들었어요. 지금보다 너 내륙 지역으로 이사해야 할 것 같아요. 고지대로 말이에요." 나는 그 걱정의 구체적인 내용을 잠시 옆으로 제쳐놓고, 걱정을 할 때 '어떤 느낌이 들었는지' 생각해보라고 했다.

그녀는 눈을 뜨고 말했다. "짙은 어둠이 저를 둘러싸고 있는 것 같았어요. 재앙을 몰고 오는 구름처럼요." 나는 다른 걱정거리에 대해서도 똑같이 해보라고 말했다. 예컨대 딸이 대학 입학 지원서를 제시간에 제출하지 못하면 어쩌나 하는 걱정 같은 것 말이다. 그녀는 이번에도 조금 전과 똑같이 짙은 어둠에 둘러싸인 기분이라고 했다.

우리는 이것을 '먹구름'이라고 부른다. 끊임없이 걱정할 때 당신은 스스로 부정적 에너지를 만들게 되며, 이 부정적 에너지는 먹구름처럼 당신 머리 위를 뒤덮는다. 먹구름은 긍정적 생각을 전부 차단하고 재앙이 금방이라도 닥칠 것 같은 두려움을 만들어낸다. 자연재해든, 질병이든 또는 인간이 저지르는 실수든 말이다.

엘리자베스는 먹구름이 얼마나 강력해질 수 있는지 보여주는 대표적 사례다. 걱정하는 일이 실제로 일어날 개연성과는 무관하게 먹구름의 힘은 아주 강력하다. 사실, 그 일이 현실에서 일어나는 경우는 거의 없다. 반복적인 상상 때문에 먹구름이 한층 강력하게 우리를 장악하는 것이다. 우리가 무언가를 반복할수록 그것은 그 자체로 생명력을 지닌 습관이 되어버린다. 그래서 그것을 하지 않는 것보다 하는 것이 더 쉬워진다.

당신에게도 이런 먹구름이 있을지 모른다. 평소 걱정하는 문제를 떠올려보라. 직장 문제든, 자녀 문제든, 건강이 좋지 않은 부모님에 대한 걱정이든 말이다.

눈을 감고 걱정거리를 떠올려라. 그것을 반복해서 강렬하게 생각하라. 처음에는 조금 부자연스럽게 느껴질지 모른다. 그러나 계속 반복하면 걱정 그 자체에 가속도가 붙고 생명력을 지닌 존재처럼 변한다. 이제 그 걱정이 만들어낸 내면 상태를 주의 깊게 들여다보라. 어떤 기분이 드는가?

당신이 지금 경험한 것이 바로 먹구름이다. 실제 생활에서 먹구름은 지금 상상하며 만든 것보다 훨씬 더 두껍고 어두우며 위압적이다. 먹구름은 긍정적인 모든 것을 지워버린 채 부정적인 것만이 진실이라고 당신을 설득한다. 다음 그림은 이런 상황을 보여준다.

그림의 먹구름 위에는 태양이 빛나고 있다. 태양은 긍정적인 것, 실제 세계의 올바른 그림을 나타낸다. 이를 가로막는 먹구름은 뚫을 수 없는 장막처럼 그려져 있다. 이 장막은 긍정적인 생각에 다가가지 못하게 차단한다. 위쪽에서 여전히 태양이 밝게 빛나지만 구름 아래에 있는 사람은 태양이 존재하지 않는다고 느낀다. 이 사람에게는 즐거움이란 없고 오직 부정적인 생각뿐이다. 그는 자신의 생각이 만들어낸 먹구름의 무게에 짓눌려 허리를 숙이고 있다. 이렇게 사는 사람은 커다란 대가를 치를 수밖에 없다. **먹구름에 짓눌린 사람의 마음에는 결코 평온함이 생길 수 없다.**

마음의 평온을 잃어버리면

마음의 평온은 매우 소중하다. 모든 것이 있어야 할 제자리에 놓여 있다는 안도감, 모든 것이 무탈하다는 평온한 기분. 우리는 누구나 순간순간 이런 기분을 느껴본 적이 있다. 내가 모든 존재와 조화를 이루고 있다는 내면의 평정 말이다.

먹구름은 이런 평온한 감정을 소멸시킨다. 먹구름의 영향력 아래에 놓이면 세상에서 잘못된 부분과 불안한 측면만 눈에 들어온다. 무력감, 자기 증오, 비판적 태도 등 모든 종류의 부정적 사고가 먹구름을 만들 수 있지만, 가장 강력한 먹구름을 만들어내는 것은 걱정이다.

마음의 평온을 잃으면 모든 게 문제로 보인다. 걱정거리와 싸우는 데에 모든 에너지를 쏟는 나머지, 삶을 즐기는 것은 상상할 수도 없는 사치가 된다. 엘리자베스는 좋은 책을 읽어도, 영화를 봐도, 친구와 만나 점심을 먹어도 늘 마음이 편치 않았다. 그때마다 항상 어떤 걱정거리에 사로잡혔다. 하루는 그녀가 지친 표정으로 나를 보며 체념한 듯 말했다. "뭔가를 진심으로 즐겨본 게 언제인지 기억도 나지 않아요."

이처럼 끊임없이 걱정하는 행동 패턴에는 잔인한 측면이 있다. 먹구름 속에서는 모든 문제가 생사가 걸린 것처럼 중요하게 보인다. 하지만 그렇게 느끼는 사람은 오직 당신뿐이다. 다른 누군가가 당신을 도와주리라 기대할 수 없다. 왜냐하면 다른 사람은 그 문제를 당신만큼 심각하게 여기지 않기 때문이다. 결과적으로 당신은 무력함에 짓눌린 채 혼자라는 소외감을 느낄 수밖에 없다.

엘리자베스는 먹구름의 영향력으로 늘 부정적인 것만 눈에 들어와 남편도 의지하지 못하는 단계에 이르렀다. 그녀는 상담하러 와서 지친 목소리로 말했다. "정말 이제 녹초가 되었어요. 오늘은 빨래도 해야 하는데 막막하네요."

나는 의아했다. "남편 분이 집안일을 잘 도와준다고 하셨잖아요?"

"이젠 그이한테 도와달라고 안 해요. 빨래를 제대로 깔끔하게 못 개거든요. 제가 직접 하는 게 속 편해요."

이런 태도는 늘 걱정거리를 지나치게 부풀리는 그녀에게 이미 지쳐 있는 남편을 더 멀어지게 했다. 자신이 전혀 도움이 안 되는 존재라는 느낌을 좋아할 사람은 아무도 없다. 당연히 그녀의 남편도 예외가 아니었다. 친구들도 조금씩 멀어졌다. 그녀는 온갖 걱정에 신경 쓰느라 친구를 챙길 시간조차 없었던 것이다.

그런데 엘리자베스가 나에게 상담받기 시작한 지 얼마 안 되었을 때, 다행히 그녀가 바람직한 충격을 받는 사건이 발생했다. 딸과 관련한 일이었다. 엘리자베스는 딸의 대학 입학에 필요한 에세이 작성을 도와주고, 지원 마감일을 딸에게 늘 상기시켰으며, 심지어 지원서 발송 봉투에 주소를 적는 것까지 도와주었다. 그런데 어느 날 딸이 "엄마는 이기적인 잔소리꾼"

이라며 그동안 숨겨온 스트레스를 터뜨렸다. 그녀는 충격을 받았다. 두 사람 모두 진정을 되찾은 후 딸이 말했다. "그런 말을 써서 죄송해요. 하지만 엄마도 깨달아야 해요. 저는 엄마가 그 많은 시간을 애쓴 게 저를 위해서 한 게 아니라고 느끼곤 해요. 입학 문제에 대한 '엄마 자신의 걱정'을 해결하기 위해서 그러는 것 같다고요."

이 일은 엘리자베스에게 중요한 전환점이 되었다. 머릿속의 먹구름 때문에 좋은 부모가 되려는 강한 열망이 뒤틀려 오히려 딸에게 부담을 주는 뭔가로 변형되었다는 사실을 그녀는 인정하지 않을 수 없었다. 먹구름은 좋은 부모 역할을 망쳤지만 다른 그 어떤 것도 망칠 수 있었다. 그녀는 먹구름에서 벗어나기로 마음먹었다. 하지만 그것은 생각보다 쉽지 않았다.

부정적 생각의 힘은 왜 그토록 강력한가?

생각 패턴을 바꾸는 일이 어렵지 않다고 믿기 쉽다. 그저 부정적 생각을 긍정적 생각으로 대체하면 되지 않는가? 그동안 우리 사회의 많은 이들이 그렇게 믿어왔고, 『긍정적 사고방식 The Power of Positive Thinking』이라는 책이 인기를 얻으면서 그런 믿음은 더욱 확산되었다. 이런 접근법은 효과가 있을 것 같지만 안타깝게도 그렇지 않다. 왜냐하면 **실제로는 긍정적 사고가 발휘하는 힘이 부정적 사고와 비교가 안 될 만큼 약하기 때문이다.**

엘리자베스는 친구가 준 긍정적 사고에 관한 책을 읽고 이를 직접 깨달았다. "요 며칠간 긍정적 생각만 하려고 무지하게 애썼어요." 그녀는 미간을 찌푸렸다. "하지만 그럴 때마다 바보 같은 짓이라는 느낌이 들었어요. 사실은 나쁜 일이 도처에 있는데도 '모든 게 괜찮아'라며 내 자신을 속이는 것 같았거든요. 왜 다들 '긍정적 사고의 힘'을 강조하는지 이해가 안 돼요. 부정적 사고가 훨씬 힘이 센데 말이에요."

이 힘의 정체는 무엇일까? 나는 그녀에게 눈을 감고 이런저런 걱정거리를 떠올려보라고 말했다. "이제 긴장을 풀고 당신이 아무것도 걱정할 줄 모르는 사람이 되었다고 상상하세요. 기분이 어떤가요?"

엘리자베스는 잠깐 몸을 움찔했다. "잠깐은 마음이 편해요. 그런데……, 제가 상황을 통제할 수 있는 힘이 없어져버린 기분이 드네요."

"좋습니다. 이제 그 기분을 느끼는 상태에서 걱정거리를 다시 떠올려보세요. 어떻습니까?"

"음……. 조금 나아져요." 그녀는 눈을 떴다. "걱정을 하고 있으면 어쩐지 나쁜 일을 막아낼 수 있을 것 같은 기분이에요. 어렸을 때 '부모님이 이혼하면 얼마나 끔찍할까' 하고 늘 걱정했던 일이 떠올라요. 거의 하루도 빠짐없이 그런 생각을 했거든요. 내가 걱정을 하면 그 일이 일어나지 않을 거라고 믿었죠."

"하지만 실제로 부모님은 이혼하셨죠. 당신이 했던 걱정이 아무 소용이 없었던 거예요."

"걱정을 멈추면 나쁜 일이 '반드시' 일어날 거라고 믿은 것 같아요."

사실상 걱정이 강력한 미신 같은 역할을 한 것이다. 행운의 부적인 토끼 발 모양 장식물이 실제로 아무 도움이 되지 않는 것처럼 걱정 역시 아무런 도움이 되지 않는다. 그런데도 우리는 그 잘못된 믿음에 쉽게 휩쓸린다. 그런 믿음이 우리가 미래에 영향을 미칠 수 있다는 안도감을 주기 때문이다. 물론 그것은 착각에 불과하다. 우리는 인생에서 대부분의 일을 통제하는 것은 고사하고 예측할 수도 없다. 야유회가 비 때문에 취소되기도 하고 갑자기 심근경색이 찾아오기도 한다. 어느 때고 어떤 일이든 일어날 수 있는 게 인생이다. 그럼에도 우리는 통제할 수 없는 것을 통제하고 싶어 한다.

왜 그럴까? 우주의 작동 원리에 관한 기본적 가정을 품은 채 그것을 결코 의심하지 않기 때문이다. 우리는 우주가 우리에게 무관심하다고 가정한다(과학이 그런 믿음을 만들어낸다). 눈에 쉽게 보이는 현상만 토대로 한다면 그것은 합당한 결론이다. 그런데 우리는 우리에게 무관심한 우주 속에서 외로운 존재라는 기분을 느낀다. 우주가 나를 돌보지 않는다고 믿기 때문에 자신의 미래를 스스로 통제해야 한다는 강박에 휩싸인다. 그렇기에 이런저런 일을 걱정하는 것이 타당하게 느껴진다.

하지만 만일 우주가 실제로는 우리의 행복에 관심을 가지며 눈에 보이지 않는 크고 작은 방식으로 우리를 도와준다면 어떨까? 그것을 깨닫기 위해 그리 멀리 갈 필요도 없다. 먼저 당신의 몸을 생각해보라. 신체는 공기로부터 산소를 빨아들이고, 온갖 음식을 소화하며, 보고 들을 수 있는 놀라운 능력을 선사한다. 당신이 세부적인 작동 원리를 이해하지 못해도 그 모든 과정은 놀랍도록 원활하게 이루어진다. 그뿐만이 아니다. 지구는 우리에게 먹을 것과 숨 쉴 공기를 주고 필요한 물건을 만들 재료도 제공해준다. 그리고 이것들은 우주가 우리의 존재를 유지해주고 도와주는 무수히 많은 방식 가운데 극히 일부 예에 불과하다. 이런 내용을 설명해주자 엘리자베스는 말했다. "그런 얘기는 다른 곳에서도 들어봤어요. 하지만 마음에 잘 와닿질 않아요."

엘리자베스만 그런 것이 아니다. 사람들 대부분은 우주가 베푸는 것들에 대한 진정한 고마움을 느끼지 못한다. 그러나 다행히도 아낌없이 베푸는 우주의 관대함을 느끼게 도와주는 방법이 존재한다.

> 초월적 힘

감사하는 마음

 어린 시절에 필은 베푸는 우주에 감사를 느끼며 세상을 보는 눈이 바뀌는 경험을 했다. 그리고 그것이 출발점이 되어 나중에는 다른 이들도 그런 경험을 하도록 이끄는 사람이 되었다. 그가 겪은 일을 여기에 소개하겠다.

○

 1장에서 말했듯이 내가 아홉 살 때 남동생이 희귀암으로 세상을 떠났다. 그 일 이후 부모님은 '다음 차례는 누구일까?'라고 생각하며 또 다른 재앙이 닥칠지 모른다는 두려움에 떨었다. 시간이 흘러 내가 열네 살이 되었을 때였다. 어느 날부터인가 밤마다 원인을 알 수 없는 두통이 시작되었다. 날카로운 칼날이 머릿속을 찌르는 듯했다. 뇌종양이 아닌가 하는 두려움이 엄습했다. 시간이 흐를수록 두려움이 커졌지만 부모님께 걱정을 끼쳐드리고 싶지 않아서 얘기하지 않았다. 그러다 이대로 두면 안 되겠다 싶어 결국 털어놓았다. 깜짝 놀란 부모님은 나를 당장 병원에 데려가 정밀검사를 받게 했다. 여러 검사를 해본 결과 특별한 병이 없다는 진단이 나왔다. 그리고 당시에는 미처 몰랐지만, 이 일은 나의 세계관이 완전히 바뀌는 계기가 되었다.

그 무렵 내 인생에서 가장 신나고 의미 있는 일은 농구였다. 중요한 경기는 보통 YMCA 회관에서 열렸는데 그곳에 가려면 버스를 타고 맨해튼의 지저분하고 위험한 거리를 지나야 했다. 곳곳에서 매춘부와 마약상이 쉽게 눈에 띄는 동네였다. 여느 뉴욕 시민들과 마찬가지로 나 역시 거리의 안 좋은 모습을 가급적 눈에 담지 않으려고 그저 앞쪽만 똑바로 쳐다보았다. 내려야 할 정류장이 두세 블록 남았을 즈음엔 주변 건물이 전부 허물어진 곳이 나왔다. 대규모 재개발 공사가 막 시작된 그 지역에 이르고 나서야 마음이 놓이곤 했다.

병원에서 몸에 이상이 없다는 진단을 받은 이후 처음으로 그 버스를 탄 날이 지금도 생생하다. 그날도 버스는 평소처럼 맨해튼의 지저분한 거리를 지나갔다. 사람들의 고함 소리와 경찰차 사이렌 소리가 어김없이 들렸고 바람에 실려오는 쓰레기 냄새도 여전했다. 하지만 병원 진단이 나오기 전까지만 해도 이 버스를 다시는 탈 수 없을 거라고 생각했던 터라, 그 모든 풍경이 완전히 다르게 보였다. 모든 풍경과 내가 느끼는 모든 감각이 기적처럼 느껴졌다. 어떤 거대한 힘이 내게 이 버스를 다시 탈 수 있는 기회를, 그리고 내 나머지 삶을 돌려준 것이었다. 말로 다할 수 없는 감사한 마음이 차올랐다.

필은 너무나 강렬한 경험을 했기 때문에 세상을 다른 시각으로 바라보게 되었다. 전에는 그냥 버스를 타고 지저분한 거리를 지나간다고 생각했지만, 그날 이후엔 모든 것을 돌려받았다는 감사함을 느꼈다. 어떤 강력한 힘이 자신에게 베푼다고 느낀 것이다.

우리는 이 힘을 **생명의 근원**The Source이라고 부른다. 필은 이 힘을 짧은 순간 경험했지만 사실 그것은 항상 존재하고 있었다. 생명의 근원은 우리가 보는 모든 만물을 생겨나게 했고, 생명체를 만들어냈으며, 자신이 만든 모든 생명체에 긴밀하게 관여한다. 물론 여기에는 당신도 포함된다. 과거에 생명의 근원은 당신에게 생명을 주었고 현재는 당신이라는 존재를 지탱해준다. 그것이 지닌 창조적 힘은 당신의 미래에 무한한 가능성과 기회를 가져다준다. 지금 누리는 모든 것에 대한 감사함을 깨닫는 순간 당신은 생명의 근원과 연결된 기분을 느낄 수 있다. 그러면 당신은 더는 혼자가 아니며 걱정에 시달릴 필요도 없어진다.

이런 설명을 들은 엘리자베스는 믿지 못하겠다는 표정을 지었다. "그런 얘기를 진심으로 믿는 사람들이 저는 늘 부러웠어요. 마음에 얼마나 위안이 되겠어요? 하지만 저는 의심을 떨쳐내지 못하겠네요. 그런 '생명의 근원'이 존재한다는 걸 어떻게 확신하시죠?"

좋은 질문이었다. 보통 우리는 눈에 보여야만, 또는 다른 신체 감각기관을 통해 지각할 수 있어야만 그것의 존재를 믿는다. 하지만 생명의 근원은 물리적 세계에 존재하는 것이 아니다. 그것은 영적 세계에, 다시 말해 신체의 오감五感으로 지각할 수 없는 세계에 존재한다. 이 힘을 경험하기 위해서는 새로운 종류의 지각이 필요하다. 필의 이야기는 이 힘의 본질적 특성을 보여준다. 삶을 다시 되찾았다는 사실을 불현듯 깨달으면서 필의 가슴은 감사함으로 가득 찼다. 그는 이처럼 감사함을 느낌으로써 생명의 근원과 연결되었다. 눈에 보이거나 귀에 들리는 무언가 때문에 그것과 연결된 것이 아니다.

어떤 면에서 볼 때 감사하는 마음은 무한히 베푸는 생명의 근원에 대한 그의 '반응'이었다. 하지만 더 깊은 차원에서 보면, 그는 감사하는 마음을 통해 생명의 근원을 '지각'했다. 감사하는 마음이 생명의 근원을 지각하는 수단이라는 말이 처음엔 이상하게 느껴질지 모른다. 그러나 거듭 연습하다 보면, 우리의 눈과 귀가 물리적 세계를 지각하는 것만큼이나 또렷하게 감사하는 마음을 통해 영적 세계를 지각할 수 있다는 사실을 깨달을 것이다.

따라서 감사하는 마음은 단순한 감정 이상의 의미와 중요성을 지닌다. 감사하는 마음이 곧 초월적 힘이 되기 때문이다. 일반적으로 초월적 힘은 우리가 불가능하다고 생각했던 무언가를 '행하도록' 도와준다. 반면 이 경우에는 감사하는 마음이 우리가 지각할 수 없다고 생각했던 무언가를 '지각하도록' 해준다. 요컨대 감사하는 마음이 고차원적 지각 기관의 역할을 하는 것이다. 이를 통해 우리는 다음과 같은 근본적 진실을 깨달을 수 있다. **우주는 신비로운 방식으로 움직이며 우리는 그것이 베푸는 풍부함을 끊임없이 받고 있다.** 생명의 근원은 당신이 태어나서 죽을 때까지 매순간 당신을 도와준다. 이러한 관계를 깨닫고 감사함을 느끼면 현실과 세상을 완전히 새롭게 보는 눈을 뜰 수 있다.

| 툴 |

감사의 흐름

살다 보면 특별히 노력하지 않았는데도 저절로 마음에 감사함이 차오를 때가 있다. 캠핑을 하면서 별이 쏟아질 듯한 밤하늘을 올려다볼 때, 첫 아기가 태어났을 때 등등. 이런 순간이 특별해지는 까닭은 삶에 무언가를 선물받았다는 강렬한 감정 때문이다. 스스로의 힘으로는 만들어낼 수 없었을 무언가를 말이다. 눈을 감고 그런 경험을 했던 때를 떠올려보라.

당신에게 일어난 감사한 일을 마음속에 생생하게 그려라. 그때 느낀 감사한 마음에 집중하라. 이제 그 감사한 마음을 믿을 수 없을 만큼 무한히 베푸는 강력한 힘과 연결하라.

우리 누구나 이런 식으로 생명의 근원과 연결되는 경험을 한 적이 있다. 하지만 그 경험이 아무리 강렬했다 할지라도, 감사함을 느꼈던 특정한 상황을 지금 다시 재현하기는 거의 불가능하다. 마음속의 부정적 사고와 걱정을 정말로 떨쳐내고 싶다면, 현재의 주변 상황과 관계없이 항상 생명의 근원과 연결될 수 있어야 한다. 그러려면 감사하는 마음을 자유롭게 불러일으키는 방법을 배워야 한다. 이를 위한 툴은 다음과 같다.

감사의 흐름

STEP 1 당신 삶에서 감사할 수 있는 것들을 떠올려라. 특히 평소 당연하다고 여겼던 것을 포함하라. 그것들을 조용히 말로 표현하라. 각각의 소중함을 느낄 수 있도록 천천히 말하라. "내 시력이 좋아서 감사해" "집에서 언제든 뜨거운 물을 쓸 수 있다는 사실이 감사해" 등등. 적어도 다섯 가지 이상을 언급하라. 아마 30초도 걸리지 않을 것이다. 그것들을 생각해내기 위해 노력을 기울여라.

STEP 2 감사함이 마음에서 나와 위쪽으로 흘러 올라가는 것을 느껴라. 감사한 일을 입으로 나열하는 것을 마친 후에도 당신 마음에서는 계속 감사의 기운이 발산되어 나온다. 이때 발산되는 에너지가 바로 '감사의 흐름'이다.

STEP 3 이 에너지가 뿜어져 나오는 동안 가슴은 한없이 부드럽게 열린다. 이 상태에서 당신은 어떤 거대한 힘에, 무한히 베푸는 능력으로 가득한 힘에 다가가고 있음을 느낄 수 있다. 이로써 당신은 생명의 근원과 연결된다.

다음 그림은 이 과정을 보여준다.

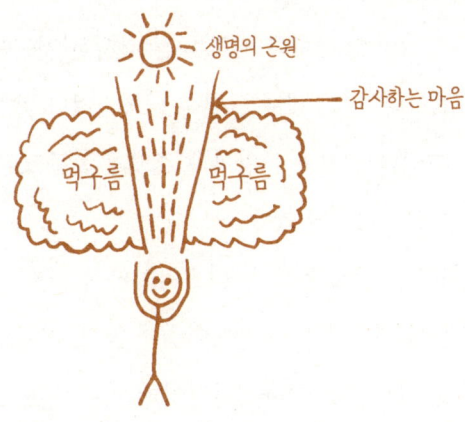

그림을 보면 감사한 마음이 강하게 발산되면서 먹구름을 뚫고 지나간다. 아래쪽에 있는 사람에게서 나온 통로가 먹구름을 가르며 위쪽으로 향하고 있다. 통로 안에 그려진 작은 선들은 위쪽으로 흐르는 감사함의 힘을 나타낸다. 위의 그림에서 먹구름 위에 빛나는 태양은 긍정적인 것들을 나타냈다. 이제 이 태양에 또 다른 적절한 이름을 붙일 수 있다. 바로 생명의 근원이다. 이것은 존재하는 모든 생명체를 만들어낸 근원이자 우주의 궁극적인 긍정적 힘이다. 이 그림은 감사하는 마음이 우리를 생명의 근원과 연결해주는 과정을 보여준다.

우리는 이 툴을 **감사의 흐름**이라고 부른다. '흐름'이라는 말은 무언가가 계속 생성됨을 의미한다. 이 툴은 생각이 끊임없이 흘러 감사의 흐름이 끊임없이 발생하도록 자극한다. 그러면 생명의 근원이 무한히 베푸는 힘을 맞이할 수 있다. 무언가가 계속 흐른다는 것은 곧 지속적으로 새로워진다는 의미다. 따라서 툴을 사용할 때마다 매번 다른 감사한 것들을 떠올리는 것이 중요하다. 매번 새로운 것을 떠올리려면 약간 노력이 필요하다. 그러나 생명의 근원과 연결되게 해주므로 그 노력은 충분히 기울일 가치가 있다.

처음에는 감사한 일을 떠올리기가 힘들지도 모른다. 하지만 당신이 생각하는 것만큼 어렵지 않다. 실제로 일어나지 않은 일을 감사해도 좋다. "전쟁이 일어나지 않은 나라에 살아서 감사해" "지진이 빈발하지 않는 지역에 살아서 감사해" 하는 식으로 말이다. 감사할 일을 과거에서 찾아도 괜찮다. "좋은 고등학교를 졸업해서 감사해" "엄마의 사랑을 받으며 자랐다는 사실이 감사해" 하는 식으로 말이다. '감사해야 한다'고 생각하는 일이 아니라 진심으로 감사한 일을 떠올려라. 없어져야만 소중함을 느낄 수 있는 사소한 것도 해당한다. 예컨대 친구와 함께 점심 식사를 할 수 있다는 사실, 집에 전기가 제대로 들어온다는 사실 등. 환자들은 왜 그런 사소한 것의 중요성을 강조하느냐고 종종 묻는다. 답은 간단하다. 우리는 그것들을 당연하게 여기지만, 그것들이 '항상 거기에 존재한다'는 점이 중요하다. 그것들을 인식하고 감사함으로써 '생명의 근원도 항상 우리 곁에 존재한다'는 사실을 깨달을 수 있다. 생명의 근원이 무수히 많은 방식으로 우리 삶을 지탱해준다는 것을 말이다.

이 툴을 처음 익히는 단계에서는 감사한 일을 의무적으로 나열하라. 거기에 익숙해진 다음에는 그것을 하나씩 언급할 때 감사함이 마음에서 발산되는 것을 찬찬히 느껴보라. 그 후엔 입으로 나열하는 것을 멈추고, 말하지 않아도 마음에서 순수한 감사함이 발산되는 것을 느껴라. 그리고 마지막 단계에서 가슴이 완전히 열리고 생명의 근원과 연결된다. 여러 번 연습하면 이 단계들을 매끄럽게 이동할 수 있다. 일상에서 수시로 이 툴을 활용할 수 있을 것이다.

평소 생활할 때 당신의 머릿속 생각을 유심히 살펴보라. 그리고 부정적 생각이 들려고 하는 순간 감사의 흐름을 사용하라. 다시 말해 부정적 생각이 이 툴의 큐다. 이 큐를 만나면 즉시 툴을 사용해야 한다. 설령 긴박한 상황으로 느껴지지 않아도 말이다. 이것이 이 툴에서는 특히 중요하다. 부정적 사고는 우리가 미처 인식하지도 못하는 사이에 우리를 먹구름으로 밀어 넣기 때문이다. 엘리자베스의 경우를 보자. 그녀의 걱정은 처음엔 정말 아무것도 아닌 일에서 시작되곤 했다. "팔에 검은 점이 있네." 그러다 점점 걱정이 증폭된다. "분명히 전에 없던 것인데. 색깔도 진하고 모양도 평범하지 않아." 어느새 그녀는 마음을 통제할 수 없는 단계에 이른다. "피부암인가 봐. 점점 퍼지는 것 같아……. 아, 난 죽게 될 거야!" 엘리자베스는 걱정이 부풀어 오르기 전, 즉 첫 번째나 두 번째 생각의 단계에서 이 툴을 실행하도록 연습한 뒤 전보다 훨씬 더 마음을 잘 다스리기 시작했다. 엘리자베스뿐만 아니라 누구나 이 툴을 연습하면 부정적 사고를 물리치고 마음을 다스릴 수 있다.

엘리자베스의 부정적 생각은 대부분 걱정으로 이뤄져 있었다. 하지만 다른 종류의 부정적 생각에 대해서도 얼마든지 이 툴을 사용할 수 있다. 예를 들어 자기비판("나는 너무 멍청해"), 남을 쉽게 판단하고 비난하는 태도("저 여자는 너무 못생겼어"),

불평하는 습관("이 일이 너무 지긋지긋해") 등이다. 그 대상이 무엇이든 강박적으로 집착하는 성향도 부정적 사고의 한 형태이므로 이 툴을 사용하면 좋다.

이 툴은 대단히 중요하므로 날마다 연습하는 것이 바람직하다. 한 가지 방법은 하루 중 특정한 시간을 정해놓고 실천하는 것이다. 내 환자들은 아침에 일어나자마자, 식사할 때마다, 그리고 잠자리에 들기 직전에 실행하곤 한다. 마음이 방향을 잡지 못하고 산란해질 때마다 실행해도 좋다. 버스 안에서, 커피를 마시며 쉬고 있을 때, 슈퍼마켓 계산대에 줄을 서 있을 때 등, 어느 때고 그런 마음 상태가 될 수 있다. 그때마다 이 툴을 사용하면 자신의 마음이 얼마나 흐트러져 있었는지 깨닫게 된다. 마음이란 그대로 놔두면 온갖 하찮은 걱정과 불안, 부정적 사고가 파고들어 금세 자리를 차지하는 법이다.

감사의 흐름 툴을 자주 사용해야 하는 이유는 마음의 주인이 되기 위해서다. 인간이 진정으로 통제할 수 있는 대상은 자신의 마음뿐이다. **마음을 다스리지 못하면 결코 영적으로 성숙할 수 없다.** 아기 때는 부모님이 날마다 우리 이를 닦아주고 몸을 씻겨주지만, 어른이 되면 우리는 이런 것을 당연히 스스로 해야 하는 일로 여긴다. 몸을 돌보는 데에 노력을 기울이듯이 영적 자아를 돌보는 일에도 똑같이 노력을 기울여야 하며 여기에는 연습이 필요하다. 그래야 영적으로 성숙한 성인이 될 수 있다.

감사하는 마음이 습관처럼 몸에 배면 생명의 근원이 언제나 삶과 함께하기 시작한다. 옛 선조들은 이러한 상태를 매우 개인적이고 직접적인 말로 표현했다. 성경의 시편 23편에서 다윗은 이렇게 말했다.

"내가 사망의 음침한 골짜기로 다닐지라도 해를 두려워하지 않을 것은 주께서 나와 함께 하심이라. 주의 지팡이와 막대기가 나를 안위하시나이다."

우리 현대인은 이처럼 몹시 친밀한 방식으로 생명의 근원을 경험하지는 못할지라도, 다윗이 표현한 것과 같은 평온과 조력, 따뜻함을 얼마든지 느낄 수 있다.

우리 자신을 생명의 근원에 연결하는 것과 2~4장에서 설명한 초월적 힘에 연결하는 것 사이에는 약간 다른 점이 있다. 생명의 근원은 우주에서 가장 높고 고귀한 힘이며 사실상 나머지 초월적 힘들을 창조해낸 힘이기 때문이다. 다른 초월적 힘의 경우와 달리, 우리는 생명의 근원을 모방하거나 그와 닮은 존재가 될 수 없다. 궁극적으로 생명의 근원은 우리가 알 수 없는 존재이기 때문이다. 우리가 할 수 있는 최선은 감사하는 마음을 유지하면서 그 힘이 우리에게 준 선물들에 고마워하는 것이다. 그것은 우리 스스로는 결코 만들어낼 수 없는 선물이다. 따라서 이 경우 감사하는 마음 자체가 우리가 생명의 근원의 존재감을 느끼도록 해주는 연결 고리 역할을 한다.

'생명의 근원'과 연결될 때 얻는 것들

엘리자베스는 감사의 흐름 툴을 열심히 연습했다. 조금씩 발전은 있었지만 그래도 아직 먹구름에 갇혀 보내는 시간이 적지 않았다. 그러던 어느 날 그녀가 상담실에 약속 시간보다 15분 늦게 도착했다. 다른 때 같으면 자신을 심하게 자책하면서 평소보다 더 빨리 말을 하려고 애썼을 것이다. 그런데 그날은 웬일인지 편안해 보였다. 심지어 즐거운 표정까지 비쳤다. "오랜 친구랑 점심을 먹었어요. 몇 년 동안 못 만난 친구였죠. 한참 수다를 떨다가 무심코 시계를 보고 깜짝 놀랐지 뭐예요. 두 시간이나 지났더라고요. 아무 걱정이나 스트레스도 없이 두 시간이 훌쩍 간 거예요. 얼마 만에 느껴본 행복한 시간인지 모르겠어요." 그녀는 상기된 표정으로 말했다. "조금 있으니 상담 시간에 늦을까 봐 걱정되기 시작하더라고요. 그래서 또 감사의 흐름을 실행했어요. 그랬더니 놀랍도록 마음이 편해지고 평온함이 느껴졌어요."

엘리자베스는 방법을 익힌 뒤로는 필요할 때마다 마음의 평온함을 만들어낼 수 있었다. 그러자 초조하고 무언가에 짓눌리는 기분이 눈에 띄게 줄었다. 걱정거리가 떠오를 때마다 옆으로 제쳐놓기가 쉬워졌다. 그녀는 태어나서 처음으로 우리 모두가 바라는 소중하고 드문 상태, 즉 마음의 평온을 경험했다.

현대인 대부분은 좀처럼 마음의 평온을 얻지 못한다. 그 이유는 엉뚱한 곳에서 찾기 때문이다. 사람들은 세상에서 훌륭한 것을 얻거나 성취하면 마음의 평온을 찾을 것이라 믿는다. 은퇴 후를 걱정하지 않아도 될 만큼 충분한 돈을 모으면, 근사한 별장을 장만하면, 착하고 성실한 배우자와 결혼하면 마음의 평온을 얻을 것이라고 말이다. 하지만 그런 목표를 달성할지라도 거기서 얻은 마음의 평온은 금세 사라지고 만다.

이유는 간단하다. 물질적 세계가 주는 안정감은 견고하지 않기 때문이다. 당신이 손에 넣은 것은 언제고 잃을 수 있다. 주식시장이 폭락하고, 홍수가 일어나 집이 떠내려가고, 배우자가 당신을 떠나버릴 수도 있다. 그러므로 진정한 마음의 평온을 얻는 길은 따로 있다. 당신을 항상 보살피고 지원하는 존재로부터 비롯되는 평온이어야 변함없이 지속될 수 있다. **생명의 근원과 연결돼야 지속적인 마음의 평온을 얻을 수 있다.**

그런데 평온함이 지속되기 위해서는 생명의 근원과 당신을 '항상' 연결해야 한다. 이는 곧 계속 노력해야 함을 의미한다. 얼핏 생각하기엔 이해가 안 간다. 흔히 우리는 마음이 쉬는 것을 평온한 상태로 여기기 때문이다. 하지만 쉬는 것은 평온함이 아니라 소극적 태도일 뿐이다. 생명의 근원과 연결된 상태를 유지하려면 끊임없는 노력이 필요하다. 따라서 마음의 평온이란 결국 적극적 움직임의 상태와 같다.

이와 같은 노력이 우리에게 주는 선물 하나는 에너지와 의욕이 크게 높아진다는 점이다. 대다수 사람은 잘못된 방식으로 자신에게 동기부여를 한다. 돈, 애인, 사회적 위치 등 원하는 것을 손에 넣고 싶다는 욕구가 그들을 움직인다. 자신이 가진 것이 충분하지 않다고 느끼기 때문이다. 이런 결핍감은 강한 동기부여 요인이 될 수 있지만 대신 큰 대가가 따른다. 바로 '늘 뭔가가 부족하다'는 기분으로 산다는 점이다. 그리고 설령 원하던 것을 손에 넣어도 거기서 오는 만족감은 금세 희미해지고 이제 또 다른 것을 추구하기 시작한다. 이처럼 반복되는 쳇바퀴 위에서는 결코 행복해질 수 없다. 결국엔 삶의 에너지와 의미를 잃어버리고 만다.

이런 식의 동기부여에서는 모든 에너지를 당신 스스로 만들어내야 한다. 하지만 우리에게는 다른 방법이 있다. 바로 당신보다 훨씬 크고 강력한 에너지의 근원과, 다시 말해 모든 에너지의 진정한 원천인 생명의 근원과 연결되는 것이다. 이 힘과 연결되기 위해서는 뭔가 결핍되었다는 기분을 느낄 필요가 없다. 오히려 이미 가진 것에 대해 커다란 감사를 느낄수록 생명의 근원으로부터 더 많은 에너지를 얻을 수 있다. 감사하는 마음은 완전히 다른 삶으로 들어가는 문을 열어준다. 고통이 아닌 행복감을 발판 삼아 에너지를 얻는 삶 말이다.

엘리자베스가 생명의 근원과 연결되면서 얻은 이로움은 또 있다. 그것을 발견한 계기는 딸이 원하는 대학에 합격하지 못한 일이었다. "속상해서 미치겠더라고요. 하지만 감사의 흐름 툴을 실천하는 게 습관이 돼 있던 터라 저도 모르게 즉시 사용했죠. 흥분이 금세 가라앉고 마음의 평온을 찾았어요. 그리고 딸에게도 이렇게 말해줬어요. '어느 대학에 들어가느냐가 중요한 게 아니야. 어떤 대학엘 가든 그 학교의 자원과 장점을 잘 활용하는 게 더 중요해' 딸이 어떤 대학을 졸업하든 인생을 멋지게 살아갈 수 있을 거라는 확신이 들었고, 그 애한테도 그렇게 말해줬어요. 예전과 달라진 엄마 모습에 딸도 많이 놀라더라고요. 우리 둘 모두에게 멋진 경험이었지요."

엘리자베스는 **넓은 시각**을 갖게 된 것이다. 넓은 시각이 없으면 사소한 좌절이나 실패도 삶 전체를 점령해버릴 수 있다. 잉크 한 방울이 컵에 담긴 물을 온통 흐려놓듯이 '모든 것'이 암울하게만 보인다. 아주 작은 실패 앞에서도 주저앉고 만다. 넓은 시각을 지닌다는 것은 인생의 긍정적인 면을 잊지 않고 지금 내게 일어난 상황을 바라볼 줄 아는 것을 의미한다. 생명의 근원과 연결되어야만 이러한 시각을 가질 수 있다. 넓은 시각을 지닌 사람은 실패나 좌절도 빨리 극복한다. 자신의 인생이 생명의 근원이 주는 축복으로 충만하다는 것을 알기 때문이다.

마지막으로, 생명의 근원과 자신을 항상 연결하면 성공을 올바른 태도로 받아들일 수 있다. 잘 믿기지 않겠지만 성공은 오히려 우리를 정체시키는 장애물이 될 수도 있다. 오스카상을 받은 시나리오 작가가 이후 수년 동안 별다른 작품을 써내지 못하는 경우를 생각해보라. 또 노벨상을 받은 물리학자들을 조사한 결과에 따르면, 수상한 후에 또 다른 혁신적 연구를 내놓는 이들은 극소수에 불과하다.

이유는 간단하다. 성공을 순전히 자신의 힘으로 이뤄낸 것처럼 느끼기 때문이다. 아이러니하게도, 성공한 것이 오로지 자신의 능력과 노력 때문이라고 믿으면 미래의 실패에 대한 책임도 고스란히 자신이 떠안아야 한다. 그것은 상상만 해도 괴로운 일이다. 그래서 모험을 피하고, 창의력을 발휘하지 못하며, 새로운 아이디어나 프로젝트를 시도하지 못한다. 결국 과거의 성공에 만족하며 창의력을 잃어버린 '안전한' 삶을 살아간다. 하지만 사실 우리는 생명의 근원의 도움이 없이는 그 어떤 것도 성취하지 못한다. 이 사실을 받아들이고 감사의 흐름을 실천하면 결과에 대한 책임이나 부담에서 벗어날 수 있다. 마음껏 리스크를 감수하며 창의적인 시도를 할 수 있다.

감사의 흐름을 실행하면서 생명의 근원을 당신이 이룩하는 모든 것에 대한 공동 기여자라고 인정해야 한다. 그래야 성공의 자리에 올라도 겸손해질 수 있으며, 성공한 후에도 계속 창의적인 시도를 할 수 있다.

당신이 떠올릴 질문들

Q1 감사의 흐름을 실행했지만 생명의 근원을 느낄 수가 없습니다. 사실 아무 느낌도 없어요. 뭐가 잘못된 거죠?

....

이 툴을 사용해도 아무것도 느끼지 못하는 사례는 생각보다 흔합니다. 대개의 경우 감사하는 마음이라는 지각 기관은 마치 저려서 감각이 없어진 발처럼 무용하게 느껴집니다. 발이 저리면 자꾸 움직여야 다시 정상으로 돌아오지요. 마찬가지로 이 툴을 자꾸 반복해서 실천해야 감사하는 마음을 깨울 수 있습니다. 그래야 생명의 근원을 경험할 수 있습니다.

인내심을 가지십시오. 저린 발에 감각이 없을 때는 적어도 원래 정상적인 발의 느낌이 어땠는지 '떠올릴' 수 있습니다.

반면 당신은 지금까지 감사하는 마음을 생명의 근원을 지각하는 기관으로 사용해본 적이 없습니다. 그러니 그 기관을 깨어나게 하고 거기에 익숙해져야 합니다.

내 말을 믿어야만 합니다. 감사하는 마음은 '실제로 작동하는' 지각 기관입니다. 우리 모두의 내면에 존재하지요. 꾸준히 노력했는데도 그것을 깨우지 못하는 사람을 한 번도 본 적이 없습니다.

그럼에도 이 모든 얘기가 와닿지 않는다면, 잠시 하던 일을 멈추고 감사한 일 다섯 가지를 떠올려보세요. 그리고 진정으로 감사한 마음을 담아 각 항목에 대해 천천히 소리 내어 말해봅니다. 이 단계만 실행해도 부정적 생각을 몰아내는 데 확실한 효과가 있을 겁니다.

Q2 늘 감사하는 마음에만 집중하면, 실제로 존재하는 문제들을 간과하는 바람에 나중에 해결하려고 들면 이미 너무 늦어버리는 일이 생기지 않을까요?

....

세상에는 지나치게 낙관적인 렌즈로만 삶을 바라보는 사람들이 있습니다. 이들은 너무 낙천적인 나머지, 위험한 문제도 그냥 무시하고 살다가 너무 늦어서 해결할 수 없는 지경에 이르고는 합니다. 하지만 이들은 평생 그렇게 살아온 사람입니다. 우리는 수십 년간 감사의 흐름을 가르쳐왔지만, 과도한 낙천성 탓에 문제를 무시하는 유형이 아니었다가 이 툴을 사용하고 나서 그런 유형이 된 경우는 본 적이 없습니다.

만일 지나치게 낙천적인 사람이 우리를 찾아온다 해도, 우리는 '문제를 직시해야 하니 앞으로는 걱정을 하세요'라고 권유하지는 않을 겁니다. 많은 사람이 걱정과 건설적인 문제 해결을 잘 구분하지 못합니다. 건설적인 문제 해결을 위해서는 걱정에 점령당해 통제 불가능한 마음이 아니라 평온하고 객관적인 마음 상태가 필요합니다. 생명의 근원과 지속적으로 연결돼야 그런 상태를 얻을 수가 있지요. 게다가 감사의 흐름 툴은 삶의 어두운 측면을 완전히 무시하는 것이 아니라 그것을 이를테면 밝은 도화지에 묻은 작은 얼룩으로 여기도록 이끌어줍니다. 삶의 어두운 측면을 부인하는 것은 무지한 태도입니다. 하지만 그것을 둘러싸고 있는 나머지 공간의 밝은 빛을 보지 못한다면 제대로 된 삶을 살 수 없습니다.

아직도 걱정을 해야 나쁜 일이 생기지 않을 거라는 믿음이 사라지지 않았다면, 이렇게 해보길 바랍니다. 매일 아침 일어나 당신의 모든 걱정거리, 조심해야 할 일, 혹시라도 잊어버릴까 봐 걱정되는 문제 등을 하나도 빠짐없이 전부 종이에 적어봅니다. 이제 종이에 다 적었으니 마음에 움켜쥐고 있던 걱정들을 내려놓은 셈입니다. 그 이외의 나머지 것들에 대해서는 감사하지 않을 수가 없을 겁니다. 이제 하루의 나머지 시간에는 감사의 흐름을 실천하세요. 이런저런 일을 노심초사하지 않고도 훌륭하게 삶을 이어갈 수 있다는 사실에 놀랄 겁니다.

Q3 내가 이미 가진 모든 것에 감사하면 분명히 나태해질 겁니다. 더 나은 삶을 만들어야겠다는 동기를 못 느낄 테니까요.

....

이것 역시 사람들의 흔한 반응입니다. 현재 상태에 감사하면서 만족하면 발전이 없을 거라고 두려워하지요. 하지만 사실은 행복으로 가는 길 앞에서 주춤거리는 것입니다. 이런 저항감 뒤에는 인간에 대한 비관적 관점이 놓여 있습니다. 인간은 원래 게으르며 생존에 위협을 느껴야만 자극을 받아 움직이는 존재라는 관점 말입니다. 본질적으로 우리는 두려움을 느낄 때 분비되는 아드레날린에 의해 행동 의욕을 느낍니다.

아드레날린이 에너지의 강력한 원천인 것은 맞습니다. 하지만 문제는 그것이 신체 에너지의 원천만 된다는 사실입니다. 본질적 특성상 '신체 에너지'는 유한합니다. 그것을 다 소비하면 우리는 기진맥진한 피로감을 느끼지요. 엘리자베스를 처음 만났을 때도 이런 문제가 엿보였습니다. 평범한 하루하루를 보내는 것 자체가 그녀에겐 힘든 숙제였습니다.

에너지를 얻기 위해 아드레날린에 의존하는 것에는 또 다른 문제가 있습니다. 세상을 잘못된 시각으로 바라보게 된다는 겁니다. 어떤 일이 일어나면 거기에 생사가 걸린 것처럼 매달리기도 합니다. 아드레날린 분비를 계속 자극하기 위해 점점 더 위험하고 긴장된 상황을 찾게 됩니다. 그러다 결국 잘못된 결정을 내리고요.

그런 극적인 상황 없이도 당신에게 지속적으로 동기를 부여해주는 에너지 시스템이 있다면 좋지 않을까요? 어떤 일이 일어났을 때 생사가 걸린 것처럼 긴장하거나 조바심을 낼 필요가 없다면 어떨까요? 그러면 동기와 에너지를 느끼면서 삶의 행복도 찾을 수 있을 겁니다. 대다수 사람은 그것이 불가능하다고 생각합니다. 하지만 가능합니다. 당신이 항상 이용할 수 있는 무한한 에너지의 원천이 있으니까요. 그 에너지는 당신의 몸이 아니라 생명의 근원으로부터 나옵니다. 그리고 생명의 근원과 연결되는 확실한 방법은 감사의 흐름 툴을 이용하는 것입니다.

Q4 생명의 근원이 항상 우리를 도와준다고 하셨는데요. 마치 그것이 인간 같은 특성을 지녔다는 말로 들립니다. 그게 과연 현실적 관점일까요?

....

생명의 근원은 인간의 이해 범위를 훨씬 뛰어넘는 존재입니다. 하지만 이 힘과 연결되기 위해 꼭 그것을 완벽하게 이해해야 하는 것은 아닙니다. 생명의 근원에게 인간 같은 특성이 있다고 생각하면 모종의 감정이 일어나 생명의 근원과 당신의 관계를 매우 실제적인 것으로 느낄 수 있습니다. 모든 종교에서 각자의 방식으로 신성한 존재를 인격화하는 것도 바로 그 때문입니다.

우리는 생명의 근원과의 관계를 설명할 때 특정한 철학이나 종교를 믿어야 한다는 말은 전혀 하지 않습니다. 궁극적으로 당신이 생명의 근원을 어떤 식으로 인격화하는가는 중요하지 않습니다. 중요한 것은 당신이 그것과 연결되고 교감하는 일입니다. 그러면 당신보다 훨씬 더 크고 무한히 강력한 존재가 당신을 도와준다는 느낌을 받게 됩니다. 당신이 아무 힘도 남지 않았다고 느낄 때도 생명의 근원은 당신에게 새로운 에너지를 불어넣어 줍니다.

Q5 인간은 온갖 고통과 불행을 겪습니다. 그런 일도 생명의 근원이

만들어내는 것인가요? 만일 그렇다면 그것이 항상 우리를 도와주는 것은 아니잖아요?

....

생명의 근원은 '항상' 우리를 도와주고 있습니다. 하지만 그렇게 느껴지지 않을 때가 많지요. 생명의 근원은 우리에게 새로운 것을 창조하는 무한한 잠재력이 있다는 사실을 압니다. 이 창조적 힘으로 우리는 세상을 변화시킬 수 있지요. 하지만 인간은 이 창조적 힘을 잘못 이해합니다. 새로운 것을 만들어내는 행위가 자신이 중요하고 훌륭한 존재임을 증명하는 방법이라고 믿는 거죠. 그런 착각을 유지하기 위해 다른 존재의 도움 없이 오로지 인간의 힘으로 세상의 모든 것을 만들어냈다고 믿습니다. 생명의 근원이 존재한다는 것은 인정하려 들지 않지요.

이런 관점은 잘못되었을 뿐 아니라 우리의 잠재력을 온전히 실현하지 못하게 방해합니다. 인간은 창조하는 능력이 분명히 있지만, **오로지 자신의 힘만으로는 아무것도 창조할 수 없습니다.** 갓난아기든 새로운 기술이든 인간이 만드는 모든 것은 생명의 근원의 무한한 에너지가 사용된 결과물입니다. 생명의 근원과 연결되어 그것과 함께 창조해야만 우리의 잠재력을 충분히 실현할 수 있습니다.

생명의 근원은 우리에게 이런 잠재력을 일깨워주려고 늘

애씁니다. 그래서 우리가 세상의 주인이라는 착각을, 혼자 힘으로 모든 걸 해낸다는 착각을 깨트리곤 하지요. 이를 위해 논리가 아니라 '경험'을 사용합니다. 즉, 우리로 하여금 원치 않는 사건 혹은 통제할 수 없는 일을 경험하게 합니다. 질병이나 실패, 거절당하는 경험 등입니다. 이런 고통스러운 경험을 하면 우리가 세상에서 가장 강력한 존재가 아니라는 사실을 인정할 수밖에 없습니다. 이것은 오히려 축복입니다. 생명의 근원과 우리의 관계를 인식하는 계기가 되니까요.

그러면 우리는 역경과 고난 뒤에 숨겨진 보다 고귀한 의미를 깨닫습니다. 아무리 불행한 사건이 일어났어도, 생명의 근원이 그 뒤에서 우리를 도와주려 움직이고 있습니다. 이런 설명을 해주면 환자들은 고개를 끄덕입니다. 하지만 막상 힘든 시련이 닥치면 그 고통에 의미가 담겼다는 사실을 금세 잊어버립니다. 부당하게 대우받고 있다는 원망이 가득해지지요. 그러면 나는 그들에게 바깥으로 시선을 돌려보라고 합니다. 그러면 자신보다 훨씬 더 가혹한 고난을 겪는 사람이 수없이 많음을 알게 됩니다. 그런데 그중에는 역경 앞에 주저앉지 않고 침착하고 씩씩하게 헤쳐 나가는 사람들이 반드시 있습니다. 이들은 삶을 즐기고 긍정적 에너지를 발산하는 특별한 능력이 있는 것처럼 보입니다. 역경이 그들의 내면만은 무너뜨리지 못한 것입니다. 오히려 역경을 통해 내면이 더 강해지지요.

이런 사람들은 역경이 찾아오는 진짜 이유를 압니다. 그리고 운명에 저항하기보다는 운명 앞에서 겸손해집니다. 상황이 나빠져도 그들과 생명의 근원 사이에는 연결이 더욱 공고해집니다. 그들은 깜깜한 어둠 같은 상황에서도 빛을 발합니다. 인간이 경험할 수 있는 가장 극단적이고 암울한 상황은 빅터 프랭클의 책 『죽음의 수용소에서』에 소개되어 있습니다. 2장에서 말했듯이, 의사인 그는 나치 지배하에서 강제수용소 네 곳을 옮겨 다니며 끔찍한 경험을 했습니다. 사회적 지위도 박탈당하고 가족도 소유물도 모두 잃은 채 날마다 생명의 위협을 느꼈지만, 그 가혹한 경험에 담긴 의미와 고귀한 목적을 찾으려 애썼습니다. 그가 이뤄낸 인간 승리는 등대가 되어 모든 이들에게 깊은 깨달음을 전해주었습니다.

Q6 걱정하는 것이 삶을 통제하고 싶은 마음에서 나오는 미신적 행동이라고 하셨는데요. 삶을 통제할 수 있다는 거만함은 나르시시스트의 특징 아닌가요?

어떤 습관은 사람들에게 너무 흔히 나타나기 때문에, 만일 거기에 나르시시즘이라는 말을 사용하면 그 말의 정의를 왜곡하게 됩니다. 나르시시스트는 거만하게 잘난 척하고, 끊임없이 칭송을 갈망하며, 타인에게 공감할 줄 모릅니다. 나르시시스트는 매우 특정한 종류의 사람을 가리키는 말입니다. 매사를 걱정하는 사람은 삶을 통제하고 싶어 하기는 하지만, 잘난 척하는 태도 때문에 그러는 것도 아니고 남들에게 칭송받기를 원하지도 않습니다. 그들은 익사하지 않으려고 간신히 머리만 수면 위로 내놓고 있는 상태와 흡사합니다.

세상에 걱정 없는 사람은 없습니다. 늘 자기 자랑을 하는 사람도, 자기를 내세우지 않는 겸손한 사람도 마찬가지죠. 누구나 마음 깊은 곳에는 삶을 통제할 수 없다는 두려움이 있습니다. 그리고 우리는 자신에게 힘을 주는 것 같은 유일한 활동을 피난처로 삼습니다. 그 활동이란 '생각하기'입니다. 하지만 역설적이게도 그 피난처에 의지하는 순간 우리의 생각은 걱정으로 가득 차서 통제불가능한 상태로 치닫습니다. 생명의 근원을 우리 삶에 일어나는 일들을 주관하는 존재로 받아들여야 마음의 평온을 얻고 올바른 시각을 되찾을 수 있습니다.

Q7 생명의 근원을 '신'과 동의어로 생각해도 될까요?

그렇게 생각해도 상관없습니다만, 꼭 그래야만 하는 것은 아닙니다. 우리는 생명의 근원을 정의할 때 일부러 여러 종교에서 믿는 절대자와 상충되지 않는 방식으로 설명합니다. 따라서 종교가 있는 환자는 얼마든지 생명의 근원을 신과 동일시할 수 있었지요. 그들이 신을 어떤 식으로 이해하든 상관없이 감사의 흐름은 부정적 사고를 몰아내는 효과를 냅니다.

한편 영적인 성향은 있지만 기존 종교에 그다지 공감하지 못하는 사람도 많습니다. 생명의 근원이라는 개념은 그들이 경험은 해봤지만 뭐라고 말로 정의하지 못했던 어떤 힘에 이름을 붙이게 해줍니다. 모든 것을 베푸는 풍요로운 우주의 힘 말입니다. 그들은 생명의 근원을 새롭게 인식함으로써 감사한 마음을 더욱 강화하고 부정적 사고에서 벗어나게 됩니다.

생명의 근원을 받아들이지 못할 것이라고 예상되는 그룹도 있습니다. 이들은 생명의 근원이 신을 연상시킨다는 이유로 거부감을 느낍니다. 바로 무신론자들이지요. 그런데 무신론은 의식적 사고의 산물입니다. 어떤 사람이 의식적 차원에서 무엇을 믿는지와는무관하게, 그의 무의식은 자신만의 방식으로 세계를 바라봅니다. 카를 융은 꿈과 종교적 심상, 신화에 관한 연구를 통해 이와 같은 사실을 밝혀냈습니다. 무의식은 이성과 논리보다 강력한 힘을 지닌 보편적 상징의 세계에 존재합니다. 생명의 근원은 그런 상징들 가운데 하나입니다. 무신론자가 감사의 흐름을 사용하면 그의 무의식이 이 우주를 무한히 베푸는 존재로서 경험하게 됩니다. 그리고 마음의 평온을 위해서는 그 경험만으로 충분합니다.

툴을 경험한 사람들

엘리자베스처럼 걱정에 짓눌려 살지 않는 사람도 많다. 하지만 그렇다 해도 감사의 흐름을 활용해 얼마든지 이로움을 얻을 수 있다. 이 툴은 다른 여러 종류의 부정적 사고에서도 효과를 발휘하기 때문이다. 아래에 소개하는 환자 세 명은 각기 다른 종류의 부정적 사고를 보여준다. 세 환자 모두 이 툴을 사용해 부정적 사고를 몰아냈다. 그들은 이제껏 스스로 만든 한계에서 벗어나는 놀라운 경험을 했다.

1. 과거에 대한 후회에서 벗어나고 싶다

우리는 과거에 내린 결정을 곱씹으며 '그 결정 탓에 이후로도 나쁜 일들이 생긴 거야' 하고 생각한다. 그러나 삶은 그렇게 단순한 원리로 돌아가지 않는다. 뿐만 아니라 이런 후회는 우리가 미래를 향해 나아가지 못하게 방해한다. 따라서 툴을 활용해 현재 눈앞의 기회에 주목하는 능력을 되찾아야 한다. 그래야 과거는 과거로 남겨놓고 앞으로 나아갈 수 있다.

중년의 이혼남인 존은 과거에 갇혀 있었다. 젊었을 때 그는 여러 애인을 사귀었지만 자신이 상처받을 것 같다는 느낌이 들 때마다 관계를 끝내버리곤 했다. 그는 과거에 내린 결정들을 뒤돌아보며 후회했다. 좋은 여자가 떠나가게 내버려두었다는 사실이 괴로웠다. 중년이 되어 다시 좋은 여성을 만나고 싶었지만, 후회스러운 과거의 결정들을 떠올리면 이제 자신에게 찾아올 기회는 남아 있지 않은 것 같았다. 다시는 누군가를 사귈 수 없을 것 같았다. 상담을 받으러 왔을 때 그는 우울증에 시달리고 있었다.

나는 과거의 실수에 강박적으로 집착하지 않는 한 그 실수는 결코 미래에 영향을 미치지 않는다고 설명했다. 그리고 과거에 만난 여자들과 그때 내린 결정이 떠오를 때마다 감사의 흐름 툴을 사용하라고 말했다. 이후 그는 과거에 대한 지독한 후회에서 벗어나는 것 이상의 놀라운 경험을 했다. 생명의 근원과 연결되면서 미래의 많은 기회에 눈뜬 것이다. 이제는 새로운 여성과 사귀는 자신의 모습을 상상할 수 있었고 데이트를 시도해볼 용기도 생겼다.

2. 자기혐오에서 벗어나고 싶다

자기혐오는 당신이라는 사람의 실제 가치와 전혀 상관이 없다. 그것은 자신에 대한 일련의 부정적 사고가 만들어낸 결과일 뿐이다. 보통 자기혐오는 내면에서 들려오는 가혹한 비난의 형태로 나타난다. 이 목소리는 대단히 강력하기 때문에 우리는 논리적으로 따져 거기에 반박할 수가 없다. 툴을 사용해 이 목소리를 잠재워야 한다.

재닛은 일류대학을 졸업했으며 애인과 함께 로스앤젤레스에 살고 있었다. 재닛의 애인은 남들이 만나지 말라고 말릴 만한 유형이었지만 그녀는 이상하게 그에게 끌렸다. 그는 사람 많은 곳에서 다른 여자들과 시시덕거리며 재닛에게 모욕감을 주기 일쑤였고, 생활비도 벌어오지 않았으며, 심지어 몇 주씩 집에 안 들어왔다. 재닛은 애인 때문에 모욕감을 느낄 때마다 오히려 자기 자신을 비판했다. 마치 모든 게 자기 탓인 것처럼 자책했다. 내가 그이를 제대로 이해하지 못했어, 내가 속이 좁아서 그래, 내가 예쁘지 않은 탓이야……. 애인이 그녀를 가혹하게 대할수록 그녀의 자기 비난도 더 심해졌다.

재닛은 이런 가혹한 자기혐오에서 벗어나게 해달라고 부탁했다. 내가 그런 내면 목소리와 말싸움을 해서 이기는 것이 아니라 그것을 아예 '꺼버리는' 방법을 알려줄 것이라고 하자, 그녀는 조금 놀라워했다. 그녀는 자신을 비난하고 싶을 때마다 감사의 흐름 툴을 실천했다. 그리고 곧 생명의 근원과 연결되어 교감했다. 처음으로 자신을 도와주고 자신의 가치를 인정해주는 커다란 우주 안에 살고 있다고 느꼈다. 이런 느낌을 반복해서 경험하자 자기 비난이 타당하지 않다는 것을 점차 깨달았다. 마침내 그녀는 애인에게 당당히 자신의 생각을 밝히고 이별을 선언했다.

눈치 챘겠지만 자기 비난이라는 문제는 이미 4장에서 다뤘다. 그때 자기 비난은 그림자에 대한 공격이었다. 따라서 내면의 권위 툴을 소개하면서 그림자를 받아들이는 일이 중요하다고 강조했다. 지금 여기서 설명하는 자기 비난은 먹구름을 만드는 사고의 한 유형이다. 따라서 이번 장에서는 당신의 사고에 직접 영향을 미치는 툴을 설명하고 있다.

시간이 지날수록 당신은 특정한 문제에 하나 이상의 도구들을 함께 활용할 수 있는 경우가 많다는 사실을 발견할 것이다. 실제로 많은 환자가 두 개나 세 개의 툴을 동시에 활용해 큰 효과를 본다. 당신도 자신에게 가장 효과적인 툴들의 조합을 찾아보기 바란다.

3. 타인을 쉽게 비판하는 습관을 버리고 싶다

우리는 자신의 잣대로 남을 판단할 때 우리의 생각이 그들에게 별 영향을 미치지 않을 것이라 착각한다. 하지만 그렇게 판단하는 습관, 특히 반복되는 가혹한 비판은 모종의 기운을 발산해 사람들을 당신에게서 멀어지게 한다. 남을 판단하는 태도는 숨기려 해도 드러나기 마련이다. 그런 생각 자체를 없애는 것이 바람직하다.

조지는 20대의 영화감독이었다. 젊은 나이임에도 평단의 찬사를 받은 작품을 두 편이나 만든 실력파였다. 젊은 나이의 성공으로 우쭐해진 그는 함께 일하는 사람들을 자신의 잣대로 판단하기 시작했다. 배우, 영화사 직원, 심지어 그의 영화에 투자하는 스튜디오의 제작자에 이르기까지 그 대상에 예외가 없었다. 그들의 지적 능력이나 창의성이 자신보다 못하다고 생각했다. 그는 거들먹거리며 잘난 체했고, 그러자 사람들은 그와 일하는 것을 꺼리기 시작했다. 그의 세 번째 작품이 처참하게 실패하자 감독 인생은 치명타를 입었다. 이후 그는 더욱 남들에게 비판적인 사람이 되었다. 나를 찾아왔을 때 그는 작업 제의를 1년도 넘게 받지 못한 상태였다. 그는 완전히 낙담해 있었다.

그는 자기 잣대로 남을 판단하는 습관을 버려야 한다고는 생각했지만, '내 판단이 옳아'라는 생각이 너무 강해서 실제로는 그러지 못했다. 나는 그의 판단이 옳으냐 그르냐가 중요한 게 아니라고 설명했다. 그런 태도를 가지면 결국 상처 입고 손해를 보는 것은 자기 자신이기 때문이다. 타인을 부정적으로 판단하는 습관이 그의 먹구름이었다. 그는 생명의 근원과 단절된 채 남들에게 아무것도 베풀지 못하는 사람이었다. 누가 그런 사람과 함께 일하고 싶겠는가? 나는 남을 판단하고 싶은 마음이 들 때마다 감사의 흐름을 실천하라고 권유했다. 이 툴을 꾸준히 실천하자 부정적으로 판단하는 습관도 없어졌을 뿐만 아니라, 생명의 근원과 연결되어 그것의 넘치는 에너지를 전달받을 수 있었다. 그러자 그와 사람들은 전과 달리 서로 많은 것을 주고받으며 바람직한 관계로 변화했다.

평온의 툴 요약

○ 이 툴의 목적

걱정이나 자기혐오 같은 부정적 사고가 마음을 채울 때 당신은 먹구름에 휩싸인 것이다. 이런 상태에서는 잠재력을 온전히 발휘할 수 없고, 당신이 사랑하는 사람들이 당신의 좋은 모습을 결코 경험할 수 없다. 당신의 삶은 의미 깊은 목표를 실현해가는 과정이 아니라 힘겨운 투쟁이 되어버린다.

○ 극복해야 할 것

부정적 사고와 걱정이 삶을 통제할 수 있게 해준다는 무의식적 착각을 버려야 한다. 우리는 우주가 우리에게 무관심하다고 생각하기 때문에 부정적 사고를 통해 통제력을 가지려고 애쓴다.

○ 이 툴의 큐

1. 부정적 생각에 휩싸이려고 할 때. 부정적 생각은 그냥 내 버려두면 더욱 힘이 세진다.
2. 마음이 방향을 잡지 못하고 산란해질 때, 수화기를 붙들고 상대방과 통화가 연결되길 기다릴 때, 차가 막혀 도로 한가운데 있을 때, 슈퍼마켓 계산대에 있을 때 등 어느 때고 그런 마음 상태에 이를 수 있다.
3. 하루 일과 중 시간을 정해두고 툴을 실천해도 좋다. 예컨대 아침에 일어났을 때, 잠자리에 들기 전, 식사시간 등 특정한 때를 정해놓는 것이다.

○ 실행 방법

1. 감사할 수 있는 일들을 조용히 말로 표현하라. 특히 평소 당연하다고 여겼던 것을 포함하라. 실제로 일어나지 않은 일을 감사해도 좋다. 각각의 소중함을 느낄 수 있도록 천천히 말하라. 툴을 실행할 때마다 다른 항목들을 떠올려라. 그것을 생각해내기 위해 노력을 기울여라.
2. 약 30초 뒤 생각을 멈추고 감사함이 몸에 가져오는 느낌과 반응에 집중하라. 감사함이 마음에서 나와 위쪽으로 흘러가는 것을 느껴라. 이때 발산되는 에너지가 감사의 흐름이다.

3. 이 에너지가 뿜어져 나오는 동안 가슴은 한없이 부드럽게 열린다. 이 상태에서 당신은 어떤 거대한 힘에, 무한히 베푸는 능력으로 가득한 힘에 다가가고 있음을 느낀다. 이로써 당신은 생명의 근원과 연결된다.

○ **당신이 사용하는 초월적 힘**

우리를 만들어내고 우리의 삶과 행복에 긴밀하게 관여하는 힘이 우주에 존재한다. 우리는 그 힘을 생명의 근원이라고 부른다. 그것의 무한한 힘과 연결되면 모든 부정적 사고가 흩어져 사라진다. 그러나 생명의 근원을 지각하기 위해서는 반드시 감사하는 마음이 필요하다.

6장

끈기의 틀
: 위험을 자각하라

The Tools
*: 5 Tools to Help You Find Courage, Creativity, and Willpower
and Inspire You to Live Life in Forward Motion*

이 책은 당신이 특별한 능력을 갖게 도와준다. 바로 인생을 변화시키는 능력이다. 당신이 할 일은 하나, 툴을 실천하는 것뿐이다. 툴을 실천하면 과거보다 나아진 자신을, 새롭게 변화한 자신을 발견할 수 있다. 이런 보상을 마다할 사람이 있을까?

나는 내 환자들 역시 그런 변화를 갈망하리라 믿었다. 툴을 알려주자 머지않아 효과가 나타났다. 그들은 더 자신감 넘치고 창의적인 사람으로 변했으며 자기 자신을 마음껏 표현하는 용기 있는 사람이 되었다. 이처럼 좋은 결과를 목격했기에, 나는 그 이후 나타난 현상을 보고 큰 충격을 받지 않을 수 없었다. 거의 모든 환자가 툴의 실천을 그만둔 것이다. 나는 머리가 멍해졌다. 삶을 완전히 변화시키는 길을 알려줬는데 이렇다 할 이유도 없이 포기해버리다니. 심지어 가장 적극적으로 임했던 환자들도 포기했다. 당신은 그러지 않을 것 같다고 자신하지 마라. 내 환자들은 당신보다 훨씬 유리한 상황이었다. 내가 개인 트레이너처럼 매주 옆에서 툴을 실천하도록 권유하고 자극했으니 말이다. 그런 사람이 없는 한, 당신은 도중에 포기할 확률이 훨씬 더 크다.

그렇다고 벌써부터 의욕을 잃지는 말기 바란다. 툴을 내려놓은 사람들을 보고 필과 나는 도중에 포기하지 않게 도와주는 방법을 개발했다. 하지만 그 방법을 익히기에 앞서 당신이 포기라는 무시무시한 적군과 마주하고 있다는 사실을 잊지 않길 바란다. 이번 장을 읽고 나면 그 적을 물리칠 방법을 알게 될 것이다. 대부분의 자기계발서는 포기라는 문제를 다루지 않는다. 실천 방법이나 프로그램은 알려주면서도, 그것을 끈기 있게 실천하는 일이 얼마나 어려운지에 대해서는 현실적인 관점으로 설명하지 않는다. 우리는 삶을 변화시키는 것이 별로 어렵지 않은 과제인 것처럼 얘기할 생각이 추호도 없다. 또 그럴 필요도 없다. 그 어려운 과제를 충분히 완수해낼 만큼 당신을 강인하게 만들 수 있기 때문이다.

먼저, 내 환자에게 일어난 상황을 소개하겠다. 당신도 아는 사람이다. 비니를 기억하는가? 고통을 겪는 것이 두려워서 코미디계의 마이너리그에 몸을 숨겼던 스탠드업 코미디언 말이다. 이제 그의 이야기를 완전히 공개하겠다. 사실 2장에서는 비니의 이야기 가운데 일부를 빼놓은 채 다뤘었다. 그것은 비니의 발전이 모두 멈추었던 암울한 시기, 그가 모든 걸 포기하려고 했던 시기에 대한 이야기다. 만일 그 내용까지 전부 소개했다면 2장의 분량이 세 배쯤 길어졌을 것이다. 그가 겪은 힘든 시간을 당신도 들어둘 필요가 있다. 당신에게도 비슷한 시간이 찾아올 수 있기 때문이다.

비니는 모든 종류의 정신적 고통을 싫어했다. 특히 남들 앞에서 자신이 상처받을 수 있는 약한 존재가 된 기분을 느끼는 일을 가장 기피했다. 그래서 코미디언 경력에 도움을 줄 수 있는 힘을 가진 사람을 만나기를 꺼렸다. 오디션에 나가는 것도 싫어했다. 남을 조롱하는 냉소적인 유머를 구사하며 그런 두려움을 숨겼고, 상대방은 그런 유머를 금세 식상하게 느꼈다.

그는 욕구 뒤집기를 실천하면서 고통 회피 성향을 극복하는 법을 배웠다. 사람들과 만나는 약속 장소에도 제시간에 나갔고 예의 바른 태도를 보였다. 얼마 안 가 코미디 업계에서 꽤 영향력을 지닌 사람들과 비즈니스 관계를 맺었으며, 그들은 비니에게 일류 클럽의 무대에 설 기회를 주었다. 얼마 후 비니는 높은 시청률이 예상되는 신작 TV 시트콤의 오디션을 볼 기회도 얻었다. 정말 꿈에나 그리던 일이었다. 하지만 거절당해 상처를 입을 수도 있었기에 한편으론 두려움도 컸다.

그는 엄청난 긴장감 속에서 일련의 오디션에 참가했다. 하지만 욕구 뒤집기를 전보다 훨씬 더 열심히 실천한 덕분에 두려움을 극복했고 시트콤의 배역을 따낼 수 있었다. 비니는 그토록 바라던 미래로 향하는 다리 앞에 서 있었다. 그 다리를 건너기만 하면 되었다. 만일 두려움이 다시 고개를 든다 해도 그에게는 욕구 뒤집기라는 든든한 툴이 있었다.

배역을 따내고 며칠 뒤 그가 나를 찾아왔다. 대화를 나눈 지 몇 분도 되지 않아, 나는 그가 자신 앞에 놓인 다리를 건너지 못하리란 사실을 직감했다. 건너기는커녕 저 아래의 낭떠러지로 떨어질 것만 같았다. 나는 앞으로 만날 상황을 지혜롭게 헤쳐 나가기 위해 현실적인 계획을 세워야 한다고 조언했다. 그는 내 말을 제대로 듣지 않았다. 대신 이제 온갖 유명한 연예인을 만나고 다닌다는 둥 그들이 자기 코미디를 얼마나 재미있어하는지 아냐는 둥, 자기만족에 빠진 자랑을 늘어놓았다. 비니는 현실세계는 등진 채 자신의 모든 꿈이 이루어지는 마법 같은 세계만 쳐다보고 있었다. 뭔가 잘못되었다는 생각이 들었다.

"비니, 바로 이 지점에서 많은 사람이 자신을 망가뜨립니다. 성공을 처음 맛보고 나면 노력하는 걸 멈춰버리죠. 하지만 그래선 안 됩니다. 오히려 이전보다 훨씬 더 열심히 툴을 실천해야 해요."

"선생님," 비니는 차갑게 받아쳤다. "전 이제 스타라고요. 세상이 스타를 어떻게 대접하는지 모르세요? 지금부터는 꽃길

걸을 일만 남은 거예요."

그동안 나는 많은 유명 인사를 상담해봤기에 그의 말이 바보 같은 소리라는 걸 누구보다 잘 알았다. 삐걱대는 인간관계, 자녀와의 갈등, 질병, 스토커 문제, 노화, 대중에게 받는 나쁜 평가, 매니저의 배신 등 그들이 겪는 문제는 수없이 많았다. 개중에 현명한 스타들은 성공이 자신의 영원한 보호막이 되어주지 못한다는 사실을 깨달았다. 그리고 상담에 더 적극적으로 임하면서 툴을 꾸준히 실천했다.

안타깝게도 비니는 현명한 사람이 아니었다. 나는 그가 앞으로 겪을 수 있는 문제를 하나 예로 들었다. "만일 대본 내용상 당신이 맡은 캐릭터가 재미없으면 어떡하죠? 수많은 사람이 TV를 볼 텐데 말이에요."

비니는 말도 안 되는 소리 말라는 듯 손을 내저었다. "저는 이 시트콤에서 너무 중요한 역할이라서 그들이 제 캐릭터를 그렇게 만들 리가 없어요. 다음 달에는 저를 다룬 기사가 두 개나 언론에 나올 예정이라고요!" 그는 자신이 언제든 교체될 수 있는 배우라는 사실을 전혀 몰랐다.

그런 행복한 무지의 상태에서 비니는 자신의 환상과 착각이 만들어낸 삶을 기뻐하고 있었다. 그의 첫 번째 행동 변화는 욕구 뒤집기 실천을 중단한 것이었다. 비유하자면 이는 미국 서부 영화 〈론 레인저〉의 주인공 론 레인저가 자신의 충직한 말인 실버를 총으로 쏘아 죽이는 상황과 흡사했다. 욕구 뒤집기를 중단함과 동시에, 그동안 비니에게 새롭게 생긴 생활방식도 사라졌다. 공연할 내용을 날마다 연습하고 꾸준히 운동하고 집안을 깨끗하게 유지하던 습관이 사라졌다.

비니의 집에는 이제 연예인의 길에 들어선 그에게 잘 보이려고 애쓰는 예전 친구들이 밤마다 찾아왔다. 한껏 추켜세워주는 친구들의 칭찬과 맥주에 취한 비니는 다시 자신만의 안전지대를 만들었다. 때로는 모임의 '수준'을 높인다면서 삼류 연예인을 초대했다(그가 얼마나 취했었는지 짐작이 간다). 그뿐만이 아니었다. 시트콤 총괄 책임자는 배우들이 대본의 대사를 바꾸지 않고 그대로 연기하기를 바랐는데, 비니는 그것이 불만스러웠다. "애드리브 좀 치는 게 뭐 그리 대수죠? 그게 내 밥벌이 방식인데. 그렇게 꼰대처럼 구니까 애드리브의 묘미도 모르는 거 아닙니까."

문제가 있는 쪽은 그 '꼰대'가 아니라 비니였다. 비니는 대사를 외우는 일이 귀찮기만 했다. 스타라면 당연히 그런 귀찮은 일을 면제받아야 한다고 생각했다. 시트콤 총괄 책임자는 그런 그를 못마땅하게 여겼다. 하루는 술이 덜 깬 채 나타나 촬영 내내 애드리브를 시도하는 비니를 보고 호되게 나무라기도 했다.

그 무렵부터 상황은 점점 더 악화되었다. 그는 툭하면 촬영장에 늦게 나타났고, 촬영장에 와서도 까다롭고 비협조적인 태도를 보여 다른 배우들이 그를 피하기 시작했다. 나는 성숙하게 행동하지 않으면 배우 인생을 망칠 수도 있다고 경고하면서 욕구 뒤집기를 실천하라고 단호하게 조언했다. 그러자 비니와 나의 관계에 마찰이 생기면서 서로 불편해졌다. 심지어 그는 나한테 "당신이야말로 인생 실패자야!"라고 고함을 지르기까지 했다. 그는 상담에 자꾸 빠지기 시작했고 결국 발길을 끊었다. 내가 해줄 수 있는 건 아무것도 없었다. 그는 내 말을 듣지 않으려고 귀를 막아버린 지 이미 오래된 상태였다.

마법을 원하는 사람들

자기 자신을 포기해버린 비니처럼 극단적인 형태는 아니더라도 다른 많은 환자 역시 비슷한 경로를 밟았다. 그들은 한동안 열심히 상담을 받다가, 어느 시점이 되면 더는 툴을 실천하지 않아도 괜찮다고 판단했다. 하지만 괜찮지 않다. 그것은 삶을 스스로 망치는 길이기 때문이다. 장담하건대 당신도 이와 똑같은 상황을 마주하게 될 것이다. 툴을 사용해보고 효과를 경험한 뒤에 언제부턴가는 실천을 중단할 것이다.

왜 수많은 사람이 이런 실수를 저지를까? 우리 사회에 인간이라는 존재에 대한 비현실적 관점이 퍼져 있기 때문이다. 우리는 자신이 완제품이라고, 혼자 힘으로 완전해질 수 있다고 믿는다. 하지만 그렇지 않다. 온전히 성숙한 인간이 되려면 자신을 뛰어넘는 더 커다란 존재와 항상 연결을 유지해야 한다. 그러자면 끊임없는 노력이 필요하고, 이는 곧 인간이 늘 미완성일 수밖에 없음을 의미한다.

이런 마음을 새로 구입한 최신식 평면스크린 TV에 비유할 수 있다. 당신은 들뜬 마음으로 포장을 뜯고 TV를 꺼낸다. 그런데 TV가 작동하지 않는다. 살펴보니 전기 접속 부품이 고장 나 있다. 부품을 새로 살 수는 없는 상황이라 당신이 직접 고쳐야 한다. 게다가 이 부품은 수시로 고장이 난다. 그래서 날마다 체크하고 손을 봐야 한다. 그런데 TV와 마음은 다른 점이 있다. 마음은 전기가 아니라 초월적 힘과 접속해야 한다는 점이다. 그 접속이 끊길 때마다 삶에 문제가 발생한다. 그것을 다시 연결해주는 것이 툴이다. 하지만 이 접속은 한번 연결하면 영원히 지속되는 게 아니다. 또다시 끊어지기 마련이다. **따라서 툴을 실천하는 것은 끝없이 계속되는 숙제와 같다.**

우리는 겸허한 태도를 지녀야 한다. 툴을 실천하는 것은 선택의 문제가 아닐뿐더러 평생 지속해야 하는 의무 과제다. 이 사실을 받아들이기는 쉽지 않다. 청소라는 예를 들어 얘기해보겠다. 내 환자 한 명은 꿈에 그리던 새 집에 이사하고 몇 주 후에 나를 찾아와 몹시 괴로워하며 울었다. 벌써 새 주방이 지긋

지긋해졌다는 것이었다. 흔히 추측할 수 있는 싫증의 문제가 아니었다. 그녀는 날마다 저녁 식사가 끝난 뒤 식기와 조리대를 얼룩 한 점 없도록 박박 문질러 닦았다. "청소를 끝내고 나면 심한 스트레스가 몰려와요. 이따가 남편이 주방에 와서 야식을 먹으면서 빵 부스러기를 흘려놓을 텐데. 내일 아침이면 두 살짜리 딸내미가 사과 소스를 집어던져서 벽이 엉망이 될 텐데. 내가 뭐 하러 힘들게 청소를 한 거지? 어차피 깨끗한 상태가 유지되지도 않는데."

그런데 만일 그녀가 끝없는 집안일에서 해방될 길이 있다면 어떨까? 흔한 광고 카피처럼 들릴지 모르겠지만, 나는 지금 광고 얘길 하려는 것이 아니다. 우리는 '마법' 같은 일이 일어나 단조롭고 반복적인 쳇바퀴의 현실에서 벗어나고 싶다는 환상을 가진다. 인간관계, 직장문제, 목표성취, 부를 쌓는 문제 등에서 마법이 일어나길 기대한다. 집안일의 경우 자동 청소 시스템이 갖춰져 늘 깨끗함이 유지되는 주방이 그런 환상에 해당한다. 그런데 인간 존재라는 차원에서 보면, 우리는 초월적 힘과 교감하는 것을 멈추어도 스스로 온전한 자아를 실현할 수 있다는 환상을 갖는다. 그러면 당연히 툴도 전혀 필요하지 않다.

비니의 경우 마법의 역할을 한 것은 명예였다. 이제 명예를 얻었으니 과거처럼 심리적 고통과 마주하며 싸워야 하는 일은 끝났다고 생각했다. 사실상 어떤 종류의 힘든 노력도 기울일 필요가 없다고 믿었다. 비니에게 그것은 종교와도 같은 믿음이었다. 천국을 추구하는 대신 돈방석을 좇았을 뿐이다. 그는 말했다. "쓸데없는 꿈을 가진다고 아빠한테 맞던 어린 시절부터 지금과 같은 명예를 성취하는 삶을 꿈꿨어요. 나는 내 임무를 다했고, 이제 보상을 얻은 겁니다."

필은 노력을 기울일 필요가 없는 쉬운 삶을 살 수 있다는 이런 착각을 '면죄부에 대한 환상'이라고 부른다. 흔히 면죄부가 죄를 없애주는 경우에만 쓰는 말이라고 생각하지만 거기에는 또 다른 의미도 있다. 즉, 어떤 책임이나 의무를 면제받는 것도 면죄부를 받는 것이다. 그리고 지금 여기서 논하는 것은 아주 근본적인 의무, 다시 말해 평생 노력해야 하는 의무다.

마음 깊은 곳에서 우리는 어떤 마법이 일어나 노력의 의무를 면제받기를 바란다. 그 마법이란 부가 될 수도 있고, 세상이 인정해주는 큰 상이 될 수도 있고, 남들에게 자랑할 수 있는 영재 자녀가 될 수도 있다. 당신이 꿈꾸는 마법은 무엇인지 생각해보라. 거창하지 않고 작은 일이어도 괜찮다. 정직하게 답해보길 바란다. 다음과 같이 해보라.

당신에게 '마법'이 일어난다고, 그래서 앞으로 전혀 힘들게 노력할 필요가 없어진다고 상상해보라. 어떤 기분일지 느껴보라. 이제 그 환상을 부셔버려라. 그런 일이 결코 일어날 수 없다고 생각하라. 끊임없이

노력해야 하는 의무에서 평생 벗어날 수 없다고 생각하면 기분이 어떤가?

이제는 거의 모든 환자가 툴의 실천을 중단하는 이유가 이해될 것이다. 그들에게는 삶의 여러 측면이 개선되었다는 사실만으로는 충분하지 않았다. 그들은 툴이 결코 가져다줄 수 없는 무언가를 원했다. 마법이 일어나 힘들게 노력할 필요가 없어지기를 바란 것이다. 그들은 영적인 미숙아에 불과했다.

면죄부만 바랐을 때의 결과

영적으로 미숙한 사람은 대가를 치러야 한다. 비니가 상담실에 발길을 끊은 후 나는 몇 개월간 그를 만나지 못했다. 그러던 어느 날 점심을 먹고 들어오는 길이었다. 엘리베이터를 타고 상담실이 있는 층에 도착해서 내리려는 순간, 갑자기 누군가가 내 팔을 와락 잡았다. 처음에는 강도인 줄 알았다. 하지만 그렇다기엔 내 팔을 붙든 그 손이 너무나 필사적이었다. 이어서 흐느끼는 소리가 들렸다.

비니였다. 그런데 처음 보는 비니의 모습이었다. 벌게진 얼굴에 눈은 잔뜩 충혈된 채 끊임없이 눈물을 흘렸다. 나를 뚫어져라 쳐다보았지만 정작 말은 한마디도 못했다. 나는 그를 방으로 데리고 들어간 뒤 문을 잠갔다.

"저 잘렸어요. 제가 왜 진작 선생님 말을 듣지 않았을까요?"

나는 다시 노력해야 한다고, 이제 또 다른 종류의 심리적 고통을 겪겠지만 툴이 역시 도움을 줄 거라고 다독였다(이미 일어난 일에 대해 이 툴을 사용하는 법은 2장을 참고하라). 집에 돌아가 마음을 추스르고 다음에 다시 만날 때까지 꾸준히 툴을 실천하라고 당부했다.

얼마 후 다시 만났을 때 그는 조금 나아 보였다. 하지만 툴을 단 한 번도 실천하지 않았다고 말했다.

"비니, 지금이 얼마나 중요한 시기인 줄 알아요? 나는 당신이 큰 대가를 치르는 최악의 상황으로 치닫지 않게 도와주려는 거예요."

"전 이미 최악의 대가를 치렀어요."

비니는 시트콤에서 잘린 것을 자신이 치른 최악의 대가라고 생각했다. 물론, 그가 유망한 코미디 배우(앞으로 큰 성공을 거둘 수 있는 완벽한 발판이었다)에서 버림받은 낙오자로 순식간에 추락한 것은 맞다. 분명 그것은 괴로운 추락이었다. 하지만 욕구 뒤집기 툴을 사용해야 한다고 거듭 강조하는 동안 그의 말과 태도를 관찰하면서, 나는 그가 치른 진짜 최악의 대가가 무엇인지 깨달았다.

"선생님, 전 말이죠, 침대에서 기어 나오는 일조차 힘들어요."

비니는 거대한 검은 구덩이에 빠져 있었다. 거기서 빠져나오도록 도와줄 수 있는 것은 툴뿐이었지만 그는 의욕을 완전히 상실해서 툴을 실천할 엄두도 못 냈다. 시트콤에서 잘린 것은 그저 하나의 불운한 외부 사건에 불과했다. 우리가 맞이하는 진짜 불행은 철저하게 의욕을 상실해서 시도도 노력도 하지 않는 것이다. 그러면 모든 걸 잃게 된다. 우리 앞에 미래는 없다.

나도 그런 의욕 상실을 경험한 적이 있다. 비니의 경우와 비슷하게, 나 역시 마법 같은 환상을 품었다가 그것에 배신당했다. 열 살 때부터 나는 하버드에 들어가겠다는 목표를 세우고 이를 악물고 공부했다. 우등상도 수차례 받았고 AP(Advanced Placement, 미국 고등학교에 개설된 고급 과정으로, 이 과정을 이수하고 해당 시험을 치르면 결과에 따라 대학 진학 시 가산점을 받거나 입학 후 학점을 인정받을 수 있다-옮긴이) 과정도 최대한 이수했다. 사실 공부를 너무 열심히 한 덕에 성적이 뛰어나서, 하버드에 합격한 것은 물론이고 1학년 과정을 건너뛰어도 좋다는 통보까지 받았다. 나는 뛸 듯이 기뻤다. 하지만 꿈에 그리던 하버드에 입학한 후 적지 않은 충격을 받았다. 고등학교 때보다 '훨씬 더' 치열하게 공부해야 한다는 사실을 깨달았기 때문이다. 온몸에 기운이 빠지고 의욕이 사라졌다. 대학 첫 일 년은 가까스로 낙제를 면했다.

전반적으로 우리 사회는 진정으로 노력해 발전적인 방향으로 나아가려는 의욕이 저하되어 있다. 그 징후는 도처에 존재한다. 사람들은 가벼운 섹스와 폭력이 가져다주는 아드레날린에 도취되어 있다. 진정한 문제해결 방법은 모색하지 않고 의견이 다른 상대방과 싸워 이기려고만 한다. 우리는 미래에 대한 희망을 잃어버린 채 살아간다. 이것은 어린아이 같은 순진한 환상을 품고 살아가는 데 따르는 대가다.
　면죄부를 받아 노력의 의무에서 해방되는 것은 불가능하다. 개인이든 사회든 마찬가지다. 쉽게 모든 걸 얻으려는 헛된 희망은 산산이 부서질 수밖에 없고, 결국 우리는 앞으로 나아갈 의욕을 잃은 채 망연자실한다. 이것은 피할 수 없는 진실이다. 면죄부를 바라는 사람은 결국엔 검은 구덩이에 빠져 심각하게 의욕을 상실하고 만다.
　그 구덩이에서 빠져나올 길은 분명히 있다. 하지만 그 길로 가지 못하게 우리를 막는 강력한 적군도 존재한다. 이 적군은 매순간 우리를 공격한다. TV를 볼 때, 인터넷 서핑을 할 때, 잡지를 읽을 때, 심지어 운전할 때도 우리는 이 적군을 만난다. 특히 이 적군의 강력한 요새에 해당하는 쇼핑몰에 들어섰을 때도 마찬가지다.

소비주의에 끌려다니다

이 적군의 이름은 '소비주의 문화'다. 온갖 TV 광고와 상품 로고, 도로의 옥외 광고판 등 우리에게 소비를 부추기는 목소리는 사방에서 들려온다. 그 모든 목소리에는 똑같은 메시지가 담겨 있다.

"당신은 이걸 꼭 구매해야 합니다."

우리는 그 설득에 힘없이 넘어간다. 사지 않으면 안 될 것만 같아 물건을 구매하고, 또 구매한다. 그러나 새로운 제품이 주는 만족은 그리 오래가지 못한다. 일단 하나를 소유하고 나면 또 다른 물건으로 관심이 옮겨간다.

소비주의는 단지 쇼핑뿐 아니라 삶의 다른 활동들에도 조용히 스며든다. 우리는 휴대전화나 청바지, 자동차를 소비하듯 삶의 경험을 소비한다. 새로운 노래나 아이디어, 친구를 만나면 잠시는 즐겁지만 금세 흥미가 시들해진다. 그러면 그걸 버리고 다른 대상으로 옮겨간다. 소비주의는 우리 삶을 좌우하는 틀이 되어버렸다. 이것은 본말이 전도된 상황이 아닐 수 없다.

비니에게도 그런 소비주의가 힘을 발휘했다. 그가 툴을 사용하면서 마음속에 세운 목표는 외부적인 것이었다. 세상에서 명예를 얻기를 바랐다. 그는 필요에 의해 잠시 툴에 의지했지만 원하는 것을 얻자 툴을 버리고 말았다.

비니처럼 당신도 소비주의라는 적군의 공격에서 안전하지 않다. 아마 지금도 소비주의의 손아귀에 붙들려 있을지 모른다. 믿기지 않는다면 지금 어떤 생각을 갖고 이 책을 읽는지 정직하게 답해보라. 당신은 그동안 찾던 '해결책'을 만나리라 믿으며 이 책을 피상적으로 빨리 읽을 것이다. 이 책이 마법의 알약이 되어주길 희망할 것이다. 꿀꺽 삼키면 힘든 노력에서 영원히 빠져나오게 해주는 알약 말이다.

이 책의 목적은 당신이 자신의 삶을 바꾸도록 돕는 것이다. 마법의 알약을 쥐어주는 것이 아닌 행동 변화를 돕기 위한 청사진이다. 제품을 소비하듯이 읽으려거든 아예 읽지 않는 편이 낫다. 진정성 있는 태도로 성실하게 툴을 실천해야 변화가 일어날 수 있다. 툴을 실천할 의욕을 불어넣어줄 다른 읽을거리의 도움을 받을지도 모르지만, 소비주의적인 태도를 버리지 않는다면 당신은 결심이 금세 무너져서 포기해버릴 것이다. 일하고 싶은 마음이 들었는데 소파에 누우니까 그 마음이 싹 달아나는 경우처럼 말이다.

사람들은 새로운 정보를 게걸스럽게 섭취해서 자신의 게으름을 벌충하려고 한다. TV, 팟캐스트, 인터넷 검색, 문자 메시지, 이메일 등에 매달린다. 하지만 급히 먹는 밥은 체하는 법이고, 그 수많은 정보를 제대로 소화하지도 못한다. 언젠가 세미나에서 한 여성을 만났다. 그녀는 한 달 동안 영적 깨달음에 대한 책을 무려 75권이나 읽었다고 했다. 한 권을 끝낸 뒤 금세 다음 책을 소비하고 또 소비하는 동안 그녀가 단 한 권에 담긴 의미라도 제대로 이해했을까? 그녀는 자동차에 GPS 시스템을 여러 개 설치해놓고 그중 하나도 사용법을 익히지 못하는 사람과 비슷하다.

    소비주의가 삶에 미치는 부정적 영향력이 명백함에도 우리는 거기에 저항하지 못한다. 소비주의를 추동하는 힘은 사실 정상적인 욕구에 바탕을 둔다. 인간에게는 초월적 힘과 관계를 맺고 교감하려는 자연스러운 욕구가 있으며, 이 욕구는 너무나 강력해서 절대 없앨 수 없다. 그런데 소비주의는 이 욕구를 엉뚱한 방향으로 유도한다. 초월적 힘이 '마법 같은 무언가 안에' 존재한다고 우리를 설득하는 것이다. 그 마법 같은 것을 손에 넣으면 초월적 힘을 '소유'할 수 있다고 말이다. 초월적 힘과의 관계 따위는 중요하지 않다. 이런 '보물찾기'는 절대 얻을 수 없는 무언가를 찾아나서는 여정과 다름없다. 그러나 우리는 이런 사실을 인정하기는커녕 또 다른 마법을 열심히 찾아다닌다.

    이처럼 마법을 갈구하는 그릇된 태도는 도처에서 목격할 수 있다. 소비주의에 끌려다니는 사람은 부인할지 모르지만, 그런 모습은 그들의 행동에서 분명히 드러난다. 그들은 높디높은 기대감을 품고 새로운 배우자나 새 옷을 손에 넣고 새로운 취미에 맛을 들인다. 그런데 그 기대감은 결코 완전히 충족되지 않으며, 따라서 더욱 기를 쓰고 다음 것을 찾아 나선다. 백화점에서 할인 제품을 손에 넣으려고 앞다퉈 덤벼드는 소비자들을 보라. 그들이 바로 마법을 찾으려 안간힘을 쓰는 어리석은 사람이다. 이 말을 들으면 아마 당신도 한동안은 백화점에 발을 들이고 싶지 않을 것이다. **그러나 마법을 바라는 것이 헛된 희망임을 깨닫기 전까지는, 당신은 환상에서 벗어날 수 없다.**

초월적 힘

의지력

자신의 희망이 헛된 것임을 깨닫는 일은 당연히 즐겁지 않다. 그러나 결코 불행은 아니다. 비니가 이를 깨우치기까지는 조금 시간이 걸렸다. 그가 다시 심리 치료를 시작한 이후 한 달 동안 우리의 상담은 자잘한 말다툼과 격려와 조언이 뒤섞인 시간이었다. 나는 그가 삶을 다시 되찾는 방법은 초월적 힘과 연결하고 그 교감을 계속 유지하는 것뿐이라고 설득했다. 앞으로 살면서 '이제 툴을 그만 사용해도 돼' 하는 순간은 절대 없을 거라고 강조했다. 이 말을 들은 비니는 종신형이라도 선고받은 표정이었다. 나는 그의 의욕을 불러일으키려고 애썼다.

"비니, 지금 무슨 생각해요?"

"큰 무대에서 제 이름을 건 멋진 공연을 하는 날을 늘 꿈꿔 왔어요. 그런데 이제 제 미래에는 툴을 실천하는 일밖에 안 남았군요."

"잘되었네요, 뭐. 한 달 전만 해도 당신한테 아무런 미래도 남아 있지 않다고 생각했잖습니까."

결국 비니는 내 조언을 따르는 것이 인생을 구덩이에서 끌어낼 유일한 길이라는 사실을 받아들였다. 하지만 여전히 툴을 실천하지 못할 때가 많았다. 전과 달라진 점은 이제 툴을 '활용하고 싶은' 마음이 강하다는 사실이었다. 그런데 마음과 달리 잘 실천하지 못하자 더욱 낙담했다. 비니뿐만이 아니다. 많은 사람이 이와 같은 혼란스러운 경험을 한다. 우리는 자기 자신을 이성적으로 통제할 수 있다고 믿는다. 무언가를 해야겠다고 굳게 결심하면 충분히 할 수 있다고 말이다.

비니는 마음먹은 대로 실천하는 일이 그리 쉽지 않음을 인정할 수밖에 없었다. "어떻게 해야 하는지 머리로는 아는데 실행이 잘 안 돼요. 뭔가가 부족한 것 같은데……. 선생님은 그게 뭔지 아시죠?" 그는 불안한 목소리로 물었다.

물론, 나는 알고 있었다. 하지만 비니 '스스로' 답을 찾게 이끌고 싶었다. "유명인들이 한동안 활동을 안 하다가 다시 복귀하곤 하잖아요. 당신이 본 가장 인상적인 사례는 어떤 것이었나요?"

"어느 권투선수의 복귀였어요. 그런데 그게 심리 치료랑 관계가 있나요?"

"물론입니다. 그 얘길 들려주시겠어요?"

"그 권투선수는 원래 자기 체급보다 한 체급 올려서 출전했어요. 그런데도 꿀리지 않고 잘 싸우더라고요. 그러다 마지막 라운드에서 턱에 엄청난 강편치를 맞았습니다. 마치 죽은 사람처럼 완전히 녹다운되었죠. 그런데 어떤 일이 일어났는지 아세요? 심판이 여섯까지 카운트를 셌을 때 그 선수가 갑자기 꿈틀거리며 일어난 겁니다. 무슨 스위치라도 탁 켠 것처럼요. 사력을 다해 다시 일어나 끝까지 싸웠어요. 경기는 무승부로 끝났죠. 평생 본 것 중 가장 멋진 경기였어요."

"그랬군요. 이제 눈을 감고 그 선수의 '스위치가 켜진' 순간을 상상하세요. 그 사람 내면으로 들어가보세요. 어떤 일이 일어나고 있나요?"

"음……. 사방이 새까만 어둠뿐인데 갑자기 불꽃이 반짝 일어났어요."

"아까 당신에게 뭔가가 부족한 것 같다고 했지요? 당신은 지금 그걸 본 겁니다."

"네? 불꽃 말입니까? 그게 제 인생을 구한다고요?"

"맞습니다. 그 불꽃만이 당신을 구해줄 수 있어요. 죽은 듯 뻗어 있던 권투선수를 일으킨 것도 그 불꽃입니다. 그것의 이름이 뭔지 아세요?" 비니는 말이 없었다. "바로 의지력이에요."

그것은 비니가 기대하던 답이 아니었다. 그는 뭔가 속은 기분이라는 표정을 지었다. 진품 가격을 지불하고 짝퉁 롤렉스 시계를 산 사람 같았다. 하지만 대부분의 사람과 마찬가지로 의지력에 대한 비니의 관점은 초등학교 3학년 수준에 불과했다. 의지력을 키우는 방법은 고사하고 진정한 의지력이 무엇인지도 잘 몰랐다.

사실, 자신의 의지력이 충분하다고 생각하는 사람은 거의 없다. 오히려 대개는 현재보다 의지력이 훨씬 더 강해지길 원한다. 우리는 어렵거나 하기 싫은 일을 해야 할 때 의지력을 발휘하려 애쓴다. 꾸준히 운동하는 것, 가계부를 정리하는 일, 심지어 아침에 일어나는 일에도 의지력이 필요하다. 또 과식이나 약물 사용 같은 나쁜 충동을 자제해야 할 때도 마찬가지다.

이런 경우 당신을 둘러싼 상황은 당신을 전혀 도와주지 못한다. 오히려 당신은 '그런 상황에도 불구하고' 뭔가 행동해야 하는 상태다. 따라서 온전히 스스로 내면에서 힘을 끌어내 사용해야 한다. 사람들은 때로 그 힘을 어둠 속에서 갑자기 나타난 불꽃처럼 묘사한다. 그것이 비니가 본 불꽃이다.

'머리로는 아는데 실천이 잘 안 된다'라고 하는 비니에게 부족한 것은 의지력이라는 불꽃이었다. 의지력이 없으면 또다시 포기하게 되고 심리 치료도 실패로 끝난다. 그런 환자를 너무도 많이 봤기에 우리는 의지력을 강화할 방법을 개발했다. 이 방법을 이용하면 누구든지, 툭하면 포기하는 사람이라도, 과거에는 갖지 못했던 수준의 의지력을 키울 수 있다.

인간의 정신적 성장과 관련한 모델 가운데 의지력의 중요성을 강조하는 모델은 별로 없다. 그러니 의지력을 키울 방법을 알려주지 못하는 것은 당연하다. 대신 대부분의 모델은 삶을 변화시키는 일이 쉬운 것처럼 얘기한다. 하지만 절대 그렇지 않다. 우리의 접근법은 그와 반대다. 우리는 그 과정이 대단히 힘들다는 사실을 먼저 인지시킨다. 그리고 그 힘든 과제를 해낼 수 있는 방법을 알려준다. 삶을 바꾸려면 의지력을 키워야 한다. 잠시 후 소개할 다섯 번째 툴이 그것을 도와준다. 어떤 면에서 이것은 가장 중요한 툴이다. 다른 툴들을 포기하지 않고 지속적으로 활용하게 해주기 때문이다. 툴들이 아무리 효과적이라 해도 사용하지 않으면 무용지물일 뿐이다.

이쯤에서 의문이 들지도 모른다. 앞에서 소개한 툴들이 특별한 힘을 발휘하는 것은, 그것을 통해 이미 우주에 존재하는 초월적 힘과 연결될 수 있기 때문이었다. 하지만 우리는 의지력을 당신 스스로 만들어내야만 존재할 수 있는 것이라고 말했다. 그런데도 의지력을 초월적 힘이라고 볼 수 있을까? 그럴 수 있다. 다만 앞서 소개한 초월적 힘들과 다른 점이 있다.

앞에 나온 초월적 힘들은 툴을 실천하며 노력하면 선물처럼 우리에게 주어진다. 하지만 의지력은 그렇지 않다. 인간이 의지력의 생성에 직접 참여하기 때문이다. 우주가 관여하기는 하지만, 우주는 인간이 의지력을 발휘할 상황과 배경을 제공할 뿐이다. 앞에 나온 권투선수의 경우, 우주가 그를 둘러싼 암흑 같은 상황을 만들어냈다. 다행히 우리 대부분은 링 위에서 녹다운되는 상황에 처하지는 않는다. 우리에게 암흑 같은 상황이란 노력할 의욕을 전혀 느끼지 못하고 포기하고 싶어질 때다.

사람들은 그 암흑이 사실은 축복이라는 것을 잘 모른다. 그런 상황이 없다면 내면의 불꽃을 발견할 기회도 없다. 모든 의욕을 상실한 순간에도 사실 우주는 우리의 협력자인 것이다. 그것은 우리에게 가장 신성하고 중요한 순간이다.

하지만 의지력을 이끌어낼 방법을 알아야 한다. 그래서 다섯 번째 툴이 필요하다.

| 툴 |

위험 자각

우리에게는 행동할 의욕이 사라진 암흑 같은 시기를 헤쳐나가게 해줄 의지력이라는 불꽃을 만들어낼 툴이 필요하다. 의지력은 새해 첫날 하는 다짐처럼 '앞으로 ~를 해야지'라는 막연한 결심보다 더 강력한 무언가다. 우리가 소개하는 툴은 당신을 지금 당장 행동하도록 이끈다. 툴을 활용하든지 활용하지 않든지, 당신의 선택은 둘 중 하나다.

지금 당장 행동하려면 긴급한 위기감을 느껴야 한다. 하지만 긴급함이란 불편하고 싫은 무언가다. 보통 우리는 뭔가 중요한 것을 잃을 위험이 생겼을 때만 긴급함을 느낀다. 그것이 직장이든, 사람이든, 물리적 안전이든 말이다. 연주회를 앞둔 피아니스트는 연주회를 망칠 경우 평판이 추락할지 모른다고 생각하며 몇 배 더 열심히 연습한다. 직장인은 곧 있을 프레젠테이션에 승진 여부가 걸려 있다고 느껴 밤을 새워가며 꼼꼼히 준비한다. 지금부터 이런 종류의 상황을 간단히 '위험 상황'이라고 칭하겠다. 위험 상황을 맞으면 우리는 생각지도 못한 큰 에너지를 발휘한다.

나도 위험 상황이 발휘시키는 힘을 느껴본 적이 있다. 과거에 변호사 자격시험을 준비할 때였다. 사흘에 걸쳐 치르는 힘든 시험이었다. 지원자의 절반 이상이 탈락하곤 했다. 물론 나는 그중 한 명이 되고 싶지 않았다. 그래서 몇 개월 동안 공부에만 매달렸다. 책상 옆에는 빈 피자 박스가 쌓여갔다. 그렇게 미친 듯이 집중력을 발휘해보기는 처음이었다. 혹시 공부를 소홀히 한 과목 때문에 시험을 망칠지 모른다는 두려움으로 하루하루를 보냈다. 매분 매초가 소중하게 느껴졌다. 매사에 이런 식으로 집중하면 못해낼 일이 하나도 없겠다는 생각이 들었다.

내가 그런 힘을 발휘할 수 있었던 것은 시간이 한정돼 있음을 알았기 때문이다. 과거 일을 되새기거나 미래를 상상하며 시간을 낭비할 수가 없었다. 중요한 것은 오로지 현재 실행하고 있는 행동과 공부뿐이었다.

사람들 대부분은 현재의 매순간이 중요하다는 진실을 받아들이기 힘겨워한다. 그것이 진실이라면 매순간 전력을 다해 살아야 하기 때문이다. 우리는 그저 여유롭게 있다가 마감일이 코앞에 닥쳐야 움직인다. 그러나 마감일이 지나가면 그동안 발휘했던 의지력도 함께 사라진다. 나도 그랬다. 변호사 자격시험이 끝나자 위험 상황이라는 느낌도 사라졌다. 평소의 소극적인 생활방식으로 돌아갔고 밤마다 파티에서 친구들과 어울렸다. 그러다 어느 순간 우울증에 빠졌다. 다른 사람들처럼 나 역시 세상살이는 원래 그런 거라고 받아들였다. 그런데 한참의 세월이 흘러 만난 필은 내가 전혀 생각지 못한 새로운 시각을 알려주었다.

"진정한 의지력은 특정 상황이나 사건을 맞닥뜨려 발휘하는 것이 아닙니다. 의지력은 상황이나 사건을 뛰어넘어야 합니다."

잘 이해되지 않았다. "보통 우리는 어떤 사건 때문에 위험 상황을 인식하는 것 아닌가요?"

"사건은 일시적일 뿐입니다. 위험 상황이라는 인식을 영원히 갖게 해주는 무언가가 필요합니다. 매순간 우리가 잃을 위험이 있는 대상이 딱 하나 있지요."

"그게 뭡니까?"

"자기 자신의 미래입니다."

대다수 사람은 미래를 잃을 수 있는 대상으로 생각하지 않는다. 그러나 필의 말대로 우리는 미래를 잃을지 모를 위험에 늘 노출돼 있다. 하지만 툴을 꾸준히 실천하면 상황이 달라진다. 툴은 현재의 문제를 극복하게 도와줄 뿐 아니라 우리의 미래 모습도 변화시킨다. 소설가이든 기업가이든 자녀를 키우는 부모이든, 과거와 전혀 다른 모습으로 살아갈 수 있다. 미래를 적극적으로 만들어나가는 주체로 변화한다. 초월적 힘과 연결하고 교감하면 우리가 발휘할 수 있는 잠재력은 무한해진다.

툴을 꾸준히 실천함으로써 얻는 무한한 잠재력이 당신의 미래를 바꿔놓는다. 하지만 툴의 실천을 중단하면 당신의 잠재력도 손상된다. 그리고 당신의 미래는 위험에 처한다. 미래가 위험해진다는 자각은 매우 긴급한 위기감을 불러일으키고 이는 의지력을 발휘시키는 추동력이 된다. 툴 활용을 그만둠으로써 치르는 대가는 생각보다 훨씬 크다. 나는 비니에게 그 대가가 얼마나 큰지 느끼게 만들고 싶었다.

나는 비니에게 눈을 감고, 의욕 상실이라는 구덩이에서 헤어 나오지 못한 채 다시는 툴을 실천하지 않는다고 상상해보라고 했다. "몇 년 후 당신의 삶이 어떤 모습일 것 같나요?"

비니는 그 모습을 금세 떠올리고 얼굴을 찡그렸다. "팍삭 늙은 데다가 몸무게가 130킬로그램쯤 되는 뚱보가 누워 있어요. 침대 정리를 안 한 지 백만 년은 된 것 같아요. 세상에! 게다가 어머니 집에 얹혀살고 있어요!"

비니에게는 상상조차 하기 싫은 상황이었다. 예전처럼 나를 탓할 수도 없었다. 그 이미지는 순전히 자신의 무의식 속에서 떠오른 것이었으니까. 그는 평생 처음 심각한 위기감을 느꼈다. 말이 아니라 오직 행동만이 그의 삶을 구제할 수 있었다. 그에게 남은 것은 툴을 실천하는 길뿐이었다.

망가진 미래의 모습은 사람마다 다르다. 그 모습이 어떻든 나중에 그로 인해 겪어야 할 고통과 후회는 엄청나다. 툴 실천을 중단하지 않고 꾸준히 지속하기 위해서는, 당신의 미래가 망가질 수 있다는 위기감을 늘 인식하게 해줄 방법이 필요하다. 다섯 번째 툴이 그것을 도와준다. 그런 위기감을 느껴야 확고한 의지력을 발휘할 수 있다.

미래를 잃을 위험을 토대로 하기 때문에 우리는 이 툴을 **위험 자각**이라고 부른다. 어떤 면에서 이것은 가장 중요한 툴이다. 다른 네 개의 툴을 실천하는 것을 중단하지 않게 도와주기 때문이다.

'위험 자각'이 어떻게 작동하는지 살펴보자. 2~5장에서 소개한 툴 가운데 당신에게 가장 필요하다고 느끼는 것을 하나 선택하라. 그리고 다음 내용을 읽은 후 그대로 해보라.

위험 자각

먼 미래를 보고 있다고 상상하라. 당신은 죽음을 앞두고 침대에 누워 있다. 인생을 다 산 그 사람은 현재라는 시간이 얼마나 소중한지 누구보다 잘 안다. 이미 그것을 모두 헛되이 써버렸기 때문이다. 그 사람이 침대에서 몸을 일으키더니 당신에게 "제발 현재를 낭비하지 마라"라고 외친다. 당신은 인생을 허비하고 있는 것은 아닌가 하는 강한 두려움에 휩싸인다. 그리고 위에서 선택한 툴을 지금 당장 실천해야겠다는 긴급한 필요성을 느낀다.

어떤 환자들은 자신의 죽음을 상상하라는 말에 거부감을 느낀다. 그러나 이는 긴급한 위기감을 가장 확실하게 느끼는 방법이다. 죽음은 인간에게 주어진 시간이 유한하다는 사실을 상기시키는 가장 강력한 단어다. 이를 깨달으면 현재의 모든 순간이 소중해진다. 18세기 영국의 문인 새뮤얼 존슨 Samuel Johnson

은 죽음에 가까워진 상황이 인간을 얼마나 강렬하게 자극하는지를 이런 말로 표현했다. "자신이 2주 후에 교수형을 당한다는 사실을 아는 사람은 경이로운 수준의 집중력을 발휘한다."

현재 당신이 사형수일 확률은 적을 테니 이런 극단적인 가정은 현실과 멀게 느껴질지 모른다. 그러나 가만히 들여다보면 우리 대부분의 마음속에는 삶을 낭비하고 있는 건 아닌가 하는 두려움이 숨어 있다. 소비주의 문화가 제공하는 수많은 제품과 이미지는 우리가 그 두려움을 외면하게 도와준다. 위험 자각 툴은 그 두려움을 부인하는 습관을 버리고 두려움 대신 긴급한 위기감을 느껴 행동하게 이끈다. 그리고 위기감은 의지력이라는 불꽃을 만들어낸다.

우리에게 그 불꽃이 필요하지 않은 때는 없다. 그래서 필이 "위험 상황이라는 인식을 영원히 갖도록 해주는 무언가가 필요하다"라고 말한 것이다. 당신의 현재 상황과 상관없이 죽음을 상상하는 것이 그 역할을 한다. 죽음을 상상하면 어느 때고 의지력을 끌어낼 수 있다.

다음 그림은 의지력을 발휘하는 과정을 보여준다.

오른쪽 위의 사람은 죽음을 앞둔 당신이다. 그 사람은 시간이 유한하다는 사실을 당신보다 훨씬 뼈저리게 깨닫고 있다. 화살표 옆에 적힌 "현재를 낭비하지 마라"가 그가 당신에게 보내는 경고다. "현재"라고 적힌 상자 안에 있는 사람이 지금의

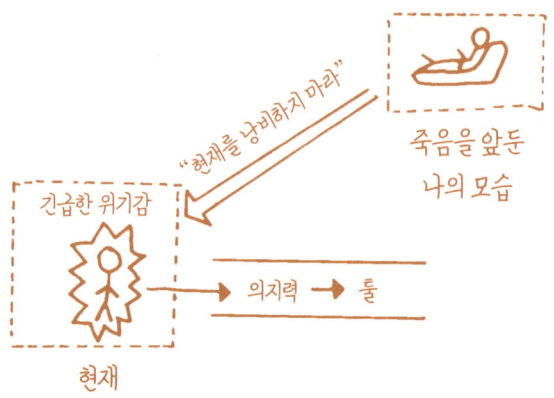

당신이다. 당신을 둘러싼 삐쭉삐쭉한 선은 다 지나가버리기 전에 현재의 시간을 소중하게 써야 한다는 긴급한 위기감을 나타낸다. 이러한 위기감은 의지력을 발휘해 툴을 사용하도록 이끈다. 이 경고를 늘 떠올리면 언제든 의지력을 끌어낼 수 있다. 이제 근사한 미래를 일궈나갈 수 있는 길이 열린다.

'위험 자각'이 특히 중요한 순간

위험 자각 툴은 어떤 상황에서나 유용하지만 특히 중요한 경우가 있다. 이를 알아두면 툴을 사용할 큐를 알아채는 데 도움이 된다.

비니의 사례는 첫 번째 큐를 알려준다. 그는 툴을 '실천하고 싶은데도' 하지 못했다. 완전히 의욕을 상실했기 때문이다. 누구나 이런 순간을 맞을 수 있다. 비니만큼 심각하게 모든 의욕을 잃지는 않더라도 나태해져서 또는 피로 탓에 툴을 실천하지 못할 수 있다. 원인이 무엇인지는 중요하지 않다. 툴을 실천하기 힘들다고 느낄 때 당신에게 필요한 것은 의지력이다. 그 순간이 위험 자각을 실천하라는 큐에 해당한다.

비니의 사례는 두 번째 큐도 알려준다. 이는 성공과 관련이 있다. 비니와 마찬가지로 많은 사람이 성공하고 나면 열심히 노력해야 하는 의무에서 벗어난다고 착각한다. 애써 의지력을 발휘할 필요가 없다고 믿는 것이다. 하지만 그런 착각에 빠져 툴 실천을 중단하면 아이러니하게도 성공이 오히려 우리의 미래를 망치는 주범이 된다. 이것이 두 번째 큐다. 충분히 성공해서 더는 툴이 필요 없다고 느끼는 것이야말로 위험 자각 툴을 실천하라는 긴급한 신호다.

포기하려는 경향은 툴을 실천할 때만 나타나는 것이 아니다. 우리는 다이어트, 운동, 책을 쓰는 일, 인간관계를 쉽게 포기하곤 한다. 이런 상황에서도 의지력이 필요하다. 위험 자각은 이때 역시 효과를 발휘한다. 중요한 어떤 일을 꾸준히 계속하려는 의지가 약해질 때마다 위험 자각을 사용하라. 이것이 세 번째 큐다.

의지력은 인간의 잠재력을 이끌어내기 위해 꼭 필요한 요소다. 우리가 의지력이 필요하다고 느끼는 상황은 숱하게 많다.

일상생활에서 의지력이 약해지기 쉬운 순간마다 위험 자각을 실천하라. 아침 일찍 일어나야 할 때, 주의력을 흐트러뜨리는 환경에서 무언가에 집중해야 할 때, 나쁜 습관에 빠지려는 충동을 억제해야 할 때, 혹은 새로운 것을 시도할 때도 유용하다. 예컨대 책을 쓰거나, 사업을 시작하거나, 새로운 지역으로 이사하고 싶을 때가 그런 경우다. 이루고 싶은 뭔가를 마음속으로 상상만 하면서 정작 한 걸음도 내딛지 못하는 경우가 얼마나 많은가? 뒤에서 위험 자각의 활용 사례를 다시 소개할 것이다.

위험 자각은 단순한 툴 이상의 의미를 지닌다. 진정 살아 있는 삶으로 가는 길잡이 역할을 하기 때문이다. 역설적이게도 진정한 삶에 대한 깨달음은 삶의 마지막 순간을 맞은 자기 모습과의 관계를 통해 찾아온다. 죽음을 앞둔 그 사람은 시간의 중요성을 너무나 잘 알기 때문에 당신에게 매순간 필요한 지혜를 알려준다. 그 사람을 당신의 의식으로 끌고 들어와 매순간 그의 시선을 느껴라. 그가 주는 경고를 기꺼이 받아들여라. 당신은 자신을 이끌어주는 든든한 지원자를 얻는 셈이다.

의지력은 당신을 창조자로 만든다

비니는 위험 자각을 실천하면서 곧 기분 좋은 변화를 경험했다. 어느 날, 상담실에 도착한 그가 다시 일을 시작했다는 소식을 알렸다. 공연하는 곳은 패서디나라는 도시에 있는 작은 클럽이었다. 그런데도 어느 때보다 얼굴에 만족과 열정이 넘쳤다. "저는 예전이랑 달라졌어요. 거물급 손님이 드나드는 클럽이 아니라도 상관없어요. 내 코미디에 청중이 어떤 반응을 보이는지도 상관없고요. 옛날에는 '그럭저럭 이 정도 공연이면 돼' 하는 마음으로 무대에 섰는데, 지금은 늘 더 재미있고 멋진 공연을 만들고 싶어요."

그 말을 듣는 순간 정말 중요한 변화가 일어났음을 직감했다. 비니가 다시 일을 시작한 것은 당연히 반가운 소식이었다. 그런데 그 표면적인 변화 이외에 그에게는 더 심오한 의미의 변화가 일어났다. 비니는 소비주의에 끌려다니는 피상적인 삶을 벗어나 완전히 새로운 사람으로 도약했다. 진정한 삶의 '창조자'가 된 것이다.

소비주의에 물든 사람은 가급적 최소한의 노력을 들이고(때로는 전혀 노력하지 않고) 보상을 얻길 바란다. 그런 사람은 '내가 세상에 어떤 기여를 할 수 있을까'가 아니라 '세상에서 무엇을 얻을 수 있을까'에만 관심이 있다. 피상적으로 살며 만족을 찾아 여기저기 옮겨 다니기 때문에 그의 에너지는 분산되고 약해진다. 세상에 어떤 긍정적 영향도 미치지 못한다. 그가 죽고 나면 세상에 살았다는 흔적은 어디에도 없다.

하지만 창조자는 다르다. 창조자는 세상에 긍정적 영향을 미치겠다는 마음으로 매순간을 살아간다. 그런 사람은 다음과 같은 특징을 지닌다.

- 세상을 있는 그대로 받아들이지 않고 세상에 없는 무언가를 만들어낸다.
- 무리를 따르지 않고 자신의 길을 스스로 정한다. 남들의 시선이나 반응은 아랑곳하지 않는다.
- 소비주의 문화의 피상적 이미지와 가치에 끌려가지 않는다. 당장 눈앞의 만족을 포기하고서라도 자신의 목표에 집중한다.

누구나 이런 삶을 살 수 있는 잠재력이 있지만 실제로 그렇게 사는 사람은 매우 드물다. 이런 삶을 살기 위해서는 초월적 힘을 인정하고 그것과 교감해야 한다. 피상적인 삶에서는 초월적 힘을 만날 수 없다. 깊이 있는 삶에서만 만날 수 있다. 창조자는 착암기가 바위를 뚫을 때와 같은 집중력과 에너지를 갖고 살아야 한다. 물론 그 과정이 쉽지는 않지만 결국은 노력의 몇 배나 되는 보상이 돌아온다.

창조자로 살기 위해 반드시 예술가가 되어야 하는 것은 아니다. 우리는 어떤 활동을 통해서든 세상에 기여할 수 있다. 아주 사소하고 일상적인 일을 통해서도 말이다. 당신의 직업, 부모 역할, 타인과의 관계, 지역사회에 대한 기여 등 삶의 모든 측면에서 초월적 힘과 교감하면 그 모든 활동을 더 의미 깊은 것으로 변화시킬 수 있다.

비니는 삶의 의미를 깨달았고, 이는 전혀 생각지 못한 선물이었다. 이로써 그는 생전 처음으로 목적의식과 자신감을 갖게 되었다. 하지만 앞으로 평생 창조자로 살아가기 위해 필요한 능력과 자질이 자신에게 있는지 여전히 미심쩍어했다. 나는 비니뿐만 아니라 누구나 그런 생각을 한다고 말해주었다.

그는 고개를 갸우뚱거리며 물었다. "어째서 이 우주는 우리에게 이렇게 힘든 과정을 주는 걸까요?"

나는 이 질문에 꽤 놀랐다. 그동안 비니는 내게 영적 설명을 요청한 적이 한 번도 없었기 때문이다. 이 질문은 그가 발전하고 있다는 징후였다. 전에는 한 번도 시선을 돌리지 않았던 방향을 올바르게 바라보고 있다는 증거였다. 나는 비니에게 아래의 이야기를 들려주었다. 나는 카발라Kabbalah(유대교 신비주의)를 연구하는 랍비에게 이 이야기를 들었다.

한 늙은 랍비가 신이 인간을 창조한 이야기를 제자에게 들려주고 있었다. 신은 매우 공을 들여 자신의 형상을 닮은 인간을 만들었다. 그런데 다 만들고 나니 뭔가 불만족스러웠다. 자신과 닮은 동지를 만들고 싶었지만, 신은 가졌으나 인간은 갖지 못한 특성이 하나 있었기 때문

이다. 그것은 창조하는 능력이었다. 그래서 신은 지구를 만들고 힘한 환경 한가운데 인간을 던져놓았다. 그곳에 살면서 인간은 어쩔 수 없이 많은 것을 창조해야 했다. 집을 짓고, 작물을 기르고, 바퀴를 발명했다. 이제 인간은 신의 모든 특성을 지닌 존재가 되었다. 그때 제자가 고개를 갸웃거리며 랍비에게 물었다. "왜 신은 그렇게 힘든 방식을 택했을까요? 그냥 인간에게 창조 능력을 주면 될 텐데요?" 그러자 랍비가 대답했다. "창조 능력은 그냥 준다고 생기는 것이 아니란다."

창조하는 능력은 누구에게 받아서 생기는 것이 아니다. 창조라는 행위는 자기 자신의 표현이자 내면의 자기 모습을 밖으로 드러내는 것이기 때문이다. 그 누구도, 심지어 신조차도 당신에게 창조 능력을 줄 수 없다. 창조하는 능력은 당신으로부터 나오는 것이다. 스스로 노력을 통해 창조 능력을 계발하고 키워야 한다는 얘기다.

비니는 이런 설명을 믿지 못하는 눈치였다. "인간을 보살피지 않으려는 신의 궁색한 변명처럼 들리는데요."

소비주의 문화에 물든 사람이 "신이 우리를 보살핀다"라고 말할 때 이는 힘들게 노력할 의무를 면제해주는 것을 의미한다. 하지만 위의 이야기는 신의 진정한 역할이 우리를 '끊임없이 힘들게 노력하게 만드는 것'이라고 설명한다. 쉽고 편한 삶을 궁극적 목표로 여기는 사람은 신에 대한 이러한 관점을 부정하기 마련이다. 심지어 무신론자도 이런 관점을 반박한다. 무신론자조차도 '만약에' 신이 존재한다면 그가 인간의 고통과 노력을 줄여주는 존재이길 바란다.

비니는 말했다. "농담이시죠? 선생님 말씀대로라면 신이 우리를 고통에 밀어 넣고 우리가 스스로 자신을 구해내도록 내버려둔다는 거잖아요. 제가 만약에 교회에 가게 되면 헌금함에 돈을 넣는 게 아니라 꺼내야겠어요."

비니의 표현이 옳다. 우리는 스스로 자신을 구해야 한다. 그렇게 하면 돈으로는 따질 수 없는 훨씬 가치 있는 보상이 돌아온다. 그 보상이란 창조자로서 살아갈 기회다. 이것은 우리가 할 수 있는 가장 의미 깊은 경험이다. 만일 신이 우리를 구제해 준다면, 그는 우리가 창조자로서 살아갈 기회를 빼앗는 셈이다. 인간은 자신의 잠재력을 최대한 실현할 때 비로소 행복해질 수 있다. 르네상스 시대의 의사이자 신비주의자인 파라켈수스Paracelsus는 이렇게 말했다.

"행복은 나태함 속에 있지 않다. 모든 인간은 땀과 노력으로써 신이 자신에게 준 재능을 이용해야 한다."

랍비의 이야기에 담긴 요점은 신은 인간이 창조자가 되기를 원했다는 것이다. 그래야 인간이 신을 닮은 동지가 될 수 있기 때문이다. 그것이 바로 "이 우주가 우리에게 힘든 과정을 주는" 이유다. 우리의 삶은 어렵고 힘든 과정이어야 한다. 그렇지 않으면 신이 바라는 대로 우리의 잠재력을 최대한 꽃피우며 살 수 없다.

　우리는 위험 자각 툴을 활용하는 즉시 창조자가 되는 경험을 할 수 있다. 이 툴을 실천하면 말 그대로 무無에서 의지력을 창조해낼 수 있기 때문이다. 무에서 무언가를 창조하는 영적 과정은 성경의 창세기에 나온다. 창세기를 보면 암흑이 세상을 뒤덮고 있을 때 신이 "빛이 있으라"라고 말한다. 우리 삶에 암흑이 뒤덮인 때는 의욕을 상실해 행동하지 못할 때다. 위험 자각 툴로 의지력을 만들어내면 우리의 개인적 우주에 환한 빛이 생겨난다. 신이 세상에 빛을 만들었을 때처럼 말이다.

　이와 같은 관점을 지니면 실패나 좌절의 의미가 완전히 달라진다. 그것이 우리가 신과 같은 창조 능력을 발휘할 기회가 되기 때문이다. 이때 우리는 바깥세상에서 이루는 성취나 성공과 관계없이 창조자가 될 수 있다. 두려움도 없어진다. 미래에 또 다른 암흑을 만날 수도 있지만 그 암흑은 빛을 창조해내는 우리의 능력을 빼앗아가지 못한다.

　위험 자각 툴을 통해 얻는 이로움은 또 있다. 이것은 아마도 가장 중요한 이로움일 것이다. 비니는 삶의 창조자로 살아가려고 노력하는 동안 기분이 좋을 때도, 모든 걸 포기하고 싶어질 때도 항상 이 툴을 실천했다. 그리고 몇 달 지나지 않아 과거에는 한 번도 느껴보지 못한 감정이 차오르는 것을 경험했다. 그

는 행복함을 느꼈다.

내가 보기에도 너무나 놀라운 변화였다. 그의 얼굴에서 더 이상 냉소적이고 반항적인 사춘기 소년 같은 눈빛을 찾아볼 수 없었다. 대신 세상에 마음을 활짝 열어젖힌 성숙한 어른의 눈빛이 보였다. 그리고 그가 가장 두려워한 일도 일어나지 않았다. 그는 여전히 재미있는 코미디언이었다. 하지만 이제는 유머를 세상과 맞서기 위한 무기로 사용하지 않았다. 그는 자신의 재능을 이용해 사람들을 행복하게 해주고 있었다. 그러자 그 자신도 행복해졌다.

또 다른 놀라운 변화는 사람들이 그를 대하는 방식이었다. 비니가 행복해지자 그의 주변에 점점 사람들이 늘어났다. 그가 공연하는 날이면 클럽은 온통 열광적인 분위기로 가득 찼다. 그럴수록 비니의 자신감도 상승했다. "예전에는 내가 관객을 싫어한다는 사실을 그들도 느꼈어요. 저는 이제 그런 태도를 버리고 사랑하는 마음으로 그들을 바라보기 시작했어요. 그랬더니 관객석에서 웃음이 더 빵빵 터져 나오지 뭐예요. 전 너무 행복한 놈입니다."

비니는 자신을 변화시킨 위험 자각 툴에 대한 고마움이 이루 말할 수 없다고 했다. "선생님, 백만 년이 걸려도 저 혼자서는 행복에 이르는 비밀을 깨닫지 못했을 겁니다. 항상 죽음을 생각하는 게 그 비밀일 줄 누가 알았겠어요?" 비니는 지난 1만

년 동안의 영적 지혜를 그 한 문장으로 압축한 셈이었다. 그는 진정한 창조자로 거듭났다.

창조자가 되겠다고 마음먹으면 모든 것이 달라진다. 심지어 이 책을 읽는 태도도 달라진다. 소비주의 마인드를 가진 사람이 책을 읽는 방식은 앞에서도 설명했다. 그들은 피상적으로 빠르게 책장을 넘기며, 노력 없이도 얻을 수 있는 마법의 힘을 찾으려 애쓴다.

물론, 소비주의적인 사람이라도 이 책에서 새로운 시각을 얻고 툴의 유용함을 발견할 수 있을 것이다. 하지만 우리는 그보다 훨씬 원대한 목표를 갖고 책을 썼다. 당신의 삶을 완전히 변화시키는 것이 그 목표다. 우리는 그것이 가능하다고 확신한다. 단, 당신이 창조자의 태도로 읽어야 변화를 경험할 수 있다.

창조자는 책에서 일시적인 즐거움을 얻으려 하지도, 모종의 새로운 기법을 남들보다 먼저 배웠다는 우쭐함에 젖지도 않는다. 대신 천천히 깊이 생각하며 책장을 넘긴다. 초월적 힘의 도움을 원하기 때문이다. 또 툴의 실천을 중단하지 않고 그것이 주는 능력을 삶에서 활용한다. 세상에 긍정적 영향을 미치고 싶어 하며 새로운 무언가를 만들어 보태고 싶어 한다.

창조자에게 이것은 그냥 책 한 권이 아니다. 늘 곁에 두고 수시로 들춰보는 인생의 길잡이가 된다. 건축가가 설계도를 사용하듯이 말이다. 하지만 당신이 짓는 구조물은 새 건물이 아니라 새로운 인생이다.

　이 책을 읽는 모든 독자는 창조자가 될 잠재력을 지녔다. 그 잠재력을 끌어내고 싶었기에 우리가 책을 쓴 것이다. 당신이 이 책을 끝까지 읽는다는 사실에, 또는 툴을 이따금 사용하는 것에 우리는 만족하지 않을 것이다. 심지어 책을 인상 깊게 읽고 주변에 소개한다 해도 우리는 기뻐하지 않을 것이다. 당신이 그런 것들을 넘어서 툴을 끝없이 실천해야 우리는 비로소 만족할 것이다. 그래야 진정한 창조자가 될 수 있다. 그것이 바로 우리가 추구하는 목표다. 물론 당신의 목표이기도 해야 한다.

당신이 떠올릴 질문들

Q1 저는 알코올중독 치료 모임에 15년째 참석하고 있습니다. 이 모임에서는 '자기 의지가 제멋대로 날뛰는 것'이 알코올중독자가 가진 문제의 핵심이라고 설명합니다. 그런데 이 책은 의지력이 문제 해결의 열쇠라고 말하는데요. 어느 쪽이 맞는 거죠?

....

이것은 용어 사용의 문제입니다. 알코올중독자 모임에서 말하는 '자기 의지'란 결국 이 우주가 당신의 기대대로 움직일 것이라는 착각을 말합니다.

우리가 말하는 '의지력'은 우주를 통제하는 것과 상관이 없습니다. 우리에게는 우주를 통제할 힘이 없기 때문에 의지력이 매우 중요한 겁니다. 우리가 통제할 수 없는 가장 확실한 것은 시간입니다. 시간은 끊임없이 흘러가지요. 위험 자각 툴은 이 사실을 토대로 위기감을 조성합니다. 이 툴을 사용할 때마다 당신은 시간의 힘에 굴복하게 됩니다. 이를 가장 직접적으로 경험하는 방법은 죽음을 상상하는 것이지요. 죽음은 그 어떤 개인보다도 강력한 영적 힘이 결정하며, 우리에게 통제력이 없음을 보여주는 궁극적인 사건입니다. 위험 자각을 통해 만들어낸 의지력은 그 영적 힘과 조화를 이룹니다. 이 힘이 없다면 의지력도 존재할 수 없습니다.

Q2 이 툴을 실천하려 해도 마음과 달리 그럴 수가 없다면, 의욕이 솟지 않으면 어떡하죠?

....

아무리 무기력하거나 게을러도 당신의 의식만 살아 있다면 아주 약간의 노력을 기울일 에너지는 갖고 있는 셈입니다. 아주 작은 노력도 의미가 있습니다. 예를 들어 죽음을 맞이하는 모습을 상상하는 일에는 지금 이 글을 읽는 것보다 훨씬 적은 노력이 들어갑니다. 일단 그것이라도 해보십시오. 그리고 다음번에 상상할 때는 죽음을 앞둔 그 사람이 어떤 감정을 갖고 당신에게 말하는 것도 느껴질 겁니다. 가벼운 마음으로 시도해보십시오. 그렇게 반복하다 보면 어느새 툴을 활용할 수 있게 됩니다. 아무것도 하지 않는 것이야말로 가장 치명적 실수입니다.

Q3 저는 긍정적 이미지를 상상하는 것의 효과를 믿습니다. 그런데 이 툴은 두려움을 이용해 우리를 움직이게 하는 것 같습니다. 이건 영적 가르침과 반대되는 것 아닌가요?

맞습니다. 위험 자각 툴은 두려움을 이용합니다. 하지만 그렇다고 영적 가르침과 모순되는 것은 아닙니다. 이 툴은 우리에게 주어진 시간이 유한하다는 사실을, 누구나 언젠가는 죽는다는 사실을 인식하게 만듭니다. 바로 그것을 깨달음으로써 영적 힘과 교감해야 할 깊은 필요성을 느끼게 됩니다. 하지만 앞에서도 말했듯 그 교감을 위해서는 노력이 필요합니다. 바로 이 지점에서 두려움이 역할을 합니다. 두려움은 인간의 생존을 가능케 하는 원시적 뇌의 깊은 곳에 내재되어 있습니다. 원시적 뇌에서 일어나는 두려움은 결코 사라지지 않습니다. 따라서 이것을 이용해 만들어낸 의지력은 영속적 힘을 지닙니다. 한편 긍정적이고 밝은 생각이 주는 전망에만 의존하다가 만일 그 전망이 실현되지 않으면 당신의 의지력도 사라지고 만다는 점을 기억하십시오.

Q4 툴을 활용하면서 일부 요소를 바꿔서 실천해봤는데 효과가 더 큰 것 같았습니다. 괜찮을까요?

1장에서 말했듯이 필은 툴들을 개발하면서 광범위한 테스트를 거쳐 가장 효과가 높은 형태를 찾아냈습니다. 그래서 우리는 여기에 설명한 대로 충실하게 따르기를 권유하는 것입니다. 그렇게 하면 적어도 초월적 힘과 확실히 연결되니까요. 만일 시간이 지나면서 툴을 살짝 변경한다 해도 여전히 초월적 힘이 당신을 이끌 것입니다.

하지만 장기적으로 볼 때 무엇보다 중요한 것은 중단하지 않고 툴을 꾸준히 실천하는 것입니다. 변경한 버전으로 사용했을 때 툴을 꾸준히 실천하기가 더 쉽다면, 그렇게 해도 좋습니다. 어떤 버전을 사용하든 우리가 말한 큐들을 늘 염두에 두십시오. 우리는 이 큐를 다년간의 경험을 토대로 찾아냈습니다. 큐를 진지하게 받아들이십시오. 그리고 물론 당신만의 큐를 찾아내도 좋습니다.

툴을 사용하는 것은 삶의 창조자가 되는 길입니다. 창조자는 다른 어떤 임의적 주체가 제시하는 방향보다도(심지어 우리가 제시하는 방향보다도) 자신의 직감과 경험을 중요하게 믿습니다. 그렇다고 이 책에 소개한 툴 사용 방법을 무시하라는 얘기는 물론 아닙니다. 사실 대개의 경우 그 방법을 그대로 실천하는 것이 가장 효과가 큽니다. 당신에게 중요한 삶의 영역에서 툴을 실천하는 것이 무엇보다 중요함을 잊지 말기 바랍니다.

툴을 경험한 사람들

이미 말했듯이 위험 자각 툴은 앞에 소개한 네 개의 툴을 꾸준히 실천하게 도와준다. 툴의 실천에는 의지력이 필요하며, 위험 자각은 그 의지력을 발휘하게 해준다. 하지만 우리 삶에서 의지력은 대단히 중요하기 때문에 이 툴은 다른 많은 상황에서도 꼭 필요하다. 가장 흔한 세 가지 사례를 아래에 소개한다.

1. 중독적 행동이나 충동을 다스리고 싶다

우리는 자신을 통제하는 데 대단히 서툴다. 믿고 싶지 않겠지만 이는 사실이다. 식습관, 구매 행위, 타인에 대한 태도 등에서 즉각적인 만족이나 쾌락에 굴복하기 일쑤다. 행동이나 습관을 바꾸겠다고 몇 번이고 다짐하지만 늘 결국엔 마음속 충동이 승리한다. 우리에게 필요한 것은 더 강한 다짐이 아니라 충동이 이는 순간 그것을 억제할 방법이다. 바로 의지력을 끌어내야 한다.

앤은 누가 봐도 모범적인 아내이자 엄마였다. 하지만 쇼핑에 관해서라면 얘기가 달랐다. 그녀는 이메일을 확인하거나 온라인 일정표를 관리하려고 인터넷에 접속했다가도 어느 시점에 이르면 쇼핑 사이트 여기저기를 정신없이 들락거리곤 했다. '5분만 구경하고 원래 하던 일로 돌아가야지'라고 다짐해도 아무 소용이 없었다. 쇼핑에 완전히 빠져서 시간 가는 줄도 모르고 있다가 뭐라도 꼭 구매하고 나서야 쇼핑 사이트를 빠져나왔다. 대개는 필요하지 않은 물건이었다. 그러고 나면 죄책감과 피로감에 시달렸다.

돈 낭비도 낭비지만 죄책감 때문에 짜증이 늘어난 것도 문제였다. 남편이 알면 화를 낼 게 뻔했기 때문에 그녀는 오히려 먼저 남편을 공격하곤 했다. 이 때문에 우울한 분위기와 날카로운 적대감이 집 안에 감돌았다. 다시 평정을 되찾고 나면 그녀는 충동을 통제할 계획을 다시 세웠다. 주말에만 쇼핑해야지, 할인판매 상품만 사야지, 한 달 지출 비용을 정해둬야지 등등. 물론 그 계획을 실천하는 것에는 매번 실패했다.

나는 그녀에게 부족한 것이 의지력이라고 말해주었다. 그녀는 "그건 어디 가면 살 수 있나요?"라고 농담을 했다. 나는 조금만 노력을 기울인다면 스스로 의지력을 만들어낼 수 있다고 설명해주었다. 이후 그녀는 컴퓨터 근처에 갈 때마다 위험 자각 툴을 사용했다. 처음에는 툴을 실천해도 인터넷에 접속하거나 물건을 구매했지만 차츰 쇼핑이 주는 쾌감을 물리치기 시작했다. "죽음을 코앞에 둔 미래의 제가 지금의 어리석은 저를 안타까워한다는 상상을 하면 전처럼 자제력을 잃고 쇼핑에 빠질 수가 없더라고요." 그녀는 처음으로 충동이 아닌 필요에 따라 쇼핑을 할 수 있었다.

2. 집중력을 키우고 싶다

과도한 멀티태스킹을 요구하는 사회에 사는 우리는 집중력을 유지하는 시간이 점점 짧아진다. 우리에게는 한 가지 일을 제대로 끝마칠 때까지 집중하게 해줄 힘이 필요하다. 즉 의지력이 필요하다.

에너지 넘치는 외향적 성격의 알렉스는 할리우드에서 일하는 에이전트다. 그런데 어느 순간부터 고객이 자꾸 떠나가기 시작했다. 고객에게 유리한 거래를 성사시켜주는데도 그들이 떠나는 이유를 알 수가 없었다. 나는 고객 한 명에게 그 이유를 물어보라고 말했다. 고객의 대답을 듣고 알렉스는 깜짝 놀랐다. 그 고객은 자신이 알렉스에게 별로 중요한 사람이 아닌 것처럼 느껴진다고 대답한 것이다. 알렉스는 큰돈을 벌 수 있는 계약을 성사시켜주지 않았느냐고 다시 물었다. 그러자 고객은 말했다. "돈 때문이 아닙니다. 당신과 함께 있으면 홀대받는 기분이 들어요. 당신은 나랑 통화할 때도 늘 다른 일을 동시에 하잖아요. 내 말에는 집중하지도 않고요."

알렉스는 뭔가에 집중해본 적이 없었다. 좋은 대학을 나와 탄탄한 직업을 가졌지만, 마음속 깊은 곳에서는 지금껏 가짜 삶을 살았다고 느꼈다. 판매하려는 작품의 대본을 제대로 읽지도 않고 비즈니스 미팅에 참석하곤 했다. 결혼생활도 진실하지 못했다. 더 이상 아내와 친밀한 관계가 아니었다. 어쩌다 아내와 외식을 할 때도 그는 밥 먹는 내내 전화 통화를 하거나 옆 테이블 사람과 이야기를 나누곤 했다. 심지어 휴대전화로 통화를 하다가도 또 다른 휴대전화로 다른 곳에 전화를 걸었다.

알렉스는 누구보다 위험 자각이 필요했다. 집중하는 능력을 키우지 않으면 삶의 모든 것을 잃어버릴 위험이 있었다. 내가 그에게 상기시킨 큐는 간단했다. 원래 하던 행동이 아니라 다른 곳으로 시선을 돌리고 싶을 때마다, 위험 자각 툴로 의지력을 만들어내 원래 하던 일로 돌아가는 것이다. 그 큐는 하루에도 수없이 찾아올 게 분명했다. 그는 자신의 집중력이 얼마나 약한지 새삼 깨닫고 놀랐다. "말 그대로 거의 매순간마다 정신이 산만해지더라고요. 숨 쉬는 걸 큐로 삼아도 되겠어요."

그때마다 실천하는 것이 힘들기는 했지만 알렉스는 꾸준히 해나갔다. 그러자 어느 순간 대본에서 눈을 떼지 않고 20분간 집중하며 읽어낼 수 있게 되었다. 집중력이 향상되면서 얻은 또 다른 놀라운 결과도 있었다. "과거에는 늘 정신없이 스텝을 밟으며 춤을 추는 사람처럼 산 것 같습니다. 이제는 달라졌어요. 확실하게 준비된 상태로 비즈니스 미팅에 나갑니다. 비로소 진짜 어른이 된 것 같아요."

3. 새로운 시도를 하고 싶다

우리에게 가장 힘든 일 중 하나는 뭔가를 새로 시작하는 것이다. 낯선 동네로 이사 가는 일, 의붓자식이나 시부모, 처갓집 식구 등 삶에 갑자기 등장한 누군가와 관계를 맺는 일, 새 사업을 시작하는 일 등이 그렇다. 이처럼 새로운 상황을 마주하면 인간의 가장 원초적인 두려움이 작동한다. 낯선 것에 대한 두려움이다. 우리는 친숙하고 익숙한 대상에 끌린다. 설령 그것이 우리에게 해롭더라도 말이다. 이는 미지의 것에 대한 두려움을 이겨낼 의지가 부족하기 때문이다. 위험 자각은 그 두려움보다 더 강력한 의지력을 만들어낸다.

해리엇은 남편과 나이 차이가 많이 났다. 남편은 전 부인과의 사이에서 낳은 자녀들을 데리고 해리엇과 결혼했다. 그는 맨주먹으로 사업을 시작해 크게 성공을 거뒀고 자신의 회사에서 절대적인 권한을 휘두르며 직원들 위에 군림했다. 안타깝게도 그는 사람들과 관계를 맺는 다른 방식을 알지 못했다. 그는 해리엇이 물질적 부족함 없이 살게 해주었지만 생활의 모든 측면을 통제하려 들었다. 해리엇은 그것이 엄청난 스트레스라는 사실을 스스로 부인하면서 오랫동안 남편의 모든 간섭을 참으며 살았다.

하지만 부인할 수 없는 욕구가 하나 있었다. 아이를 너무나 갖고 싶었던 것이다. 그녀는 남편에게 애원도 하고 말다툼도 해봤지만 아무 소용이 없었다. 남편은 아이를 갖는 문제를 입에 올리기조차 싫어했다. 결국 그녀도 한계에 다다랐다. 결혼 생활을 더는 지속할 수 없다는 확신이 들었다. 하지만 지금껏 편하고 풍족하게 살아온 가정이라는 울타리를 벗어난다고 생각하니 눈앞이 깜깜했다. 혼자 모든 걸 해나가야 한다는 사실도 두려웠지만 이혼 준비를 도대체 어떻게 시작해야 할지도 막막했다. 변호사, 회계사, 부동산 중개인 등을 만나 복잡한 절차를 밟아야 할 터였다. "남편은 늘 그런 사람들을 상대해봤으니 쉽겠죠. 하지만 제겐 마치 딴 세상 얘기 같아요."

나는 그녀에게 충분히 해낼 수 있다고 강조했다. 그녀가 두려운 이유는 앞으로 만나야 하는 상황과 사람들이 낯선 세계에 속하기 때문이었다. 그녀에게는 벼랑 끝에서 뛰어내리는 것만큼 두렵게 느껴졌다. 그녀는 엄청난 두려움을 극복하고 행동할 수 있게 도와줄 무언가가 필요했다. 위험 자각이 최적의 답이었다. 그녀는 죽음을 앞둔 미래의 자신이 자식이 없는 현재의 그녀를 바라보면 어떤 기분일지 상상했다. 그러자 긴급한 위기감이 느껴졌다. 그녀는 용감하게 결혼 생활을 끝냈을 뿐만 아니라 이후로도 계속 위험 자각을 실천하며 멋진 삶을 일궈나갔다.

끈기의 툴 요약

○ 이 툴의 목적

당신은 2~5장에서 툴 네 개의 활용법을 배웠다. 하지만 그것을 활용해 효과를 경험하더라도 어느 순간에는 실천을 중단할 것이다. 그러면 발전이 멈추는 것은 물론이고 지금까지 얻은 모든 유익함도 물거품이 되고 만다. 이것은 누구나 마주치는 근본적인 장애물이다.

○ 극복해야 할 것

'마법' 같은 일이 일어나 툴을 실천할 필요가 없어지리라는 착각을 버려라. 우리를 둘러싼 소비주의 문화 탓에 그런 착각은 더욱더 강해진다. 그 환상이 초래하는 결과는 언제나 똑같다. 즉, 툴 실천을 중단해버린다. 성공을 거두고 나면 이제 더는 툴이 필요 없다고 믿는다. 그리고 실패하면 지독하게 의욕이 떨어져 툴을 실천하지 못한다.

○ 이 툴의 큐
1. 앞에서 설명한 툴들이 필요하다고는 생각하지만 어떤 이유로든 실천할 의욕이 나지 않을 때.
2. 충분히 성공해서 더는 툴이 필요 없다고 느낄 때.

○ 실행 방법
죽음을 앞두고 침대에 누워 있는 먼 미래의 자신을 상상하라. 인생의 시간이 이제 다 끝난 그는 당신에게 현재를 낭비하지 말라고 외친다. 당신은 인생을 허비하고 있는 것은 아닌가 하는 강한 두려움에 휩싸인다. 그러면 지금 당신에게 필요한 툴을 당장 실천해야겠다는 다급한 필요성이 느껴진다.

○ 당신이 사용하는 초월적 힘
마음속으로 다짐하는 것만으로는 포기하는 습관을 극복할 수 없다. 당신에게는 초월적 힘이 필요하다. 그 힘의 이름은 의지력이다. 이것은 당신 스스로 만들어내야 하는 초월적 힘이다. 우주가 하는 일은 당신의 의지력이 필요한 상황과 시련을 제공하는 것뿐이다.

7장

초월적 힘에 대한 믿음

The Tools
*: 5 Tools to Help You Find Courage, Creativity, and Willpower
and Inspire You to Live Life in Forward Motion*

창조자가 되면 우리는 놀라운 선물을 받는다. 우리에게 초월적 힘이 필요할 때 언제나 그 힘이 곁에 존재한다는 사실을 믿기 시작하는 것이다.

필을 처음 만났을 때 나는 초월적 힘으로부터 도움을 받을 수 있다는 사실은커녕 그런 힘이 실재한다는 사실조차 믿지 못했다. 툴을 배워가면서 그것의 효과는 인정할 수 있었다. 내 환자들이 그 효과를 보여주는 살아 있는 증거였다. 하지만 툴이 효과를 내는 '원리'는 여전히 의문스러웠다. 툴이 초월적 힘을 불러일으킨다는 필의 설명을 믿을 수가 없었다. 심지어 환자들이 그들 자신보다 '훨씬 커다란 어떤 힘'을 느낀다고 말할 때도 믿기지 않았다. 툴을 사용하고 기분이 나아진 것을 그냥 그런 식으로 표현한 것이리라 생각했다.

1장에서도 말했듯이 어렸을 때부터 내 안에는 영적 힘에 대한 회의적인 생각이 자연스럽게 뿌리를 내리고 있었다. 부모님이 무신론자였기 때문이다. 부모님은 신이 아닌 과학을 믿었으며, 논리적으로 설명할 수 없는 '초월적 힘' 같은 것에는 비웃음을 보낼 분들이었다. 부모님은 우주와 그 안에서 일어나는 모든 일이 그저 우연의 산물에 불과하다고 생각했다. 한마디로 우리 가족에게 '영적 믿음'은 입에 담을 수도 없는 말이었다.

나는 자라면서 자연스럽게 부모님의 믿음 체계인 이성적 합리주의를 받아들였다. 가끔은 그런 세계관 탓에 인간관계에 희생이 따르기도 했다. 아홉 살 때 친구 집에서 놀다가 하룻밤을 자게 되었다. 친구의 가족은 종교를 믿었다. 친구의 엄마가 침대에 누운 우리에게 이불을 덮어주다가 내가 잠자리 기도를 하지 않는 것을 보고 왜 기도를 안 하느냐고 물었다. 나는 순진하게도 그때 신이 존재하지 않는 이유를 나름 열심히 논리적으로 설명했다. 물론, 그 친구의 집에 놀러가는 것은 그날이 마지막이 되었다.

시간이 흘러 어른이 된 나의 관점은 더욱 견고해졌다. 그래서 툴의 효과를 인정하고 실제로 사용하면서도 뭔가 빠진 듯 찜찜했다. 툴 덕택에 삶의 여러 측면이 나아졌고, 나는 분명히 거기에 감사했다. 하지만 나와는 다른 방식으로 툴의 효과를 경험하는 환자들이 있었다. 그들은 나와 함께 있는 자리에서 툴을 실행하곤 했는데, 그들 자신보다 훨씬 커다란 어떤 존재와 연결된 느낌을 받는 것이 분명해 보였다. 그들의 얼굴에는 내가 경험해보지 못한 수준의 기쁨과 만족, 자신감이 가득했다. 내가 생각하기에 우주는 여전히 우리에게 무관심한 존재였다. 하지만 그 환자들은 우주가 자신에게 항상 도움을 주는 힘의 공급원이라고 느꼈다. 그들이 어떤 장벽을 넘어서 발전하는 동안, 나는 애써 노력하는데도 훨씬 뒤처져 비틀거리고 있는 것 같았다.

그러자 묘한 기분이 찾아왔다. 툴이 일종의 학과목이라고 한다면 환자들은 나보다 훨씬 좋은 성적을 내고 있었다. 살면서 나는 뭔가를 배우는 상황에서 상위권을 벗어나본 적이 거의 없는데, 툴에 관해서는 하위권으로 밀려난 셈이었다. 솔직히 말해 뭔가 불공평하게 느껴졌다. 나보다 특별히 더 노력을 기울이는 것도 아닌데 그들은 매순간 초월적 힘이라는 개념을 의심하는 내면의 회의적 자아와 싸울 필요가 없었으니 말이다. 그런데 놀랍게도 나는 의아해하는 동시에 그들을 응원하고 있었다. 내심 그들과 같은 느낌을 경험하고 싶기도 했다.

내 안의 회의적 자아는 생각이 달랐다. 회의적 자아는 내 커다란 단점을 개선하게 도울 수 있는 툴(능동적 사랑)에 계속 의심을 품었다. 사실 나는 쉽게 화를 내는 단점이 있었다. 아이들이 밤중에 잠을 깨울 때, 아내가 사교 모임에 함께 참석하자고 조를 때, 환자가 진료 시간 이후에 전화를 걸어올 때 등, 아무튼 심기가 불편해지면 어김없이 화를 분출했다. 한 번 흥분한 마음이 잦아들어도 금세 다른 일로 화가 났다. 화낼 구실을 열심히 찾아다니는 사람처럼 말이다.

 나는 내면의 회의감에도 불구하고 일단 능동적 사랑을 실천해보기 시작했다. 툴을 사용하니 도움이 되었다. 부아가 나려 할 때마다 어떻게 해야 하는지 구체적 방법을 알려주었기 때문이다. 하지만 강력한 사랑이 내게서 흘러나오는 것이 진심으로 느껴지지 않았다. 사랑의 흐름이 어떤 것인지 막연하게는 알았다. 아내가 아이를 출산할 때마다 벅차오르는 사랑을 느꼈으니까. 그러나 그때 느낀 사랑은 강렬하기는 했지만, 누구에게든 보낼 수 있는 더 보편적이고 우주적인 사랑을 불러일으키는 감정은 아니었다. 이런 사랑을 체험하기 위해, 툴은 내가 순수하고 넓은 우주적인 사랑에 둘러 싸여 있다는 사실을 믿으라고 강조했다. 하지만 내 안의 회의적 자아는 이미 오래전부터 그런 얘기는 낭만적 환상이라 믿고 있었다. 나는 기계적인 우주 안에 살고 있으며 사랑은 뇌의 화학 작용이 만들어내는 결과일 뿐이라고 말이다. 회의적인 마인드는 툴을 생명력이 없는 대상으로 바라보게 했다.

 나는 내가 할 수 있는 유일한 방법으로 회의적 자아에 반격했다. 끈질긴 인내심을 발휘해 시도한 것이다. 나는 툴을 수없이 반복해서 실천했다. 심지어 한 시간마다 시계 알람을 맞춰놓고 알람이 울리면 툴을 실행했다. 그렇게 몇 개월을 연습했다. 그럼에도 큰 변화는 일어나지 않았다.

희망을 잃고 낙담하려는 즈음, 노력에 대한 보상이 생각지도 못한 방식으로 찾아왔다. 1993년 1월 17일은 내 아들의 첫 번째 생일이었다. 그런데 그날 동이 트기 전에, 그러니까 아들에게 생일선물을 줄 시간이 되기도 훨씬 전에 내가 선물을 받았다. 평생 잊지 못할 꿈을 꾼 것이다. 꿈속에서 나는 이른 아침에 사무실에 혼자 있었다. 그때 갑자기 건물 전체가 심하게 흔들렸다. 대규모 지진이었다. 잠시 후면 죽음을 맞이하리라는 직감이 밀려왔다. 나는 평소답지 않게 침착함을 유지하며 생에 마지막으로 '능동적 사랑' 툴을 실천해야겠다고 생각했다. 그러면 가슴속에 사랑이 가득한 채로 죽을 수 있을 테니까. 그런데 툴을 실행하자 여느 때와 달리 커다란 사랑이 내 안에서 흘러넘쳤다. 지금껏 한 번도 경험해보지 못한 사랑이었다. 강렬하고 엄청난 사랑의 힘으로 내가 한없이 커지는 느낌이었다. 마치 가슴속에서 태양이 빛나는 것처럼 말이다. 바로 그때 잠에서 퍼뜩 깨어났다.

이후 몇 주 동안 그 꿈은 머릿속을 떠나지 않으며 내 생활과 늘 함께했다. 나는 살아 있음을 강하게 느꼈다. 꿈에서 느낀 그 풍부한 사랑이 계속해서 나를 통해 흘러나와 주유소 직원부터

아내와 아이들에 이르기까지 주변 사람 모두에게 전해졌다. 환자들도 그것을 느꼈다. 그들은 내가 평소보다 더 열정적으로 심리 치료를 진행하는 것 같다고, 그런 나를 보니 자신도 더 의욕이 솟는다고 말했다.

그 무렵부터 세상도 다르게 보였다. 주변의 모든 것에서 생명력이 넘쳐흐르는 것 같았다. 나는 환자들의 내면을 더욱 깊이 관찰하면서 효과적으로 교감할 수 있었다. 심지어 내 인생에 일어난 특정한 사건들을 어떤 초월적 존재가 미리 계획한 것이 아닌가 하는 생각도 들었다. 법률회사를 그만둔 것도 내가 그 일을 싫어했기 때문이 아니라 내가 완전히 새로운 세계관을 받아들여야 할 시기가 되어서 어떤 힘이 그렇게 이끈 게 아닐까? 내가 기존의 심리 치료 모델에 환멸을 느끼던 바로 그때 필을 만난 것도 우연이 아닌 것 같았다.

나는 예전에 융을 열심히 공부했다. 융 역시 우연을 믿지 않았다. 나는 신비롭고 탁월한 융의 관점을 높이 인정했지만, 그것은 미술관에 걸린 그림처럼 내 실제 삶에 아무런 영향도 미치지 못했다. 그런데 그날 새벽에 꾼 꿈은 달랐다. 이제 내 인생에 일어나는 모든 일이 보이지 않는 고리로 연결되어 있음을 느낄 수 있었다. 내가 진화하고 발전하는 방향으로 우주가 나를 인도하고 있는 듯했다.

우리 부모님이라면 이런 말에 코웃음을 쳤을 것이다. 한편

으론 그렇게 찾아온 감정과 깨달음이 혼란스럽기도 했다. 내게서 흘러나오는 사랑의 힘 덕분에 분명 툴들을 활용하기가 더욱 쉬워졌다. 하지만 동시에 그런 나 자신을 완전히 이해하기는 힘들었다. 왜 갑자기 이런 느낌이 찾아온 걸까? 필이라면 그 답을 알 것 같았다.

나는 필에게 물었다. "제가 일종의 변성變性 의식 상태가 된 걸까요? 일시적인 정신 이상은 아닐까 싶기도 하고요."

"절대 아닙니다." 필의 목소리는 단호했다. "당신의 정신은 완전히 정상입니다."

"믿기지 않는 비정상적인 생각과 느낌이 찾아오는데 어떻게 정상이라고 할 수 있죠?"

"그 생각과 느낌은 비정상적인 게 아닐지도 모릅니다. 정말 비정상적인 것은 그 꿈을 꾸기 전의 당신 모습으로 돌아가는 일일 거예요."

그의 말은 일리가 있었다. 어쨌든 나는 전과 달리 진짜 살아 있다고 느꼈으니까. 거기에 비하면 과거의 삶은 잿빛의 죽은 삶처럼 보였다. "예전의 저로 돌아가고 싶지는 않습니다. 하지만 한 번 꾼 꿈 때문에 내가 믿는 모든 것을 바꿔야 한다는 게 아무래도 좀……."

필의 얼굴에 잠깐 실망스러운 표정이 스쳤다. 하지만 갑자기 그의 몸에서 모든 긴장이 빠져나가더니 다른 모든 상념을 물리치고 오로지 내게만 집중하는 느낌이 들었다. 눈에서 모든 걸 이해하는 듯한 포용의 빛이 발산되었다. 나중에야 나는 그 순간 필이 능동적 사랑을 실행했음을 깨달았다. 그는 말했다. "나는 당신에게 무언가를 억지로 설득하고 싶지는 않습니다. 삶이 당신을 답이 존재하는 방향으로 이끌 거예요."

필과 헤어지고 돌아오면서 나는 이해할 수 없는 미스터리의 가장자리에 서 있는 기분이 들었다. 하지만 그것을 제대로 이해할 수 있는 시점에 이르기도 전에, 꿈꾼 날 이후 찾아온 모든 새로운 감정들이 희미해지기 시작했다. 나는 예전의 기계론적인 우주관으로 다시 돌아갔다. 꿈을 꾼 다음 새로운 느낌을 경험했던 시간을 떠올리면 약간 당혹스럽기도 했다. 이성적 사고가 다시 내 머릿속을 장악하고는, 그때의 경험을 중년의 위기 같은 일시적인 일탈 정도로 치부했다. 하지만 또 다른 마음 한편에서는 진짜로 살아 있음을 느꼈던 그때의 경험이 그리웠다. 그러나 결국 그런 그리움도 서서히 사라졌다. 심지어 모든 것을 촉발했던 그날의 꿈도 머릿속에서 지워졌다. 그 즈음 정말 믿기지 않는 일이 일어났다.

1994년 1월 17일 새벽, 그러니까 그 문제의 꿈을 꾸고 정확히 1년이 지난 날, 미국 역사상 최악의 지진이 로스앤젤레스를 강타했다. 내 사무실이 있던 건물도 무너졌다. 건물 안에 있던 모든 것이 잔해로 변해버렸다.

세계관이 무너지다

내 사무실이 있는 건물이 무너진 것은 그 지진이 가져온 사소한 영향에 불과했다. 그날의 사건이 내 믿음 체계 전체를 완전히 무너뜨렸기 때문이다. 이 세상에는 내 머릿속 이론과 믿음이 추측하는 것 이상의 무언가가 존재한다는 직감이 갑자기 나를 강타했다. 그동안 내게 일어난 일을 다시 정리하자면 이렇다. 1992년 1월 17일에는 내 아들이 태어났다. 1년 뒤인 1993년 1월 17일 지진이 일어나는 꿈을 꿨다. 이 일들은 내 마음을 열어젖히는 놀라운 경험이었다. 그리고 다시 1년이 지난 1994년 1월 17일, 진짜 지진이 로스앤젤레스를 강타했다. 예전 같으면 나의 이성적 뇌가 이 사건들의 발생은 단순한 우연의 일치일 뿐이라고 자신 있게 결론 내렸을 것이다. 하지만 이번엔 달랐다. 이성적 사고가 내 온몸이 거부하는 유독 물질처럼 느껴졌다. 앞의 두 사건처럼 이번 지진도 내게 어떤 선물일지도 모른다는 생각까지 들었다.

한편 내 인생은 계속되었다. 임시 사무실을 구하고 다시 환자를 치료하는 정상적인 생활로 돌아가려 노력했다. 그런데 우주의 초월적 존재가 지난 몇 년간 내 삶을 인도했다는 생각을 떨칠 수 없었다. 그 존재는 내가 법률회사를 그만두도록, 심리치료사가 되도록, 필을 만나도록 이끌었다. 그다음에는 내 삶에 더 성큼 들어와 내 아들이 태어나게 하고 그로부터 정확히 1년 뒤 인생을 변화시키는 놀라운 꿈을 꾸게 만들었다. 그러나 1994년 1월에 진짜 지진이 일어난 것에 비하면 앞의 사건들은 약한 편이었다. 이번엔 그 거대하고 초월적인 존재가 내 이성적 뇌의 숨통을 끊어버리려 마음먹고는, 엄청난 자연재해를 예정해뒀다가 그것을 최종 무기로 사용한 것 같았다.

그 전략은 통했다. 나는 더 이상 이성과 합리주의에 의지할 수 없었다. 하지만 다른 대안들을 떠올려봐도 도무지 더 나은 방안이 생각나지 않았다. 한쪽에는 종교가 있었다. 나는 어떤 종교에서든 독단적이고 권위주의적이라는 인상을 받았다. 유대인인 나는 고기와 우유를 함께 먹지 말라는 계율을 왜 지켜야 하는지 항상 의아했다(다른 종교들에도 역시 이해가 안 가는 규칙이 많다). 종교에서 내놓는 답은 늘 결국 "우리가 그렇게 말하므로(또는 경전에 그렇게 적혀 있으므로) 여러분은 이것을 믿어야 합니다"였다. 내 스스로 생각하고 판단해서는 안 된다는 말로 들렸다.

다른 한쪽에는 남부 캘리포니아를 휩쓴 '뉴에이지New Age 신비주의'가 있었다. 이 사상은 자유로운 사고를 장려하고 많은 경험을 하도록 이끌었다. 하지만 긍정성을 과도하게 강조했고 이렇다 할 실체가 없었다. 당신이 5년 뒤 어떤 모습이 되고 싶은지 마음속으로 상상하라. 그러면, 짠! 그것은 현실이 될 것이다! 이런 식이었다. 긍정적 사고와 언어 사용으로 모든 문제를 해결할 수 있다고 주장했다. 하지만 해결할 수 없는 정말로 고통스러운, 정말로 심각한 문제들은 어쩌란 말인가? 뉴에이지 신비주의는 고통을 겪는 사람의 책임으로 돌렸다. 내 환자 한 명은 뉴에이지 신봉자인 친구에게 "네가 부정적인 생각을 했기 때문에 암에 걸린 거야"라는 말을 들었다고 했다. 고통과 역경에서 아무런 의미도 목적도 찾지 못하는 사상이라면 분명 뭔가 미흡한 사상이었다. 일상의 고통을 다룰 수 없다면, 집단학살이나 강제수용소 같은 정말 끔찍한 악행은 어떻게 다룰 수 있다는 말인가.

나는 막다른 길에 몰린 듯 답답했다. 심리 치료사라는 직업을 통해 환자의 삶에 긍정적 영향을 미치면서 더없이 보람을 느꼈지만, 당시 내가 고민하는 문제는 개인적 만족이나 성취감을 넘어선 것이었다. 삶의 본질과 더 관련이 있는 문제 같았다. 내가 믿던 이성주의는 뭔가에 맞아 납작하게 찌부러진 벌레처럼 보였다. 백미러 속에서 뒤로 멀어져가는 내 과거의 일부 같았다. 문제는 내가 앞으로 나아갈 수가 없었다는 점이었다. 시야에 보이는 두 길(종교와 뉴에이지 사상)은 도저히 받아들일 수 없었다.

몇 주 동안 심장이 가슴 밖으로 튀어나올 듯 세게 뛰면서 불안하고 답답했다. 나는 달리 길을 찾을 수 없었기에 필을 찾아갔다. 하지만 이번에는 열정적인 학생이 아니라 물에 빠져 익사하기 직전의 사람 같았다.

필이 물었다. "당신이 믿었던 세계관이 틀렸다는 느낌이 듭니까?"

나는 고개를 끄덕였다.

"그거 잘되었군요. 이제 영적 세계관으로 들어가는 문턱을 밟은 셈이에요."

이상하게도 필의 말이 옳게 느껴졌다. 그의 말이 의미하는 바는, 오래된 견고한 신념 체계가 무너져야 비로소 새로운 체계가 들어설 수 있다는 것이었다. 그것은 내가 지진을 겪으며 직감적으로 느낀 바와도 부합했다. 지진은 나의 과거 신념 체계를 무너뜨리기 위한 일련의 사건에서 정점에 해당했다.

그렇다면 원래의 신념 체계가 무너진 자리를 무엇으로 채울 것인가? 나는 의심 반 희망 반의 마음으로 필에게 '새로운 영적 세계관'을 당장 설명해달라고 요청했다. 나답지 않은 태도였지만 어쩔 수 없었다. 지금부터 나누는 대화가 내 인생을 바꿔놓을 거라는 직감이 들었다. 그리고 그 직감은 옳았다.

필은 모든 인간과 우주를 연결하는 '영적 시스템'이 존재한다고 말했다. 순간 나의 논리적 뇌가 의구심을 드러내며 작동하려 했다. 하지만 내가 입을 열기도 전에 필은 종이를 꺼내더니 이상한 그림을 그리며 설명하기 시작했다. 그의 이야기에 집중하느라 내 마음속 의심은 잠시 고개를 숙였다.

필은 이렇게 설명했다. 우리는 누구나 생물학적 진화에 대해 배운다. 생존에 더 유리한 방향으로 유전적 변화가 일어나면서 우리의 신체는 진화한다. 이 진화 모델에서 우주는 우리를 위한 특별한 목표를 갖고 있지 않으며 우리가 존재한다는 사실도 인지하지 못한다. 이 모델은 '생물학적' 진화를 설명할 때는 적합하다. 그러나 또 다른 종류의 진화가 있으니, 그것은 **영적 진화**다. 영적 진화는 내면 자아의 발전과 관련된다. 내면 자아는 초월적 힘과 연결되어야만 발전할 수 있다.

내가 막 의심을 제기하려는 순간, 필이 들고 있던 종이와 펜을 '탁' 하는 소리가 날 만큼 세게 책상에 내려놓았다. 낮은 성공 가능성을 무릅쓰고 승부수를 던지는 도박사 같은 단호함이 느껴졌다.

"이걸 보세요. 내면의 진화는 이 시스템에 의해 일어납니다." 그는 종이에 그린 그림을 가리켰다. "이 시스템 안에 들어가야 합니다. 그래야 강력한 느낌을 경험하며 모든 의심을 씻어낼 수 있습니다."

그래도 내 회의감은 가시지 않았다. 그 무엇도 나의 의심을 완전히 씻어내진 못할 것만 같았다. 필은 내 안에서 일어나는 시끄러운 목소리를 간파하고 단호하게 말했다. "이러쿵저러쿵 마음속으로 따지는 건 그만두세요. 이 그림을 잘 살펴보고 이 시스템 안으로 들어가십시오. 설명이 더 필요하다면, 나중에 다시 얘기하죠."

 필과 말로 따지며 씨름할 분위기가 결코 아니었다. 그는 너무나 단호했다. 내게 주어진 과제는 간단했다. 영적 시스템에 들어가 그가 말하는 '초월적 힘'을 경험하는 것이었다. 필이 그린 그림은 다음과 같았다.

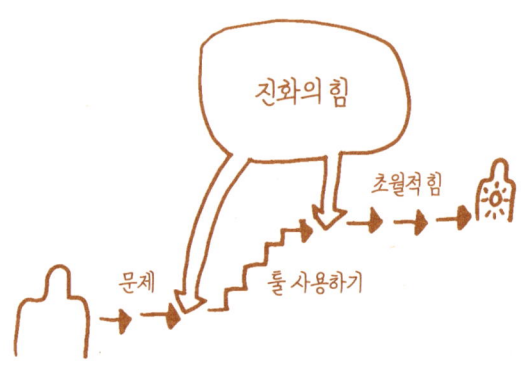

 왼쪽의 사람은 삶에서 문제를 겪고 있다. 질병이나 실직일 수도, 또는 어떤 심리적 혼란일 수도 있다. '진화의 힘'이라고 적힌 원에서 내려오는 왼쪽 화살표가 보여주듯, 그 문제는 진화를 관장하는 힘(신, 초월적 능력자 등 어떻게 불러도 상관없다)이 보낸 것이다. 이후 왼쪽 사람은 툴을 활용해 문제를 해결한다. 계단이 그 과정을 나타낸다. 계단 끝까지 올라간 그 사람은 초월적 힘과 연결되어 더욱 확장된 존재로 변화한다. 이로써 전에는 불가능했던 일을 해낼 수 있다. 이 그림은 영적 시스템의 목적을 보여준다. 그 목적은 우리를 창조자로 만드는 것이다. 오른쪽 사람 안에서 밝게 빛나는 태양은 그가 창조자가 되었음을 의미한다.

　이 그림은 놀라운 비밀을 보여준다. 우리가 겪는 문제와 그것을 해결하게 도와주는 초월적 힘, 이 둘 모두 동일한 근원, 즉 **진화의 힘**에서 온다는 사실이다. 이 두 가지는 우리를 창조자로 변화시키려는 목적을 가진 영적 시스템의 일부다. 그런데 세 번째 구성 요소가 있으며, 이것은 우주가 제공해줄 수 없는 것이다. 세 번째 요소는 우리의 자유의지, 더 구체적으로 말하면 툴을 사용하려는 의지다. 진화할 것인가 아니면 지금 상태로 머물 것인가 하는 선택은 당신에게 달려 있다. 우주는 인간의 자유의지를 존중하기 때문에, 당신이 싫다고 하는데도 당신을 억지로 진화의 길로 밀어 넣지는 않는다(앞서 소개한 랍비의 이야기를 떠올려보라. 신의 목적이 달성되는 유일한 길은 당신이 자신의 발전을 택하는 창조자가 되는 것이다. 하지만 여기에는 강한 의지가 필요하다. 그래서 6장에서 의지력을 자세히 다루며 강조한 것이다).

우리의 내면도 진화할 수 있다

　전부 좋은 이야기였지만 그래도 내 마음속의 의심은 잦아들지 않았다. 그것을 겉으로 표현할까도 생각해봤지만 필은 내 반박을 끝까지 들어주지 않을 게 분명했다. 그는 진실성을 따지지 말고 '영적 시스템 안에 들어가라'라고 강조했다. 그러면서 내가 현재 겪는 문제를 하나 떠올리고 툴을 선택한 뒤 그 문제를 마주할 때마다 "잔말 말고 무조건 그 툴을 실행하라"라고 덧붙였다.

당시 내가 떠올린 문제는 절친한 친구 스티브와 관련돼 있었다. 필을 통해 영적 접근법에 관심을 갖게 된 후로는 스티브와 함께 있으면 마음이 늘 불안했던 것이다. 나도 똑똑한 편에 속했지만 스티브는 그 이상이었다. 학창시절부터 그는 운동에서 아프가니스탄 역사에 이르기까지 모든 방면에서 뛰어났다. 열네 살 때는 〈리처드 3세〉 공연 중간의 휴식시간에 튜더 왕조에 대해, 그리고 셰익스피어가 리처드 3세를 야비한 곱사등이로 묘사한 이유에 대해 즉석에서 설명해 어른 관객들의 경탄을 자아내기도 했다.

우리 부모님은 과학을 '신봉하는' 분이었지만 스티브의 부모님은 실제로 '과학자'였다. 스티브 자신도 세계적인 이론물리학자가 되었다. 그는 관찰 가능한 물리적 현상의 관점에서 설명할 수 없는 것은 절대 믿지 않았다. 내가 지미 헨드릭스Jimi Hendrix의 기타에서 영혼이 울려 나오는 것 같다고 말하자, 그는 내게 뭔가 잘못 알고 있다면서 음악은 물론이고 모든 소리는 '공기로 전달되는 기계적인 진동'의 결과에 불과하다고 설명했다.

우리는 친형제처럼 서로 아끼고 좋아했다. 하지만 내가 영적인 새로운 가르침을 배워나갈수록, 만일 그런 얘기를 스티브 앞에서 꺼내면 그가 신랄하게 반박하리라는 걱정이 되기 시작했다. 그래서 스티브에게서 점심을 같이 먹자는 연락이 왔을 때 몹시 망설여졌다. 과학과 영적 세계가 팽팽히 맞서며 스티브와 내가 설전을 벌이는 장면이 계속 상상되었다. 스티브는 똑똑한 두뇌를 가진 강적이었다. 그와 맞서면 내가 여지없이 박살날 것 같았다. 그가 더는 형제 같은 친구로 느껴지지 않았다. 그런 강박적 생각이 심해질수록 그가 더 싫어졌다.

이런 감정이 말도 안 되는 것임을 나도 잘 알았다. 마음속에서 제일 친한 친구를 무서운 적군으로 만들어버리는 내 자신이 싫었다. 하지만 어쩔 수가 없었다. 나는 이런 유사한 문제를 겪는 환자를 수없이 보았는데도, 이번엔 내 자신이 심리적 미로에 빠져 출구를 찾지 못하고 있었다.

나는 필에게 속내를 털어놓았다. "스티브 앞에서 제가 완전히 멍청이가 된 기분이 들 거예요."

필은 차분한 어조로 말했다. "스티브가 똑똑한 친구일지는 몰라도 그 역시 사람이에요."

하지만 필은 스티브를 만나본 적이 없었다. "선생님은 모릅니다. 스티브는 헨드릭스 음악에 담긴 영혼을 차갑게 한 문장으로 정리해버리는 녀석이에요. 그러니 제가 초월적 힘 운운하면 어떤 반응이 나올지 안 봐도 뻔합니다."

"그건 중요하지 않아요." 필은 오히려 여유 있는 태도였다. "중요한 건 지금 일어나는 일을 영적 시스템의 일부로서 경험하는 일이에요." 쉽게 설명하기 위해 그는 다시 그 그림을 보여주었다. 얼마 후 스티브를 만날 일에 대해 강박적으로 걱정하는 미로에 빠진 것이 나의 '문제'였다. 여기에 적절한 툴은 '능동적 사랑'이었다. 스티브가 싫어지려 할 때마다 이 툴을 사용해야 했다.

나는 필의 말대로 이 툴을 연습했다. 하지만 여전히 헤비급 세계 챔피언과의 경기를 앞둔 아마추어 라이트급 선수가 된 기분이었다. 걱정에 사로잡힌 나머지 나는 다시 필을 찾아가 말했다. "아무래도 이 툴이 효과가 없을 것 같아요."

"당신이 어떻게 생각하느냐는 중요하지 않습니다. 생각이 아니라 행동에 집중하세요. 당신이 할 일은 툴을 실천하는 것뿐입니다. 나머지는 영적 시스템이 알아서 이끌어줄 겁니다" 등을 떠밀리듯 필의 방에서 나올 때 '문제-툴, 문제-툴'을 강조하는 그의 모습이 머릿속에 맴돌았다.

나는 당혹스럽고 의욕도 나지 않았다. 하지만 달리 할 수 있는 선택이 없었다. 그래서 스티브와의 점심 식사가 걱정될 때마다 능동적 사랑을 끈질기게 실행했다. 그러다 보니 차츰 마음속 감정이 달라졌다. 스티브가 나를 어떻게 판단할지 걱정하던 마음이 조금씩 줄어들었고, 내 의견을 자신 있게 표현할 수 있을 것 같았다.

어느새 스티브를 만나는 날이 되었다. 나는 식당으로 향하는 도중에도, 그리고 테이블에 앉아 있는 스티브의 모습이 보일 때도 능동적 사랑을 실행했다. 인사를 나누고 식사를 주문한 후 드디어 중요한 순간이 다가왔다. 스티브는 내 눈을 똑바로 쳐다보면서 과학자다운 말투로 물었다. "심리 치료에 대한 요즘 네 접근법이 어떤지 궁금한데?"

그의 말투를 듣자 마음속 불안감이 다시 고개를 들었다. 나는 즉시 능동적 사랑을 실행했다. "어……, '영적' 접근법을 취하는 중이야."

"재밌는데? 그게 어떤 거야?"

나는 눈을 감고 심호흡을 한 뒤 입을 뗐다. 그리고 입에서 나오는 말에 나 자신도 놀랐다. "너에게 일어난 모든 나쁜 일들이 말이야, 그러니까 살면서 겪은 이런저런 문제가, 너 자신도 깨닫지 못했던 어떤 능력을 이끌어내도록 도와주기 위해 일어난 거라면 어떨까? 그리고 그 잠재력에 곧장 도달하게 해주는 구체적인 방법이 존재한다면?"

스티브의 눈이 반짝였다.

나는 필이 알려준 영적 시스템을 열정적으로 설명했다. 하지만 필의 말을 그대로 옮기는 수준이 아니었다. 영적 시스템이 나의 일부가 된 듯 자연스럽고 적극적인 태도로 설명했다. 내가 말하는 내용을 논리적으로 증명할 수 없다는 사실, 과학자를 앞에 두고 얘기하고 있다는 사실조차 어느새 까맣게 잊어버렸다. 더 이상 내 의견을 방어하거나 스티브를 패배시켜야 한다고 느끼지도 않았고 그를 적으로 느끼지도 않았다. 어떤 영감에 사로잡힌 사람처럼 막힘없이 이야기를 이어갔다.

설명을 끝낸 후 나는 스티브의 얼굴을 보았다. 스티브는 밝게 웃고 있었다. "배리, 멋진데! 네가 진심으로 믿는 무언가를 발견했구나. 그것 덕분에 환자들도 많이 도울 수 있었겠네."

나는 깜짝 놀랐다. "내가 한 얘기를, 그러니까 영적 시스템 같은 것을 네가 받아들인다는 거야?"

"엄밀한 의미에선 아니지." 그는 어깨를 으쓱해 보였다. "하지만 파스칼도 말했잖아. '신을 느끼는 것은 이성적 머리가 아니라 가슴이다'라고."

나는 내 귀를 의심했다. "뭐, 뭐라고?"

스티브는 깊게 숨을 쉬고 말했다. "어쨌든 그 방법이 성과를 내는 거잖아. 때론 그것만이 중요하지."

나는 여전히 이해가 가지 않았다. 스티브는 잠시 생각하더니 갑자기 미소를 띠며 말했다.

"오래된 우스갯소리를 인용하는 편이 낫겠네. 어떤 남자가 정신과 의사를 찾아가서 말했대. '선생님, 제 동생이 미친 것 같아요. 자기가 닭인 줄 알아요. 어떡하죠?' 의사가 대답했어. '동생 분을 입원시켜야겠군요.' 그러자 남자가 이랬대. '안 돼요! 저는 달걀이 필요하거든요'"

나는 한참 웃었다. 그리고 스티브가 적절한 비유를 했다는 사실을 깨달았다. 스티브는 영적 시스템이 결과적으로 환자를 위한 '달걀'을 만들어낸다면, 즉 그 시스템을 통해 환자가 실제로 뭔가 성과를 얻는다면, 그 과정에 어떤 원리가 들어 있느냐는 중요하지 않다고 말하고 있었다.

그날 점심 식사는 내게 중요한 전환점이 되었다. 나는 스티브와 마주할 때만 심리적 미로에 빠지는 것이 아니라는 사실을 깨달았다. 사실 주변의 많은 사람을 만날 때도 그랬다. 나는 늘 잘못된 가정을 한 채 사람들을 대했다. 다시 말해, 내가 상대방이 싫어하거나 동의하지 않는 의견을 말하면 상대방이 아예 내 말을 들으려 하지 않을 것이라고 가정했다. 그러니 늘 사람을 대할 때 불만과 화가 마음속에 이는 것도 당연했다. 나는 그들 때문에 내가 억지로 침묵해야 한다고 느꼈다. 하지만 사실 내 입을 막는 것은 나 자신이었다! 감옥에 갇혀 있다가 주머니 안에 열쇠를 내내 갖고 있었다는 사실을 나중에야 깨달은 사람과 비슷했다. 그리고 그 열쇠는 능동적 사랑이었다.

나는 친구, 부모님, 가족 등 누구를 만날 때든 능동적 사랑을 실천했다. 그러자 마음속의 화가 공기 중으로 날아가 버렸다. 그리고 찾아오는 마음의 평온에 또 한 번 놀랐다. 사람들을 대할 때 눈을 쳐다보고 솔직하게 말했으며 훨씬 여유 있고 자신감이 느껴졌다. 그들이 내 의견에 동의하느냐 안 하느냐는 중요하지 않았다. 더불어 진정한 사랑이 나에게서 흘러나옴을 느꼈다. 지진이 발생하는 꿈을 꿨을 때처럼 말이다. 그런데 이번에는 사랑의 에너지가 사라지지 않았다. 내 가슴은 더욱 넓게 열리고 살아 있음이 느껴졌다.

필이 말한 대로 내 회의감은 결국 사라졌다. 초월적 힘이 내 삶과 함께한다는 사실을 경험했고, 이 경험은 나를 더 나은 존재로 변화시켰다. 초월적 힘의 존재를 논리적으로 입증할 수는 없었다. 하지만 이제 그럴 필요를 느끼지 못했다. 나는 영적 믿음의 진정한 의미를 깨달았다. **영적 믿음이란 '우리에게 초월적 힘이 필요할 때 언제나 그 힘이 곁에 존재한다는 사실을 확신하는 것'이다.**

분명 내가 경험한 시간은 의미심장한 것이었다. 이후 나는 필을 다른 눈으로 볼 수밖에 없었다. 예전에 나는 그를 영적인 광신자쯤으로 생각했다. 하지만 그는 자신의 견해를 억지로 내게 주입하려 하지도 않았고, 내게 영향력을 행사하려 애쓰지도 않았다. 내가 가장 힘들 때 그는 영적 시스템이 힘을 발휘한다는 믿음을 내게 보여주고 내가 배워야 할 것을 가르쳐주었다.

그가 단순한 광신자가 아니라면, 그런 믿음을 어떻게 갖게 되었을까? 여느 때와 마찬가지로 나는 직접 물어보기로 했다. 그에게 들은 다음의 이야기는 평생 잊지 못할 것이다.

○

배리가 '어떻게 그런 믿음을 갖게 되었느냐'라고 단도직입적으로 물은 일은 우리 둘의 관계에 일종의 전환점이 되었다. 환자들은 그런 질문을 한 적이 한 번도 없었다. 너무 개인적인 질문이기 때문이다. 나는 환자들이 속으로 어떤 생각을 하는지 알았다. 내가 영적 시스템에 대해 확신을 갖고 말하면 그들은 '선의를 지닌 괴짜 의사 선생'을 보듯 나를 쳐다보았다. 나중에 영적 시스템을 통해 효과를 경험한 뒤에는 '신통력을 지닌 천재'라도 되는 양 나를 쳐다보았다.

나는 둘 중 어느 쪽도 아니다. 삶이 내게 주는 것을 신뢰하게 된 인간일 뿐이다. 내 인생이 남들과 조금 달랐다는 점은 인정하지만 말이다. 학교를 다니고 정신의학 치료를 배우는 동안 나는 늘 열정과 에너지가 넘쳤다. 그런데 정신과 의사가 되고 나서 뜻밖의 순간이 찾아왔다. 의사 일을 시작하고 얼마 안 되어 피로감이 몰려왔다. 과로 탓에 발생하는 흔한 피로가 아니었다. 살면서 처음 느껴보는, 뼛속까지 스며드는 탈진이었다.

그 피로감은 밤마다 도둑처럼 찾아왔다. 처음엔 주중에는 그럭저럭 괜찮았다. 하지만 주말이 되면 모래더미 무너지듯 힘없이 쓰러져 월요일 아침까지 죽은 듯이 잠만 잤다. 그러던 어느 월요일 아침, 잠에서 깼는데 그 도둑이 떠나지 않고 계속 들러붙어 있었다. 침대에서 나올 수조차 없었다. 나는 일주일 휴가를 냈다. 평생 처음 내보는 휴가였다. 하지만 일주일이 지났음에도 오히려 더 극심한 피로가 몰려왔다. 이대로는 안 되겠다 싶었다. 운동하던 것을 중단하고 사람들 만나는 것도 자제하면서 에너지를 아끼면 그 도둑이 물러가리라 생각했다. 하지만 그래도 소용이 없었다.

내가 할 수 있는 유일한 일은 환자를 계속 치료하는 일이었다. 전보다 에너지와 의욕은 훨씬 줄었지만 말이다. 내 생활은 환자를 진료하고 집에 가서 자는 것, 이 두 가지의 반복이었다. 그렇게 몇 개월을 보내면서 속으로 되뇌었다. '일시적인 현상일 거야. 그냥 잠깐 겪는 슬럼프겠지.' 그러나 상황은 전혀 나아지지 않았다. 영영 회복하지 못하면 어쩌나 하는 두려움이 일었다.

얼마 후, 약간 주저하다가 억지로 힘을 내어 내과 의사를 찾아갔다. 의과대학 동기인 그는 훌륭한 의사이자 친근한 성격을 지닌 친구였다. 내가 상황을 설명하자 그는 성의껏 귀 기울여 들어주었다. 이야기를 다 들은 그는 앞으로 내가 받을 검사와 가능성 있는 병명을 설명해주었다. 여러 가지 검사를 했지만 결과는 전부 정상이었다. 친구는 몇 주 뒤에 다시 검사를 해보자고 했다. 몇 주 뒤에도 역시 모두 정상이라는 결과가 나왔다. 그럼에도 내 피로감과 무기력은 더욱 심해져 있었다. 이후 친구의 태도에서 미묘한 변화가 느껴졌다. 그가 나를 보며 짓는 미소는 반가운 친구를 만나서 으레 짓는 미소가 아니었다. 정신병자 같아 보이는 사람을 길거리에서 목격했을 때 자신도 모르게 짓는 종류의 미소였다.

그 이후에도 여러 차례 그런 미소를 만났다. 내 생명력이 모조리 빠져나간 원인을 찾으려고 찾아간 다른 전문의들도 모두 비슷한 표정이었던 것이다. 내가 괴로웠던 것은 그들이 내 안에서 무슨 일이 일어나고 있는지 파악하지 못했기 때문이 아니었다. 내가 괴로웠던 것은 그들이 내린 결론 때문이었다. 증상의 원인을 설명할 수 없었던 그들은 '내 안에서 아무런 일도 일어나지 않고 있다'라고 결론 지었다. 다시 말해 내 머리가 약간 이상해진 것이라고 생각했다.

여러 의사를 만나본 뒤 나는 '내 안에서 뭔가가 일어나고 있다'는 사실을 믿는 사람에게 도움을 구하는 편이 현명하다고 판단했다. 그리고 그 요건을 충족시키는 사람은 세상에 한 명뿐임을 곧 깨달았다. 바로 **나**였다.

지금 되돌아보면 그 깨달음은 수개월 동안 무기력하게 끙끙

앓은 것에 어떤 목적이 담겨 있다는 첫 번째 암시였다. 이미 나는 대부분의 외부 세계와 단절되어 있었다. 진료실과 집 이외의 곳에서 시간을 보내는 일이 거의 없었다. 하지만 나를 도와줄 사람이 아무도 없다고 깨닫자 또 다른 문이 닫혀버린 기분이었다. 한편으로 나는 그 시기에 그동안 배운 심리 치료 모델에 대한 확신을 잃어버렸다. 이 문제와 관련해 나를 도와줄 사람 역시 아무도 없었다.

당시에는 미처 몰랐지만 이처럼 외부 세계와 단절된 일은 내게 대단히 중요한 사건이었다. 삶이 내게 내면세계로 들어가라고 종용하고 있었다. 아무런 문제없이 일상이 흘러갔다면 들어가 볼 생각조차 하지 않았을 세계로 말이다. 처음에는 외부 세계와 연결 고리가 끊어진 것에 화가 나고 불안했다. 삶이 그저 무심하게 나를 내버려두고 저만치 가버리는 기분이었다. 그러나 얼마 지나지 않아 나는 내면세계가 삶과 생명력의 진정한 근원이라는 사실을 깨달았다.

환자를 진료하는 것 외에 내가 하는 활동이라고는 잠자는 일뿐이었다. 아니, 더 정확히 말하면 잠자려 애쓰는 일뿐이었다. 어떤 날은 거의 열두 시간 동안 뒤척였다. 고열에 시달리지는 않았지만 몸에서 미묘한 열감이 느껴졌다. 마치 몸이 녹아내리는 기분이었다. 밤마다 그런 열감이 찾아왔다. 내면세계에서 그 무언가가 끊임없이 나에게 다가오려고 애쓰고 있었다.

그리고 실제로 그것은 내게 도달했다. 그 증거는 환자를 상담하는 도중에 나타났다. 환자에게 필요한 툴을 개발하려고 애쓰는 동안, 필요한 정보와 깨달음이 어디선가 난데없이 내 앞에 나타나기 시작했다. 분명히 외부 세계의 누군가가 가르쳐준 것도, 내 이성적 머리로 생각해낸 것도 아니었다. 내가 안다는 사실을 나조차도 몰랐던 대답들이 입에서 흘러나왔다. 내가 어떤 강력한 힘의 대변인이라도 된 기분이었다. 논리적으로 증명할 수는 없었지만 온 몸과 마음으로 분명히 느낄 수 있었다.

이후 환자들도 툴을 사용하기 시작하면서 그 힘을 느꼈다. 심지어 내 설명에 매번 의심을 제기하며 저항감을 드러낸 환자도 마찬가지였다. 그들을 설득하는 일은 플라스틱 칼로 대리석에 글자를 새기려는 것만큼이나 불가능해 보였다. 하지만 툴의 사용법을 알려주기 시작하자 모든 게 달라졌다. 변화를 이끄는 동인은 더 이상 내가 아니었다. 그들이 툴을 통해 불러일으키는 초월적 힘이 그 역할을 했다. 그것은 우리를 겸허하게 만들었고 영적 힘을 일깨워주었다.

수개월 동안 무기력하게 앓으면서 많이 힘들었지만 그 시간은 결국 내게 가장 필요한 것을 가져다주었다. 나는 깊은 내면 세계에 들어갔고, 거기에 숨겨져 있던 초월적 힘을 불러내는 툴을 발견한 것이다. 환자들과 내가 영적 시스템 안에서 움직인다는 사실을 점점 분명하게 깨달을 수 있었다. 영적 시스템의 관점에서 볼 때, 우리에게 일어나는 모든 사건에는 초월적 힘을 활용하도록 우리를 훈련하려는 목적이 담겨 있다. 나의 경우 그 '사건'은 원인도 치료법도 모른 채 한동안 무기력하게 앓은 병이었다.

영적 시스템은 이론적으로 설명할 수 있는 것이 아니었다. 나는 그 시스템의 훈련 프로그램을 마친 졸업생이었다. 배리는 "내가 깨닫고 배워야 할 것을 우주가 가르쳐주리라는 사실을 당신은 어떻게 확신하느냐"고 내게 물었다. 나에게 느닷없이 찾아온 병이 그 답을 알려주었다. 나는 우주가 우리 각자에 어떤 목적을 정해두고 늘 우리를 도와준다는 사실을 깨달았다. 전혀 상상하지 못한 방식으로 내 삶에 우주의 사랑이 함께한다는 사실을 깨달았다. 그런 우주가 우리에게 깨닫고 배워야 할 것을 어찌 가르쳐주지 '않을 수' 있겠는가?

이것이 배리의 질문에 대한 나의 답이었다.

○

필의 이야기가 끝났을 때 나는 한동안 아무 말도 할 수 없었다. 그처럼 개인적인 이야기를 듣게 되리라고는 상상하지 못한 터였다. 필은 영적 시스템을 그저 발견한 것만이 아니라 실제로 그 안에서 살아가고 있었다. 그리고 자신이 겪은 고통에서 긍정적 의미를 발견했다. 나는 그에게 말할 수 없는 친밀감과 동질감을 느꼈다. 그는 의학을 전공했고 나는 법학을 전공했지만, 우리 둘 다 삶이라는 같은 스승에게서 믿음을 갖는 법을 배운 것이다.

8장

새로운 삶을
맞이하라

The Tools
: 5 Tools to Help You Find Courage, Creativity, and Willpower and Inspire You to Live Life in Forward Motion

필과 내가 삶에서 배운 믿음은 '맹목적 믿음'이 아니었다. 그것은 영적 세계에서 실제로 경험할 수 있는 패턴들을 토대로 했기 때문이다. 우리는 오랜 시간에 걸쳐 그 패턴을 파악했고 마침내 누구나 이해하기 쉽게 설명할 수 있었다. 우리가 깨달은 패턴은 새로운 영적 세계관을 지탱해주는 기둥이다. 그 기둥들을 아래에 소개한다.

우리는 현대사회가 이러한 새로운 영적 질서를 이미 다양한 방식으로 받아들이고 있다는 사실을 발견하고 기뻤다. 초월적 힘이 우리가 사는 세상에 이미 들어와 있었던 것이다. 그 힘은 우리 사회의 모습을 변화시키고 있었다.

첫 번째 기둥
초월적 힘은 직접 느끼고 경험해야 한다

현대인은 과학적 사고 모델이 우리의 인식을 얼마나 제한하는지 잘 모른다. 과학은 이성과 논리로 입증할 수 없는 것은 받아들이지 않는다. 그래서 나도 처음에 필에게 초월적 힘이 실재한다는 것을 증명해달라고 요구한 것이다. 물론, 필은 그런 증명에 관심이 없었다. 초월적 힘이 과학적 모델을 뛰어넘은 영역에 존재한다는 것을 알았기 때문이다. 당신은 그 영역으로, 즉 내면세계로 들어가야 한다. 이는 이성적 사고로 이해할 수 없는 영역이다. 내면세계에서는 당신의 전체적 자아에 영향을 미치는 것이 곧 실재하는 것이다. 필은 툴을 사용해 문제를 해결하라고 강조하여, 내가 내면세계로 들어가 거기에 존재하는 초월적 힘을 직접 경험하게 이끌었다.

이로써 그는 새로운 영적 세계관의 첫 번째 기둥을 보여주었다. 우리는 초월적 힘이 존재하거나 존재하지 않는다고 증명할 수 없다. **초월적 힘을 직접 느끼는 것만이 그것의 실재를 확인하는 길이다.** 철학자 키에르케고르가 한 다음의 말 역시 이와 같은 메시지를 암시한다. "인생에는 인생을 살아감으로써만이 발견할 수 있는 숨겨진 힘이 존재한다."

당신이 가족이 잃어버린 채 전쟁 난민이 되었다고 상상해보

라. 가족이 어딘가에 살아 있다는 사실을 알려주는 통지서를 받는 것과 실제로 가족과 재회하는 것, 이 두 가지는 천지 차이가 아닐까? 머리로 무언가를 아는 것과 자아 전체가 그것을 직접 경험하는 것의 차이가 바로 그와 같다. 당신의 전체적인 자아만이 초월적 힘을 실재하는 대상으로 경험할 수 있다.

이것은 '실재'에 대한 완전히 새로운 접근법이다. 우리는 이성적 사고를 통해 뭔가의 실재 여부를 판단하라고 배웠다. 그러나 초월적 힘에서는 그런 관점이 통하지 않는다. 생각하기 시작하는 순간, 우리의 머리는 그것이 존재한다는 증거를 요구한다. 초월적 힘은 '직접 경험해야 하는' 것이며 여기에는 노력이 필요하다. 내가 그랬듯이 당신도 둘 중 하나를 선택해야 한다. 결코 가능하지 않을 증명을 요구할 것인가, 아니면 의구심에도 불구하고 툴을 사용할 것인가? 나는 생각을 중단하고 오로지 툴의 실천에만 집중한 이후 삶을 변화시키는 영적 믿음이라는 선물을 받았다. 당신 역시 나와 같은 선택을 하길 바란다.

삶과 실재에 대한 이러한 새로운 관점은 우리 사회에 이미 들어와 있다. 알코올중독자 모임인 '익명의 알코올중독자들Alcoholics Anonymous, AA'의 12단계 프로그램이 대표적인 예다. 새로운 영적 세계관의 첫 번째 기둥과 같은 접근법을 가진 AA는 이성적 믿음보다 경험을 더 강조한다. 나는 AA의 관점을 완전히 불신한 채 이 모임에 들어갔다가 삶을 되찾은 알코올중독자를 숱하게 목격했다. 이 모임의 프로그램은 생각에 의지하지 말 것을 권유한다. 12단계를 밟다 보면 자기 자신보다 훨씬 커다란 힘이 술을 멀리하도록 도와주는 것을 경험하기 시작한다.

심지어 때로는 과학자들도 과학적으로 증명할 수 없는 영역의 존재를 인정한다. 덴마크의 물리학자이자 양자론의 아버지인 닐스 보어Niels Bohr와 관련한 유명한 일화가 이를 잘 보여준다. 한 젊은 물리학자가 보어의 집을 찾아갔다. 그는 난로 위쪽 벽에 말편자가 걸려 있는 것을 보고 말했다. "선생님은 편자가 행운을 가져다준다는 말 같은 건 믿지 않으실 텐데요?" 그러자 보어가 대답했다. "물론 믿진 않지! 하지만 꼭 믿어야 효과가 있는 건 아니라고들 하더군."

> 두 번째 기둥

우리 각자가 영적 삶의 주인이다

자아 전체가 진정으로 영적 힘을 경험하기 전까지는 당신도 과거의 나와 똑같은 덫에 걸려 있게 된다. 즉, 영적 권위자가 믿으라고 하는 것을 받아들이거나 (내가 그랬듯이) 그것을 거부하거나, 둘 중 하나를 택하는 수밖에 없다. 어느 쪽을 택해도 스스로 초월적 힘을 경험할 수 없고, 따라서 현명한 결론에 도달할 수 없다. 두 번째 기둥은 이것이다. **새로운 영적 세계관에서는 각 개인이 초월적 힘을 경험하고 그 힘의 본질에 관해 자신만의 결론에 도달해야 한다. 외부 권위자는 우리의 영적 삶을 규정할 수 없다.**

이는 전통적인 종교의 접근법과 사뭇 다르다. 고대에는 사제 등의 권위자가 집단의 구성원들을 대표해 신의 뜻을 해석해주었다. 사람들은 그런 종교 지도자의 말을 '신의 말씀'으로 받아들였다. 종교에 따라 정도는 다르지만 많은 종교에서 여전히 이와 같은 오래된 '상의하달식' 위계 구조를 채택한다. 특정 지도자를 중심으로 모여든 많은 신도가 신의 뜻을 탁월하게 이해하는 그의 말을 따른다. 이것은 자신만의 이해에 도달하려는 현대인의 욕구와 상충하는 접근법이다.

따라서 새로운 영적 접근법이 필요하다. 우리가 제시하는 새로운 영적 세계관은 모든 인간이 고유한 개별적 존재라는 사실을 토대로 한다. 툴과 일련의 방법을 제시해 당신이 초월적 힘을 알아가도록 이끌며 각자의 방식으로 초월적 힘을 경험하게 만든다.

이런 관점은 나에게 개인적으로 대단히 중요했다. 젊은 시절부터 나는 '권위에 맹종하지 않고 의문을 던지는 것'에 익숙했다. 이런 사고방식은 내가 종교를 거부하는 데에 어느 정도 영향을 미쳤다. 그런데 놀랍게도 필 역시 권위에 의문을 품으라고 말했다. 심지어 그 자신에게도 의문을 품으라고 했다. 그는 나를 자기 의견에 동의하게 만들려고 애쓰지 않았다. 단지 툴을 실천하고 스스로 결론을 얻으라고 강조했다.

우리 사회에는 나 말고도 스스로 자신의 길을 만들어가려는 이들이 많다. 스스로 판단을 내리고 싶어 하는 사람이 늘어나고 있다. 미국은 종교가 큰 영향력을 지닌 나라지만, 많은 미국인의 관점이 하나의 종교에 꼭 들어맞지는 않는다. 자신이 믿는 종교의 가르침과 상충하는 관점을 갖는 경우도 드물지 않다. 명상을 실천하는 가톨릭 신자도, 성모마리아에게 기도하는 개신교 신자도 많다. 불교를 믿는 유대인도 많다. 사람들이 무지해서 그렇게 행동한다고 보는 것은 거만한 우월감일 뿐이다. 자신의 영적 본능에 따라 스스로 선택하려는 사람들이 점점 늘고 있는 것이다.

AA는 이를 보여주는 좋은 사례다. AA는 의사들이 주도하는 하향식 위계질서를 지닌 모임이 아니라 일반 알코올중독자들이 중심이 되는 상향식 구조다. AA의 설립자 빌 윌슨Bill Wilson도 의사가 아니라 주식 중개업자였다. 그가 권위를 가질 수 있었던 것은 그 자신이 술에 곯아떨어지지 않고는 하루도 보낼 수 없는 심각한 알코올중독자였기 때문이다. 날마다 중독과 싸우는 사람들이야말로 중독자에게 무엇이 효과가 있는지 가장 잘 아는 법이다. AA 회원들은 위대한 힘Higher Power만이 중독을 극복하게 도와줄 수 있다는 사실을 깨달았다.

> 세 번째 기둥

삶의 고통은 우리를 성장시킨다

친구 스티브 앞에서 심리적 불안을 느끼는 경험을 하지 않았더라면 나는 지금과 같은 자신감을 결코 얻지 못했을 것이다. 수개월간 원인 모를 병으로 앓지 않았다면 필은 내면세계로 여행을 떠나지 못했을 것이고 툴도 개발하지 못했을 것이다. 새로운 영적 세계관을 위한 세 번째 기둥은 이것이다. **영적 진화를 만들어내는 추동력은 우리가 겪는 문제와 고통이다.**

사람들은 이 말을 추상적으로는 이해하지만, 집을 압류당하거나, 실직하거나, 사랑하는 이가 세상을 떠나는 등 막상 역경이 닥치면 대개 눈앞의 상황에서 긍정적 의미를 찾아내지 못한다. 아래 적은 내용을 따라 해보면 도움이 될 것이다. 이것은 필이 설명한 영적 시스템 안으로 당신을 집어넣는 방법이다. 현재 당신을 가장 힘들게 하는 문제가 무엇인가? 그걸 떠올리면서 다음과 같이 해보라.

먼저 그 문제가 당신에게 우연히 일어난 고난이라고 생각해보라. 그것은 당신의 발전에 아무 관심이 없는 무심한 우주 안에서 그냥 일어난 일이다. 기분이 어떤가? 이번에는 그 문제가 우주가 당신을 위해 마련한 도전이라고 생각해보라. 당신의 발전을 원하고 당신이 발전할

수 있다고 믿는 우주가 준비한 고난이라고 말이다. 기분이 어떤가?

대다수 사람들은 자신이 거대한 우주의 일부분이며 그 우주가 자기를 도우려는 목적을 갖고 있다고 생각하면 한층 심리적 안정을 되찾는다. 나는 스티브와 점심을 먹고 난 후부터, 내가 겪는 모든 문제를 이런 관점으로 바라보려 애썼다. 그 효과는 금세 나타났다. 나는 문제를 해결하려고 더욱 적극적으로 노력했다. 내게 뭔가 이로움을 주려고 그 문제가 생겼다고 생각했기 때문이다.

이처럼 고통에 의미가 담겨 있다고 믿는 것은 창조자와 소비주의 마인드를 가진 사람의 근본적 차이점이다. 소비주의 마인드를 가진 사람은 자신의 욕구가 충족되어야만 삶이 의미 있다고 느낀다. 힘든 문제와 고난은 욕구 충족을 방해하는 장애물일 뿐이며, 고난을 만나면 자연히 그 사람의 목적의식도 무너질 수밖에 없다. 반면 창조자는 고난에서 의미를 발견한다. 힘든 문제가 자신을 더 발전시킨다고, 내면의 더 고귀한 자아를 발견하는 통로라고 믿는다. 그의 목적의식은 무너지기는커녕 고난을 거치며 오히려 강해진다.

우리 사회는 문제를 이런 새로운 관점으로 바라보는 데 익숙하지 않지만 서서히 그런 방향으로 나아가고 있는 듯하다. 다만 많은 이들이 자기 자신의 문제를 마주하는 것이 너무 고통스러운 나머지 유명인의 문제에 강박적으로 몰두하고 있다. 어느 나라고 할 것 없이 사람들은 삼각관계에 빠진 유명 정치인, 애인을 폭행한 스포츠 스타, 약물 복용 사실이 드러난 여배우의 이야기에 관심을 쏟는다. 우리는 연예인 대신 우리 자신의 문제에 집중해야 한다.

자신의 문제를 직시하려는 욕구는 분명히 존재한다. 이는 1900년대 초 프로이트가 정신분석학을 창시한 이래 지금까지 정신과 치료를 받는 사람의 수가 어마어마하게 증가한 사실에서도 드러난다. 이러한 증가의 원인은 간단하다. 심리 치료에서 우리의 문제를 해결할 도움을 받을 수 있기 때문이다. 심리 치료 수요가 증가한 것이 자신에게만 몰두하는 자아중심적인 개인이 많아진 징후라고 폄하하기 쉽다. 하지만 자아중심 성향이 매우 강한 환자도 자신이 겪는 문제가 자신의 발전에 중요한 역할을 한다고 생각하는 경우를 우리는 많이 목격했다.

아주 최근까지도 심리 치료 전문가들은 문제의 해법보다 원인에 더 집중했다. 60년 전에는 정신분석 치료 과정에서 해결책은 찾지 않고 일주일 중 5일 동안 환자의 문제에 관해서만 이야기를 나누는 것이 타당하게 여겨졌다. 하지만 요즘 환자들은 그 이상을 원한다. 자기 안에 숨겨진 잠재력을 끌어내고 싶어 하고, 그러기 위해 필요한 노력을 기꺼이 기울인다는 얘기다. **그들은 스스로 창조자로서 자신의 문제에 대처할 수 있기를 원한다.** 따라서 그들에게 필요한 것은 올바른 툴이다.

심리 치료 전문가들이 환자의 이런 욕구를 인정한다면 이 분야가 혁신적으로 변할 것이다. 사실 이는 아이러니가 아닐 수 없다. 확고한 무신론자였던 프로이트가 개척한 심리 치료에 영적 접근법이 통합된다는 것이니까 말이다.

나는 영적 접근법을 받아들이는 환자가 점점 늘어나는 것을 실감한다. 나를 찾아오는 환자들 중에 20~30년 전이라면 초월적 힘이라는 개념을 비웃었을 사람들이 있다. 교육 수준이 높고, 최신 정보나 유행에 밝고, 냉소적이며, 종교를 거의 또는 전혀 믿지 않는 사람들이다. 그런데 최근에는 이런 환자에게 첫 번째 상담 시간에 영적 접근법을 설명해주면 그들은 어렵지 않게 받아들이곤 한다. 오히려 환자가 "제게 일어나는 모든 일에 어떤 이유가 있는 거라고 믿어요"라고 말해서 내가 깜짝 놀랄 때도 있다. 그들은 '영적으로 열린 태도를 지녀야지'라고 결심한 것이 아니다. 모든 인간의 정신에 영향을 미치고 있는 영적 진화의 물결에 자연스럽게 휩쓸린 것이다. 그 물결은 도처에 존재한다.

하지만 우리가 적극적으로 참여하지 않는다면 그 물결이 우리를 끌고 가는 힘에는 한계가 있다. 인류의 잠재력을 최대한 실현하기 위해서는 우리 모두가 초월적 힘과 연결되어야 한다는 진지하고 의식적인 책임감을 지녀야 한다. 각 개인에게도 초월적 힘이 반드시 필요하지만 사회 전체에는 훨씬 더 절실하게 필요하다. 우리가 소중히 여기는 모든 것이 불안한 위기에 처해 있다. 새로운 영적 세계관이 때맞춰 우리에게 다가오고 있는 것이다.

병든 사회를 치유하다

모든 개인에게 영혼이 있듯이 사회에도 영혼이 있다. 사회의 영혼을 하나의 생명체라고 생각하라. 눈에 보이지 않지만 살아 있으며 우리 모두를 관통하는 생명체 말이다. 사회는 영혼이 있기에 미래를 건설할 수 있고 구성원들 사이의 이해와 조화를 창출할 수 있다.

건강한 영혼을 지닌 사회는 변화를 두려워하지 않는다. 새로운 것을 기꺼이 받아들이고 도전과 어려움에 직면해도 과감히 혁신을 꾀한다. 그런 사회는 자신이 열망하는 꿈과 미래상을 향해 자신 있게 나아가며 미래에 믿음을 가진다. 아울러 구성원들이 자신이 사회라는 생명체의 일부임을 느낄 수 있다. 따라서 전체의 이익에 대한 책임감을 느끼며 공동체를 위해 개인적 이익을 기꺼이 포기한다.

그러나 지금 우리 사회의 영혼은 건강하지 않다. 우리는 미래에 대한 믿음을 잃었다. 사람들은 불안해하고, 새로운 아이디어를 외면하고, 모험을 감수하지 않으려 한다. 또 우리는 공동체에 대한 신뢰를 잃어버렸다. 모두가 연결되어 있다는 유대감도 희미하다. 사람들은 그저 각자 개인일 뿐이며 어느 누구도 사회에 대한 책임감을 느끼지 않는다.

구성원들이 자신의 안위와 행복에만 몰두하고 그 외의 것에 책임감을 느끼지 않으면, 그 사회는 안에서부터 썩어 들어가 결국 무너지고 만다. 이를 보여주는 가장 대표적 예가 로마제국의 붕괴다. 미국의 저명한 역사학자 루이스 멈퍼드Lewis Mumford는 이렇게 말했다.

> **모두가 안전만을 추구하고 아무도 책임감을 느끼지 않았다. 이민족의 침입이 있기 훨씬 전부터, 경제가 흔들리기 훨씬 전부터 (   ) 로마 사회에 확실하게 부족했던 것은 내적 활력이었다. 로마의 삶은 이제 가짜 모조품 같은 삶이 되었다. (……) 안전만이 좌우명이었다. 지속적인 변화가 없어도 안정을 실현할 수 있다고, 끊임없이 모험을 감수하지 않고도 안전을 얻을 수 있다고 믿는 것 같았다**

멈퍼드가 '내적 활력'이라고 표현한 것이 바로 우리가 말한 사회의 영혼에 해당한다. 그것은 사회에 생명력을 부여하고 사회가 용기 있는 태도로 미래를 일궈나가도록 이끄는 원동력이다.

한때는 미국 사회의 영혼도 강인했다. 그랬기에 대공황이 촉발한 암울한 10년의 경기 침체를 겪은 후에도 제2차 세계대전이라는 또 다른 위기를 극복할 수 있었다. 그 힘은 우리가 '가장 위대한 세대 Greatest Generation'라고 일컫는 당대인들의 헌신과 노력에서 나왔다. 실제로 그들은 가장 위대한 세대였다. 그들을 위대하다고 부를 수 있는 것은 더 높은 대의를 위해 개인의 희생을 기꺼이 감수했기 때문이다.

우리 안에도 그들처럼 위대함을 발휘할 수 있는 능력이 있다. 그러나 그 힘을 끌어내기 위해 전쟁 같은 외부 사건에 의존해서는 안 된다. 이제 영적인 진화의 흐름이 우리에게 최대의 잠재력을 발휘하길 촉구하고 있다. 어떤 외부 사건에 이끌려 '강제로' 하는 것이 아니라 '우리의 자유의지에 따라 그렇게 하도록 선택하라고' 말이다.

자유의지는 분명히 개인에게서 나오는 것이다. 그런데 개인의 영적 활력이 사회에 영향을 미칠 수 있을까? 당연히 미칠 수 있다. 뿐만 아니라, 바로 그런 영적 활력만이 사회를 변화시킬 수 있다. 초월적 힘은 과거부터 존재해왔고, 지금도 존재하며, 사회의 건강과 성공을 위해 반드시 필요하다. 하지만 과거에는 어떤 단체나 영적 지도자, 신성한 의식 등을 초월적 힘을 얻는 통로로 여겼다. 이러한 전통적 통로는 평범한 개인들과 무관했다. 하지만 이제 영적 진화의 흐름은 초월적 힘이 개인들을 통해 사회에 들어올 것을 요구하고 있다. 그렇기 때문에 전통적 통로들이 영향력을 잃고 있는 것이다. 그 통로들은 부패하거나 기능이 마비되거나 사람들의 삶과 멀어졌다. 모든 개인이 초월적 힘을 이끌어오는 통로가 되지 않는다면, 이 사회는 믿음과 목적의식을 잃고 헤맬 것이다.

그러기 위해서는 혁신이 필요하다. 으레 혁신이란 우리 외부에 있는 반대 세력과 싸워 실현하는 것이다. 하지만 이 경우는 다르다. 적군이 우리 내면에 있기 때문이다. 그 적군은 과학을 이용해 초월적 힘 같은 것은 존재하지 않는다고, 그런 힘에서 도움을 받기는 불가능하다고 우리를 설득한다. 또 어떤 경우에는 내면의 적군이 초월적 힘은 인정하면서도, 그것과 연결되려면 스스로 생각하는 것을 멈추고 어떤 외부 권위자의 견해를 받아들여야 한다고 우리를 설득한다.

내면의 적군을 물리치기 위해서는, 우리의 자유의지를 포기하지 않으면서도 초월적 힘을 믿고 경험할 수 있게 도와줄 무기가 필요하다. 당신은 이미 그 무기를 사용해보았다. 물론 그것의 힘이 사회 전체에 영향을 미치리라는 사실은 미처 몰랐겠지만 말이다. 이 책에 소개한 툴들이 그 무기다.

당신이 개인적 문제에 도움을 받고자 툴을 사용해 초월적 힘을 이끌어올 때마다 그 힘은 사회 전체에도 영향을 미친다.

그렇다면 당신의 문제는 자신에게만 몰두하는 계기 그 이상의 무언가가 된다. 당신 자신을 뛰어넘어 인류 전체를 염두에 두도록 이끄는 것이다. 툴은 당신을 조용한 혁명, 즉 창조자들이 일으키는 혁명의 참여자로 만든다. 창조자만이 자신과 사회를 변화시키는 데 필요한 요건을 충족시킬 수 있다.

이러한 혁명의 참여자가 되면 어떤 기분이 들까? 아래에서는 우리가 개인적 문제를 해결하기 위해 툴을 통해 초월적 힘과 연결될 때 그 힘이 사회 전체에 어떤 영향을 미칠 수 있는지 알려주겠다.

조용한 혁명을 위한 무기, 툴

· 욕구 뒤집기

건강한 영혼은 미래를 당당하게 맞이할 자신감을 지닌다. 미래를 정확하게 예측하기는 불가능하지만, 어떤 식으로든 고통을 만나게 될 것은 분명하다. 사회의 차원에서 그 '고통'이란 우리의 안녕을 위협하는 경제적 또는 물리적 위기, 어려운 선택, 집단적 희생 등의 형태를 띨 확률이 크다. 이런 역경을 용감하게 마주하지 못하는 사회는 원하는 목표를 실현할 수 없다.

고통을 마주하는 능력을 길러주는 열쇠는 2장에서 다룬 '전진의 힘'이다. 전진의 힘은 각 개인이 잠재력을 확장하고 실현하게 해준다. 이 힘과 연결되면 고통 앞에서도 위축되거나 흔들리지 않기 때문이다. 미래를 향해 나아가는 능력은 개인뿐 아니라 사회에도 중요하다. 전진을 중단한 사람은 고인 물이 썩듯이 침체된다. 사회도 마찬가지다. 전진을 중단한 사회에서는 구성원들이 현실 직시를 기피하고 집단적인 안전지대로 들어가 버리며, 희생이나 노력을 감수하지 않고 원하는 것을 얻겠다는 환상에 빠진다. 예를 들어 소비주의에 물든 사회는 헛된 욕심에 많은 것을 소유하느라 미래를 저당 잡히고 만다.

전진의 힘을 잃어버린 사회는 방향을 잃고 헤맨다. 진정한 꿈과 목표는 없이 공허하고 무의미한 슬로건만 남으며 우리의 이상理想도 힘을 잃는다.

사회의 리더들도 별 도움이 되지 않는다. 그들은 힘든 현실을 마주할 필요가 없다고 우리를 설득하려 한다. 그래야 대중의 인기를 얻을 수 있기 때문이다. 결국 그들은 우리에게 거짓말을 한다. 하지만 그들을 비난하기 전에, 그들 역시 우리 자신의 모습을 반영하고 있다는 사실을 기억해야 한다. 그들도 고통을 감내할 능력이 없는 것이다. 우리는 그들이 현실을 직시하는 고통을 끌어안기를 바라기 전에, 먼저 우리 자신이 기꺼이 현실과 씨름할 의지를 지녔음을 보여줘야 한다.

2장에서 고통을 마주하게 도와주는 툴인 욕구 뒤집기를 소개했다. 이 툴은 강력한 초월적 힘을 불러일으키고, 이로써 고통을 피하려는 욕구를 극복하고 오히려 고통을 향해 나아갈 수 있다. 이 초월적 힘을 통해 당신은 끊임없이 앞으로 나아가는 원동력을 얻는다. 그리고 당신이 앞으로 나아가기 시작하면 이는 당신의 삶을 변화시키는 것 이상의 영향력을 발휘한다. 대다수 사람은 안전지대 안에만 머물기 때문에, 안전지대를 떠나 바깥으로 나가는 사람은 다른 이들에게 큰 영향을 미친다. 당신이 전진의 힘과 교감하며 움직이기 시작하면, 그것이 주변 사람에게도 영향을 미치는 것을 목격할 것이다. 그들은 과거에 하지 못했던 것을 해내는 당신을 보면서 그들 자신의 잠재력과 가능성에 새롭게 눈뜬다. 그리고 이것이 차츰 쌓이면 결국 사회의 영혼이 변화한다. 다음과 같이 해보라.

눈을 감고 평소 당신이 피하는 행동이나 대상을 떠올리며 욕구 뒤집기를 실행하라. 앞으로 전진하는 자신의 모습을 느껴라. 이제 주변 사람들이 당신의 변화에 강한 인상을 받아, 그들 자신이 피하는 것에 대해 욕구 뒤집기를 활용한다고 상상해보라. 수많은 사람이 고통을 용감하게 마주하고 각자의 삶에서 전진하며 발전한다. 그런 사회는 현재의 우리 사회와 어떻게 달라 보이는가?

수많은 개인이 고통 회피 습관을 버리고 앞으로 나아가기 시작한다면, 해결할 수 없는 사회 문제는 존재하지 않을 것이다. 고통을 직시하고 극복하는 사회만이 다른 국가나 지역사회가 나아갈 방향을 보여주는 귀감이 될 수 있다.

• 능동적 사랑

건강한 영혼은 미래를 보는 긍정적 관점을 유지하며 그 미래를 실현하려고 끊임없이 노력한다. 이를 위해서는 새로운 아이디어나 문제 해결 방식을 기꺼이 포용하는 열린 자세가 필요하다. 새로운 생각에 귀를 기울이지 않으면 사회의 영혼은 점점 쇠약해진다.

3장에서 '미로'라는 개념을 소개했다. 타인에게 부당한 대우를 받았다고 느끼며 그 경험을 떨쳐내지 못할 때 우리는 미로에 갇힌다. 일단 미로에 갇히면 부당함을 보상받고 공정함을 회복할 방법이 무엇인가 하는 데에만 생각이 쏠린다. 이는 타인이 우리의 마음을 점령해버리는 것과 다름없다. 이렇게 강박적 생각에 빠져 있으면 삶은 우리에게 아무것도 주지 않고 그냥 스쳐 지나가 버린다.

이런 상태는 개인에게도 나쁜 영향을 미치지만 만일 사회 전체가 집단적 미로에 빠지면 더 큰 비극이 초래된다. 그런 사회의 정신은 개방되지 않고 막힌 상태로 변한다. 새로운 아이디어가 탄생하기는커녕 낡은 아이디어만 잔해처럼 남은 사회가 된다. 그러면 사회의 영혼도 생명력을 잃는다.

우리 사회에서 이뤄지는 대화들을 잘 관찰해보면 새로운 아이디어에 귀 기울이는 분위기가 형성되어 있지 않다. 똑같은 생각의 반복은 미로에 빠졌음을 보여주는 대표적 특징이다. 같은 말을 반복할 뿐 새로운 관점에는 무조건 귀를 막아버린다. 개인이 미로에 빠지면 과거에서 헤어 나오지 못하듯이 사회의 경우도 마찬가지다. 지금 이 사회에 그런 상황이 벌어지고 있다. 수십 년간 해온 똑같은 말다툼과 논쟁을 반복하는 동안 삶은 우리 사회에 아무것도 주지 않고 그냥 스쳐 지나가 버린다.

우리 사회가 미로에 빠져 있다는 것은 공공 담론에 임하는 태도에도 드러난다. 사람들은 공격적이고 독선적인 태도를 드러내며 자신과 의견이 다른 사람을 경멸적으로 바라본다. 자신과 반대되는 생각에는 거의 반사적으로 가혹한 비판을 가한다. 토론 테이블은 상대를 누르고 이기는 것만이 중요한 전쟁터가 되었다. 사력을 다해 싸워 결판을 내겠다는 의지만이 불탄다.

이러한 상황을 변화시킬 방법이 하나 있다. 조금 급진적으로 들릴지 모르겠지만, 우리를 불쾌하게 만드는 견해까지 포함해 어떤 생각이든 받아들이는 법을 익혀야 한다. 이성적 머리로는 그 방법을 터득할 수 없다. 우리 자신보다 훨씬 크고 위대한 힘만이 그러한 수준의 포용력을 만들 수 있다. 3장에서 그 초월적 힘을 사랑의 물결이라고 소개했다.

사랑의 물결은 인간의 마음을 통해 작동한다. 우주의 가장 기본적 특징은 사랑의 물결이다. 다행히도 우리는 사랑의 물결의 축소된 버전을 만들어낼 능력을 갖고 있다. 그것을 만들면 특별한 변화가 일어나기 시작한다. 우리는 우주적인 사랑의 물결과 하나가 된다. 우리 자신보다 훨씬 커다란 힘과 조화를 이룬다. 이 상태에서는 타인의 생각을 비판할 필요를 느끼지 못한다. 우리가 반대하는 생각일지라도 말이다. 초월적 힘으로부터 전해지는 안정감과 평온이 생겨난다.

우리가 깨닫지 못한다 할지라도, 건설적인 대화가 이루어지는 모든 테이블 뒤에는 사랑의 물결이라는 초월적 힘이 존재한다. 이 힘이 없으면 토론은 금세 전쟁으로 변한다. 문제를 해결할 수 있다는 희망도 사라진다. 능동적 사랑은 사랑의 물결을 불러일으키고 개인을 미로에서 끌어낸다. 만일 수많은 개인이 이 툴을 사용하면 어떤 일이 벌어질지 생각해보라.

눈을 감고 당신이 철저하게 반대하는 생각을 가진 누군가를 떠올려라. 그 사람을 향해 능동적 사랑을 실행하라. 이번에는 사회 전체의 구성원들이 각자 그런 상대방을 떠올리며 능동적 사랑을 실행한다고 상상해보라. 수많은 사람이 모든 것을 포용하는 초월적 힘과 연결되면 사회가 어떻게 변화할까?

자신을 지독하게 증오하는 이들 앞에서 사랑의 물결과 연결되어 사랑을 발산하는 사람만큼 우리에게 강렬한 감동과 깨달음을 주는 경우가 또 있을까? 이를 대표적으로 보여주는 인물은 마틴 루터 킹 주니어Martin Luther King, Jr. 목사다. 그는 능동적 사랑(물론 이 용어를 사용하지는 않았지만)을 활용해 자신이 미로에 빠지는 것을 방지했다. 그는 "원수를 사랑하십시오Loving Your Enemies"라는 제목의 연설 끝에서 이렇게 말했다. "이 아침에 저는 여러분의 눈을 바라보며, 앨라배마와 미국, 그리고 전 세계에 있는 형제들의 눈을 바라보며, 이렇게 말하고 싶습니다. '사랑합니다. 당신을 미워하느니 차라리 죽는 편을 택하겠습니다.' 그리고 바보처럼 이렇게 믿습니다. 이 사랑의 힘 덕분에 가장 완고하고 고집 센 사람들마저도 변화할 것이라고 말입니다."

· **내면의 권위**

건강한 영혼의 소유자는 새로운 생각을 포용할 뿐 아니라 모든 종류의 사람을 받아들인다. 모든 사람을 그저 하나의 인간으로 바라보므로 종교나 관습, 생활 방식이 다르다고 해서 타인을 거부하거나 차별하지 않는다. 건강한 영혼은 모든 이들을 껴안는다.

반면 영혼이 나약해지면 우리는 모두를 이어주는 공통의 끈을 잃어버리고 만다. 이 끈을 잃어버리면 우리와 다르게 생기거나 다르게 말하고 행동하는 사람들은 '저들'이 된다. 우리는 '저들'로 분류한 사람을 두려워하거나 멸시하거나 우리가 겪는 문제를 그들 탓으로 돌린다. 솔직하게 생각해보라. 당신이 아무리 포용력이 있다 해도 '저들'로 느껴지는 이들이 존재할 것이다. 그 대상은 상이군인일 수도, 구걸하는 부랑자일 수도, 또는 특정한 민족 전체일 수도 있다.

타인을 받아들이지 못하는 심리 뒤에는 당신 자신의 일부 모습에 대한 깊은 거부감이 숨어 있다. 4장에서 내면에 있는 또 다른 자아인 그림자에 대해 설명했다. 타인에 대한 거부감은 결국 그 숨겨진 자아에 대한 당신의 감정에서 비롯된다. 이 숨겨진 자아를 인정하지 않는 한 타인을 받아들기도 힘들다. 우리 각자가 내면에서 분열되어 있듯이 우리 사회도 분열되어 있다. 자신과 다른 모습을 포용하지 못하는 사회는 결국 영혼이 망가진 사회다.

영혼을 복구할 유일한 길은 영혼이 지닌 원래의 본성을 되찾는 것이다. 영혼은 언제나 온전함을 향해 나아가려 하며 모두를 포용하고 싶어 한다. 우리와 다른 이들을 받아들여야 영혼의 본성을 되찾을 수 있다. 이는 결국 남이 아닌 우리 자신을 위한 길이다. 분열된 사회에서는 그 어떤 개인도 안정감을 느낄 수 없기 때문이다. 영국 시인 존 던John Donne은 이렇게 썼다.

"인간은 그 누구도 고립된 섬이 아니다 (……) / 어떤 이의 죽음이든 그것은 나를 작아지게 한다 / 나는 인류에 속해 있기 때문이다 / 그러니 누구의 죽음을 알리려 종이 울리는지 알아보려 하지 마라 / 그 종은 너의 죽음을 알리는 종이니."

사회의 분열을 해결하기 위해서는 먼저 각 개인의 내면에서 출발해야 한다. 당신이 자신의 그림자를 받아들이면 그것이 초월적 힘의 근원임을 깨달을 수 있다. 이러한 변화가 일어나면 주변 사람들도 그 사실을 깨닫는 방향으로 나아갈 용기를 얻는다. 그림자를 받아들임으로써 각 개인이 얻는 힘은 사회 전체가 실현할 수 있는 잠재력을 축소해 보여주는 모델이다. 사회의 영혼이 되살아나는 과정의 출발점은 각 개인이다. 다음과 같이 해보라.

눈을 감고 당신의 그림자를 떠올려라. 그것이 남들 앞에 드러나면 얼마나 당황스러울지 상상하라. 세상의 수많은 사람이 그림자에 대해 당신과 똑같이 느낀다고, 그것을 감추려 갖은 애를 쓴다고 상상하라. 구성원들이 마음의 문을 닫은 사회는 어떻게 될까?

이제 당신의 그림자를 향해 '지금까지 내가 잘못 생각했다'라고 고백하라. 당신이 그림자 없이는 완전한 인간이 될 수 없음을 시인하라. 세상의 수많은 사람이 그렇게 한다고 상상하라. 이처럼 구성원들의 마음이 열린 사회는 위에서 상상한 사회와 달리 어떤 것을 해낼 수 있을까?

4장에서 우리는 그림자를 이용해 내면의 권위라는 툴을 실천하는 법을 설명했다. 그림자를 받아들여 완전한 자아로 거듭나면 당신 자신을 마음껏 표현할 수 있다. 나아가 이것은 사회의 영혼을 치유하는 방법이기도 하다. 인간은 누구나 그림자를 갖고 있으며 모든 그림자는 '마음의 언어'를 사용한다. 인류의 공용어인 이 언어를 사용하면 모두가 함께라는 소속감을 느낄 수 있다.

• 감사의 흐름

사회가 지닌 영혼의 건강함은 구성원들이 전체를 위해 얼마나 노력하는가에 달려 있다. 특히 중요한 것은 권력과 영향력을 지닌 이들의 역할이다. 어떤 의미에서 그들은 사회를 돌보는 '관리인'과 같다. 그들은 사회에 필요한 지원을 지키고 때로는 사회가 추구하는 이상을 대변한다. 사회의 영혼을 지키는 길잡이 역할을 한다.

우리 사회가 병든 이유 중 하나는 권력을 가진 이들이 사회의 이익을 위해 행동하지 않고 사욕에만 눈이 멀어 있기 때문이다. 금융, 법률, 의학, 정치, 학문, 비즈니스 등 다양한 영역에서 힘과 특권을 지닌 개인들이 사회의 이익을 수호하려는 노력에서 등을 돌리는 사례를 우리는 수없이 목격한다. 각자도생과 이기주의가 당연한 전략이 되었다.

이런 상황이 초래된 이유는 명백하다. 거의 모두가 자신이 가진 것에 만족하지 못하기 때문이다. '충분히' 가졌다고 생각하는 사람이 거의 없다. 아무리 많은 부와 권력을 쌓아도 부족하다고 느낀다. 그렇기 때문에 늘 자기 욕심만 챙기고 사회를 돌봐야 할 책임감은 내팽개친다.

삶에 문제가 없는 것은 아니지만 우리에게 감사하고 만족할 것은 여전히 많다. 그런데도 왜 그런 불만이 만연한 것일까? 만족과 감사를 되찾게 해주는 유일한 힘과 단절되어 있는 탓이다. 5장에서 말한 생명의 근원이 그것이다. 생명의 근원은 우리를 창조했고 우리 삶을 지탱해주며 우리에게 무한한 가능성과 기회를 가져다준다. 생명의 근원이 늘 삶에 함께한다는 사실을 깨닫지 못하면, 우주의 도움을 받지 못한 채 소외되었다는 기분을 느낀다. 그러면 결국 자기 자신의 이익에만 몰두하게 된다. 권력을 가진 이들은 사회에 대한 책임감을 저버리고 만다.

사회를 돌보고 위하는 청지기 정신은 법규로 만들어 시행할 수 있는 것이 아니다. 법과 제도는 무책임한 악행과 비리를 예방할 수 있지만 개인의 내면으로 들어가 그들의 생각과 태도를 바꿀 수는 없다. 권력자들이 자신이 가진 것에 만족할 때에야 비로소 사회에 대한 책무에 눈을 돌릴 수 있다. 그들은 이런 진실을 인정해야 한다. **수많은 사람과 상황의 도움 없이는 그 누구도 권력의 자리에 오를 수 없다.** 교육의 기회를 얻었기에, 남들보다 더 많은 자유를 누렸기에, 그리고 다른 수많은 이들이 훨씬 보상이 적은 위치에서 기꺼이 일하기에, 권력자는 그 자리에 오를 수 있는 것이다. 궁극적으로는 우리 모두 마찬가지다. 우리가 가진 것들에 진정으로 감사한다면 베풀지 않을 수 없다.

5장에서 감사하는 마음이 단순한 감정이 아니라고 설명했다. 감사하는 마음은 생명의 근원과 연결되기 위한 수단이다. 감사의 흐름을 실천하면 우리가 끊임없이 베푸는 우주에게서 많은 것을 받고 있음을 깨닫는다. 이로써 생겨난 긍정적 에너지는 주변 사람에게도 영향을 미쳐, 그들이 각자의 삶에 받은 축복을 감사하게 이끈다. 사회에 널리 퍼지는 감사함의 물결만이 우리를 분열시키는 이기심을 물리칠 수 있다. 다음과 같이 해보라.

눈을 감고 당신의 불만들을 헤아려보라. 그리고 사회의 모두가 당신처럼 불만에 휩싸여 있다고 상상하라. 이런 상황은 사람들이 서로에 대해, 그리고 사회에 대해 느끼는 책임감에 어떤 영향을 미칠까?

이제 위에서 상상한 이미지를 지우고 감사의 흐름을 실행하라. 세상에 태어난 순간부터 지금까지 받은 모든 것에 대한 감사함으로 마음이 꽉 차는 것을 느껴라. 다른 수많은 사람도 이 툴을 사용해 마음에 감사함이 흘러넘친다고 상상하라. 이것은 사람들이 서로에 대해, 그리고 사회에 대해 느끼는 책임감에 어떤 영향을 미칠까? 이 사회는 위에서

상상한 사회와 어떻게 다른가?

• 위험 자각

이 네 가지 초월적 힘은 사회의 영혼을 되살릴 수 있다. 그러나 사회 구성원들이 초월적 힘과 교감하려는 노력을 기울이지 않으면 아무 소용이 없다. 많은 이들이 아직도 마법 같은 일이 일어나기를, 노력하지 않아도 놀라운 변화가 찾아오기를 바란다. 무엇을 해야 하는지 알면서도 실천하지 않는 것만큼 어리석고 딱한 일이 또 있을까? 이는 심장마비를 일으킨 사람이 눈앞에서 죽어 가는데도 심폐소생술을 시행해줄 다른 누군가가 나타나길 기다리는 것과 비슷하다.

지금 우리 앞에서 죽어가는 것은 어떤 개인이 아니다. 우리 사회의 영혼이 죽어가고 있다. 과거 어느 때보다도 사회의 영혼이 위태롭다. 우리는 그것을 알면서도 여전히 행동하지 않는다. 위기감이 피부에 와닿지 않는다. 절박한 위기감을 느끼지 못하면 의지력을 발휘해 행동할 수도 없다. 그래서 위험 자각 툴이 필요한 것이다.

위험 자각을 활용하면 마음의 의심을 무너뜨리고 의지를 발휘할 수 있다. 그런데 그게 전부가 아니다. 당신이 의지력을 발휘하면 다른 사람들에게도 영향을 미치기 때문이다. 죽어가는 환자에게 어느 한 사람이 심폐소생술을 시행하면 상황의 급박

함을 인식한 또 다른 구경꾼이 구급차를 부른다. 그런 식으로 금세 주변의 모두가 움직이기 시작한다.

이제 당신도 위험 자각을 실천한 뒤 그것이 주변에 미치는 영향을 경험해보라. 당신이 네 가지 툴 중 하나를 사용해야 함에도 그러지 못했던 상황을 떠올리면서 아래처럼 해보라.

눈을 감고 죽음을 앞둔 미래의 당신을 상상하라. 그 사람이 당신이 툴을 사용하지 않는 모습을 보고 '현재를 낭비하지 말라'라고 간청한다. 당신은 행동해야 한다는 다급한 위기감을 느낀다. 눈을 감은 채로 마음을 가라앉히고 주변을 둘러보라. 당신이 만들어낸 의지력으로 인해 수많은 사람이 모여들었을 것이다. 이제 위험 자각을 다시 실행하라. 단 이번에는 사회 구성원 모두가 당신과 함께 이 툴을 실행한다고 상상하라. 이때 발휘되는 집단적인 의지력의 놀라운 힘을 느껴보라. 이 힘이 사회를 어떻게 변화시킬까?

위험 자각이 가장 중요한 툴인 이유를 이해할 수 있을 것이다. 우리 사회의 많은 이들이 의욕을 상실한 상태다. 변화를 일으키기에는 자신이 너무 무력하다고 느낀다. 따라서 사회의 영혼을 치유하는 것은 불가능한 일로 보인다. 하지만 무력한 존재라는 것은 착각에 불과하다. 초월적 힘은 당신 개인에게 이로움을 주는 데에서 그치지 않고 사회를 구할 수 있다. 다른 누군가가 초월적 힘을 가져다주길 기다리지 마라. 그 힘을 이끌어 와야 할 사람은 바로 당신이다.

이제 남은 것은 당신의 선택뿐

책의 마지막이 가까워졌다. 당신에게 몹시 중요한 순간이다. 이 책을 덮고 어떻게 행동하느냐가 당신의 미래를 결정하기 때문이다. 소비주의적인 사람으로 남고 싶다면 지금까지 읽은 내용을 잊어도 좋다. 당신은 이 책에서 아무런 감화도 받지 못할 뿐 아니라, 영적 진화가 당신 자신과 세상을 위해 중요하다는 사실을 부인하며 살 것이다.

그러나 창조자가 되고 싶다면, 당신의 여정은 아직 끝나지 않았다. 당신이 창조자가 되려면 이 책의 개념들을 이해하는 데에 그쳐서는 안 된다. 당신 안에 있는 초월적 힘을 실제로 깨워야 한다. 그러려면 책을 다 읽은 후에도 꾸준히 툴을 실천해야 한다. 더 정확히 말하면, 평생 실천해야 한다. 그것이 우리의 최종 목표다. 당신이 초월적 힘과 끝없이 관계를 유지하게 이끄는 것 말이다. 정신 나간 소리라고 비웃지 마라. 당신의 그런 변화를 보는 것보다 더 큰 만족은 우리에게 없다. 그리고 창조자가 되는 것보다 당신에게 더 큰 만족을 주는 일은 없을 것이다.

지금까지 우리는 간단하지만 강력한 진실을 알려주려 애썼다. 초월적 힘의 능력이 실재한다는 진실 말이다. 초월적 힘과 자주 연결될수록 그 힘은 더욱 놀랍게 당신 삶을 변화시킨다. 우리는 초월적 힘과 5년, 10년, 또는 그 이상의 시간을 함께한 많은 환자를 목격했다. 그들의 삶은 믿기 힘들 만큼 멋지게 변화했다. 개인적으로나 사회적으로 큰 성공을 거둔 이들도 많다. 하지만 진짜 중요한 변화는 실패를 겪을 때의 반응이다. 초월적 힘과 항상 연결된 그들은 실패를 만나도 영영 주저앉지 않고 빠르게 회복한다.

그들은 고난이 찾아와도 기꺼이 맞아들인다. 고난을 통해 초월적 힘과 관계가 더 깊어진다는 것을 알기 때문이다. 그들은 자신보다 커다란 어떤 존재가 늘 자신을 도와준다는 확신 속에 살아간다. 따라서 늘 자신감이 넘친다. 과거에 상상하지 못했던, 충만하고 진정한 삶을 산다. 또 주변 사람에게도 긍정적 기운과 영향력을 발산한다.

그들은 살면서 좀처럼 얻기 힘든 것, 즉 진정한 행복감을 얻는다. 대다수 사람은 진정한 행복을 느끼지 못한다. 바깥세상에서 행복을 찾기 때문이다. 엉뚱한 곳만 바라보느라 내면에 눈을 돌리지 않는다.

진정한 행복은 삶에 초월적 힘이 늘 함께할 때에만 얻을 수 있다.

그리고 이 우주는 우리가 그 힘에 매순간 가닿을 수 있도록 설계되어 있다. 우리는 그저 툴을 사용해 그 힘과 연결을 유지하면 된다.

수많은 사람이 이를 실천하면 새로운 영적 세계관은 단순한 개념이 아닌 실제 현실이 될 수 있다. 새로운 영적 세계관의 운명은 당신과 같은 개인들이 얼마나 노력을 기울이느냐에 달려 있다. 이 책은 그 과정으로 이끄는 입구에 불과하다. 이 책을 뛰어넘어 당신만의 질문을 던지고 인간 영혼에 대한 새로운 답을 찾아가길 바란다. 단지 당신에게 이로움을 주기 때문에 이를 권유하는 것은 아니다. 그런 노력들이 없다면 새로운 영적 세계관도 그 생명을 잃을 것이다. 미래는 당신의 손에 달렸다.

우리는 소비주의적인 사람들이 패스트푸드처럼 급하게 먹고 옆으로 치워버리라고 이 책을 쓰지 않았다. 지지자나 추종자를 만들기 위해서 쓰지도 않았다. 이 책을 쓴 목적은 단 하나다. 즉, 우리는 당신이 창조자가 되어 주변 상황에 관계없이 당신만의 방식으로 새로운 영적 삶을 개척하기를 바란다. 만일 당신이 그렇게 한다면 당신과 우리는, 비록 실제로 만나지는 못할지라도, 서로 영원히 연결될 것이다.

| 감사의 글 |

필 스터츠

먼저 공저자이자 동료인 배리 마이클스에게 감사의 말을 전한다. 그의 추진력 덕분에 책을 쓸 수 있었고 그의 굳건한 믿음 덕분에 가장 힘든 시기에도 집필을 계속할 수 있었다. 그는 애정 어린 관심을 갖고 내 견해를 존중해주었으며 늘 나를 뛰어넘는 아이디어를 제시했다. 그는 공정함과 세심한 감수성, 열정을 겸비한 보기 드문 사람이다. 그에게라면 내 목숨도 믿고 맡길 수 있을 것 같다.

이제는 곁에 없지만 일생의 벗인 조엘 사이먼Joel Simon에게도 감사한다. 조엘을 통해 진정한 용기가 무엇인지 배웠다.

끝으로, 완성되지 않은 원고를 읽고 조언을 아끼지 않은 여러 친구와 동료에게 감사한다. 그들은 이 책에 소개한 툴과 개념들에 이미 익숙했기에, 그들의 의견이 특히 소중했다. 값진 도움을 준 마이클 바이그레이브Michael Bygrave, 낸시 던Nancy Dunn, 버네사 인Vanessa Inn, 바버라 맥널리Barbara McNally, 샤론 오코너Sharon O'Connor, 마리아 셈플Maria Semple에게 고마운 마음을 전한다.

배리 마이클스

누구보다도 공저자이자 동료인 필 스터츠와 나의 아내 주디 화이트Judy White에게 감사한다. 두 사람이 없었다면 책을 쓸 수 없었을 것이다. 필은 내가 만나본 사람 중에 가장 특별한 재능을 지녔다. 현상의 본질을 깊게 관통하는 통찰력을 지닌 그는 내가 던지는 그 어떤 질문에도 명쾌한 답을 제시해주었다. 그의 답변은 언제나 놀랍도록 예리하면서도 열정과 따뜻한 마음이 느껴졌다. 아울러 아내에게 말로 다 못할 고마움을 전한다. 그녀는 내게 늘 믿음직한 반쪽이며 한결같은 지지를 보내준다. 그녀를 진심으로 사랑한다.

내 아이들인 하나Hana와 제시Jesse에게도 고마운 마음을 전한다. 원고와 관련한 구체적 조언부터 내게 보내주는 사랑에 이르기까지, 그들의 응원은 무엇과도 바꿀 수 없는 소중한 것이다. 제시는 특히 툴이 사회에 미치는 영향에 관심이 많았으며, 이는 우리가 그런 내용을 책에 담기로 결정한 주된 이유였다.

제인 가넷Jane Garnett, 버네사 인, 스티브 키벨슨Steve Kivelson, 스

티브 모텐코Steve Motenko, 앨리슨과 데이비드 화이트Allison and David White, 이들의 흔들림 없는 진심 어린 지원도 큰 힘이 되었다. 내 자신에 대한 믿음이 흔들릴 때 그들이 나를 믿어주었기에 여기까지 올 수 있었다.

마지막으로 나의 환자들에게 감사하고 싶다. 그들이 기꺼이 나를 믿고 의지해주는 것은 오히려 내게 영광이며 나를 한없이 겸손하게 한다. 나는 그 누구보다도 환자들과의 관계에서 끈끈한 유대감을 느낀다. 가장 깊은 속내까지 스스럼없이 보여준 그들에게 고마울 따름이다. 책이 세상에 나오는 과정에서 그들이 준 실질적인 도움에 한없이 감사한다.

필 스터츠&배리 마이클스

책이 완성되기까지 수많은 세부사항을 챙기고 신경 써준 이 본 위시Yvonne Wish에게 감사함을 전한다. 그녀의 성실함과 통찰력, 꼼꼼함 덕분에 결정적 도움을 받은 것이 한두 번이 아니다.

품위 있고 공정한 태도로 복잡한 협상 과정을 이끌어준 마이클 겐들러Michael Gendler와 제이슨 슬로언Jason Sloane에게 감사한다. 그들의 경험과 혜안이 없었더라면 우리 자신도 심리 치료가 필요했을지 모른다.

우리를 위해 소중한 시간과 자원을 기꺼이 할애해준 랜덤하우스 출판사에 감사를 전한다. 편집장 줄리 그라우Julie Grau는 뛰어난 실력을 갖춘 출판인이다. 그녀는 명민하면서도 융통성이 있으며 우리가 소개한 개념들을 직관적으로 이해했다. 테리사 조로Theresa Zoro와 산유 딜런Sanyu Dillon, 그리고 그 팀원들도 피드백과 조언을 아끼지 않았다. 모두에게 감사한다.

우리의 에이전트 제니퍼 루돌프 월시Jennifer Rudolf Walsh도 빼놓을 수 없다. 함께 일한 첫날부터 우리는 마음이 통하는 에이전트를 만났다는 사실을 직감했다. 그녀는 우리가 전하려는 메시지와 우리의 목표 및 가치관에 금세 공감했으며, 지칠 줄 모르는 에너지와 무궁무진한 능력을 발휘하며 우리의 작업을 지원해주었다.

마지막으로 뛰어난 저널리스트인 데이나 굿이어Dana Goodyear가 《뉴요커The New Yorker》에 우리를 소개하지 않았더라면 우리는 줄리 그라우와 제니퍼 월시를 만나지 못했을 것이다. 그녀가 보여준 관심과 경의에 마음 깊은 곳에서 우러나는 감사를 표하는 바다.

옮긴이 이수경

한국외국어대학교 노어과를 졸업했으며 전문번역가로 활동하고 있다. 인문교양, 경제경영, 심리학, 자기계발, 문학 등 다양한 분야의 영미권 책을 우리말로 옮겼다. 옮긴 책으로 『불변의 법칙』 『케플러』 『마음을 돌보는 뇌과학』 『그들의 생각을 바꾸는 방법』 『사람은 무엇으로 움직이는가』 『스무 살에 알았더라면 좋았을 것들』 『완벽에 대한 반론』 등이 있다.

세상은 고통이다 하지만 당신은 고통보다 강하다

초판 1쇄 발행 2025년 1월 14일

지은이 필 스터츠, 배리 마이클스
옮긴이 이수경

발행인 이봉주 **단행본사업본부장** 신동해
편집장 김경림 **책임편집** 김윤하
디자인 어나더페이퍼
마케팅 최혜진 강효경 **홍보** 송임선
국제업무 김은정 김지민 **제작** 정석훈

브랜드 웅진지식하우스 **주소** 경기도 파주시 회동길 20
문의전화 031-956-7366(편집) 031-956-7088(마케팅)
홈페이지 www.wjbooks.co.kr
페이스북 www.facebook.com/wjbook
포스트 post.naver.com/wj_booking

발행처 ㈜웅진씽크빅
출판신고 1980년 3월 29일 제406-2007-000046호
한국어판 출판권 ⓒ웅진씽크빅, 2025

ISBN 978-89-01-28624-2 03190

- 웅진지식하우스는 ㈜웅진씽크빅 단행본사업본부의 브랜드입니다.
- 이 책은 저작권법에 의해 한국 내에서 보호를 받는 저작물이므로 무단전재와 무단복제를 금합니다.
- 이 책 내용의 전부 또는 일부를 이용하려면 반드시 저작권자와 ㈜웅진씽크빅의 서면동의를 받아야 합니다.

책값은 뒤표지에 있습니다.
잘못된 책은 구입하신 곳에서 바꿔드립니다.